성공하는 AI 부동산 PF는 무엇이 다른가?

- 리스크 관리부터 자금조달까지 -

원제무

pnc
publishing and culture
피앤씨 미디어

머리말

2026년 가을, 한 디벨로퍼(Developer)가 AI에게 물어본다. 목소리에는 절박함이 묻어난다. "AI! 내 얘기 좀 들어봐, 30년 경력으로 쌓아 올린 나의 감각이 더 이상 통하지 않아. 내가 뭘 놓치고 있는 걸까?" 그는 수백억 원 규모의 프로젝트 파이낸싱(PF)에서 연이어 실패를 겪은 후였다. 시장을 읽는 눈, 입지를 보는 안목, 타이밍을 잡는 감각—그 모든 것이 무용지물이 된 시대이다.

그러나 같은 시기, 평소 잘 알고 지내는 시행사 대표가 AI 이야기를 들려주었다. "저는 AI 분석 시스템을 도입한 후, 우리는 모두가 외면하던 부지에서 30% 이상의 수익률을 올렸습니다." 무엇이 이들을 갈랐을까? 단순히 운이었을까, 아니면 시대가 요구하는 새로운 능력이었을까?

부동산 PF는 언제나 '불확실성과의 싸움'이었다. 수백억 원이 투입되는 프로젝트에서 단 하나의 오판은 곧 파국으로 이어진다. 분양가를 잘못 책정하면 미분양의 늪에 빠지고, 공사비를 잘못 산정하면 자금이 마른다. 입지 분석이 빗나가면 준공 후 텅 빈 건물만 남는다. 이 모든 결정을 과거에는 '경험'과 '직관'에 의존했다. 그리고 그것은 오랫동안 유효했다.

하지만 2020년대 들어 시장의 복잡도는 기하급수적으로 증가했다. 금리는 롤러코스터처럼 요동치고, 정부 규제는 예고 없이 출몰하며, 1인 가구와 고령화라는 인구구조 변화는 수요를 근본부터 뒤흔든다. 무엇보다 2024년의 부동산 PF 위기는 '감'만으로는 더 이상 살아남을 수 없음을 뼈저리게 증명했다. 줄도산의 공포 속에서 업계는 깨 달았다. "우리에게는 새로운 무기가 필요하다"고.

그 무기가 바로 인공지능(AI)이다. 그러나 이 책은 단순히 'AI를 쓰면 성공한다'는 장밋빛 환상을 팔지 않는다. 시장에는 이미 AI를 도입했지만 여전히 실패하는 프로젝트들이 넘쳐난다. 진짜 질문은 이것이다. "성공하는 AI 부동산 PF는 무엇이 다른가?" 성공과 실패를 가르는 것은 기술의 유무가 아니라 '활용의 깊이'이다. AI를 단순한 자동화 도구로 오해하는 순간, 그것은 비싼 장식품에 불과하다. 반면 AI를 의사결정의 파트너로 받아들이고, 데이터를 전략의 중심에 놓으며, 리스크를 사전에 예측하고 대응하는 프로젝트는 놀라운 성과를 거둔다. 이 차이를 이해하는 것이 이 책의 첫 번째 목표이다.

당신이 만약 투자자라면, 이런 질문을 던질 것이다. "어떤 PF 프로젝트에 내 돈을 맡겨야 안전할까?" 과거에는 시행사의 명성이나 시공사의 브랜드를 보았다. 하지만 이제는 다르다. '이 프로젝트는 어떤 데이터에 근거하는가?' '리스크 분석은 얼마나 정교한가?' 'AI 시스템이 실시간으로 모니터링하는가?'—이런 질문들이 투자 판단의 새로운 기준이 된다. 이 책은 투자자가 알아야 할 AI 부동산 PF의 핵심 체크리스트를 제공한다.

당신이 만약 개발자라면, 살아남기 위해 무엇을 바꿔야 하는지 절박하게 고민하고 있을 것이다. 이 책은 그 답을 단계별로 제시한다. 부지 발굴 단계에서 AI가 어떻게 '숨겨진 노다지'를 찾아내는지, 사업성 분석에서 AI 시뮬레이션이 어떻게 수천 가지 시나리오를 검증하는지, 리스크 관리에서 조기 경보 시스템이 어떻게 미분양과 공사 지연을 예측하는지—모든 과정을 실전 가상사례와 함께 풀어낸다.

특히 이 책의 구성은 실무자의 관점을 철저히 반영한다.

제1부에서는 부동산 PF의 구조적 문제점과 AI가 가져온 패러다임의 전환을 조망한다. 왜 전통적인 방식이 한계에 부딪혔는지, 데이터 기반 의사결정이 무엇을 바꾸는지, AI 시대의 부동산 금융은 어떻게 작동하는지—근본적인 이해를 돕는다.

제2부는 본격적인 실전 편이다. 사업 부지 발굴부터 자금조달까지, PF의 전 생애주기를 따라가며 AI가 각 단계에서 어떤 역할을 하는지 해부한다. 유동인구 데이터로 미래 가치를 읽고, 규제 리스크를 10분 만에 스캔하며, 최적의 분양가를 산정하고, 미분양을 예측하며, 공사 현장을 24시간 모니터링하고, 잠재 고객을 프로파일링하며, 투자자를 설득하는 사업계획서를 작성하는—모든 과정이 가상사례와 함께 생생하게 펼쳐진다.

이 책을 쓰면서 가장 고민한 부분은 '전문성'과 '접근성'의 균형이었다. 부동산 PF는 고도의 전문 지식을 요구하지만, 동시에 일반 투자자들에게도 열린 기회여야 한다. 그래서 나는 논문처럼 정확하되 소설처럼 읽히는 글쓰기를 추구했다. 복잡한 개념은 가상사례로 풀어내고, 추상적인 이론은 현장의 목소리로 설명하며, 딱딱한 데이터는 스토리로 감쌌다.

또한 이 책은 단순한 기술 소개서가 아니다. AI 부동산 PF의 이면에 숨겨진 철학을 탐구한다. 데이터는 어떻게 의사결정의 질을 바꾸는가? 기술과 인간의 판단은 어떻게 조화를 이루는가? 투명성과 신뢰는 어떻게 구축되는가? 지속가능한 개발과 수익성은 양립할 수 있는가? — 이런 근본적인 질문들에 답하려 했다.

부동산 PF의 세계는 냉혹하다. 실력 없는 장밋빛 기대는 무자비하게 응징 당한다. 하지만 동시에 매력적이다. 올바른 데이터와 정확한 분석, 그리고 과감한 실행이 결합될 때, 평범한 땅이 가치 있는 공간으로 탄생하고, 위기는 기회로 전환되며, 불가능해 보이던 수익률이 현실이 된다. AI는 바로 그 전환을 가능하게 하는 촉매제이다.

2024년의 부동산 PF 위기 속에서 많은 이들이 좌절했지만, 어떤 이들은 잿더미 속에서 진주를 발견했다. 그 차이를 만든 것은 운이 아니라 준비였다. 데이터를 읽을 줄 아는 눈, 리스크를 관리하는 시스템, 시장 변화에 민첩하게 대응하는 능력—이 모든 것이 AI 시대의 필수 역량이 되었다.

이 책을 통해 당신은 다섯 가지 핵심 인사이트를 얻게 될 것이다. 첫째, 부동산 PF 위기의 본질과 생존 전략. 둘째, AI가 바꾸는 투자 패러다임의 실체. 셋째, 데이터 기반 의사결정의 구체적 방법론. 넷째, 단계별 리스크 관리와 수익 최적화 기법. 다섯째, 투자자와 개발자 모두에게 유용한 실전 체크리스트.

부동산 개발은 단순히 건물을 짓는 일이 아니다. 사람들이 살아갈 공간을 창조하고, 도시의 미래를 설계하며, 자본의 흐름을 만들어내는 일이다. 그 일이 이제 AI라는 새로운 동반자를 만났다. 기술은 우리가 더 정확하게 예측하고, 더 현명하게 결정하며, 더 안전하게 실행할 수 있도록 돕는다.

하지만 기억해야 할 것이 있다. AI는 도구일 뿐이다. 최종 결정은 여전히 사람의 몫이고, 책임도 사람이 진다. 중요한 것은 기술을 맹신하는 것이 아니라, 기술을 제대로 이해하고 전략적으로 활용하는 지혜이다. 이 책이 그 지혜를 키우는 데 도움이 되기를 바란다.

부동산 PF의 미래는 불확실하지만, 한 가지는 확실하다. 준비된 자만이 살아남는다는 것이다. 데이터를 무기로, AI를 동맹으로 삼아 새로운 시대를 헤쳐 나가는 모든 이들에게 이 책을 바친다. 당신의 다음 프로젝트가 성공하기를, 당신의 투자가 빛나기를, 그리고 당신이 이 격동의 시대에서 기회를 포착하기를 진심으로 응원한다.

자, 이제 성공하는 AI 부동산 PF의 세계로 함께 들어가 보자. 새로운 가능성이 당신을 기다리고 있다.

차 례

제1부

새로운 시대의 서막, AI와 부동산 PF의 만남

제2부

성공하는 PF의 비밀, AI는 이렇게 일한다

제 1 부

새로운 시대의 서막, AI와 부동산 PF의 만남

제1장
프롤로그 - 왜 지금 'AI 부동산 PF'를 이야기하는가?

1. 줄도산의 공포, 2024년 부동산 PF 위기의 재조명과 가상사례

2024년 대한민국 경제를 뒤흔든 부동산 프로젝트 파이낸싱(PF) 위기는 단순한 건설업계의 위기를 넘어, 금융 시스템 전반을 위협하는 '회색 코뿔소'로 부상하였다. 이는 오랫동안 예견되었지만 애써 외면해 온 위험이 현실로 닥친 사건이다. 본 장에서는 PF 위기의 본질과 전개 과정, 그리고 우리 사회에 던지는 시사점을 심층적으로 분석하고자 한다.

1.1. 위기의 서막: 달콤한 유동성과 그림자

부동산 PF는 특정 부동산 개발 프로젝트의 미래 현금흐름(분양 수익 등)을 담보로 자금을 조달하는 금융 기법이다. 자기자본이 부족한 시행사가 거대한 개발 사업을 추진할 수 있게 하는 혁신적인 금융 방식이지만, 그 이면에는 치명적인 구조적 취약점이 존재한다.

위기의 씨앗은 코로나19 팬데믹 기간에 전 세계를 휩쓴 초저금리 및 유동성 확대 국면에서 잉태되었다. 시중에 풀린 막대한 자금이 부동산 시장으로 유입되면서 가격이 급등했고, 이는 수많은 PF 사업의 착공으로 이어졌다. 장밋빛 전망 속에서 시행사, 건설사, 금융기관 모두가 위험을 간과한 채 공격적으로 사업을 확장한 것이다.

그러나 영원할 것 같던 호황은 오래가지 않았다. 인플레이션을 잡기 위한 급격한 금리 인상과 원자재 가격 급등은 PF 사업의 수익성을 치명적으로 악화시켰다. 이자 비용과 공사비는 눈덩이처럼 불어났고, 부동산 시장 침체로 분양 실적은 저조해졌다. 과거의 성공 방정식이 더 이상 통하지 않는 혹독한 겨울이 시작된 것이다.

1.1.1. 2024년 부동산 PF 위기 주요 원인

구분	내용	영향
거시경제 환경 변화	급격한 기준금리 인상, 글로벌 인플레이션	금융비용(이자) 급증, 대출 상환 부담 가중
	원자재(철근, 시멘트) 가격 및 인건비 상승	건설 원가 상승으로 사업 수익성 악화
부동산 시장 침체	주택 가격 하락 및 거래량 급감	미분양 물량 증가, 분양 수익 감소로 현금흐름 악화
	분양 시장 위축으로 인한 자금 회수 지연	브릿지론에서 본PF로의 전환 실패 사례 속출
한국형 PF의 구조적 취약성	낮은 시행사 자기자본 비율 (평균 3.2%)	외부 충격에 대한 완충 능력 부재, 리스크 전가 구조 심화
	건설사의 과도한 신용보강 (책임준공, 채무인수)	시행사 부실이 건설사 부실, 나아가 금융권 부실로 전이
	제2금융권 중심의 고위험 대출 쏠림	저축은행, 증권사 등의 부실 위험 증폭

▣ **브릿지론(Bridge Loan)**: 영구적인 자금 조달이 이루어지기 전까지, 필요한 기간 동안 단기적으로 자금을 조달하는 대출이다. 이름 그대로 '다리(bridge)' 역할을 하여, 현재의 자금 공백을 메우고 다음 단계의 자금 조달이 가능할 때까지 연결해 준다. 주로 부동산 개발 사업 초기 단계에 토지 매입과 같은 초기 비용을 충당하기 위해 사용되며, 본PF(Project Financing) 대출이 실행되면 브릿지론을 상환하는 방식이다.

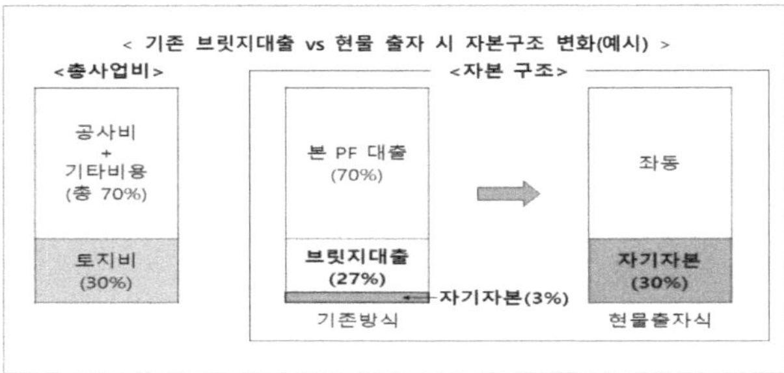

부동산 PF사업 자기자본 비율 5%→20%로…안정성 확보" [https://news.kbs.co.kr]

1.1.2. 태영건설 사태: 위기의 뇌관이 터지다

2023년 12월 28일, 시공능력평가 16위의 중견 건설사인 태영건설이 워크아웃(기업구조개선)을 신청하면서 PF 위기는 수면 위로 급부상했다. 태영건설의 위기는 개별 기업의 문제를 넘어, 한국형 PF 구조의 총체적 부실을 드러낸 상징적 사건이었다.

태영건설은 수많은 PF 사업장에서 시행사의 대출에 대해 과도한 보증을 제공한 상태였다. 부동산 경기가 좋을 때는 문제가 되지 않았지만, 시장이 얼어붙고 미분양이 속출하자 시행사의 채무불이행 위험이 태영건설의 유동성 위기로 곧장 전이된 것이다. 이는 시행사의 자기자본 비율이

"태영건설 워크아웃 신청"..'PF 부실화' 태풍 오나 23.1.2.29. You Tube

극히 낮고, 그 리스크를 사실상 건설사가 모두 떠안는 기형적인 '저자본 고보증' 구조의 필연적 결과였다.

태영건설 사태는 금융시장에 엄청난 충격을 주었다. 건설사들의 PF 우발채무 리스크가 일제히 부각되었고, 자금 시장은 급격히 경색되었다. 금융기관들은 리스크 관리를 위해 부실 우려가 있는 PF 사업장에 대한 자금 회수에 나서거나 만기 연장을 거부하기 시작했고, 이는 유동성이 부족한 건설사들의 연쇄 부도 공포를 확산시키는 악순환을 낳았다.

1.2. 가상 사례: 신기루를 좇던 '블루마운틴 개발'의 몰락

1) **현안과제:** (주)블루마운틴 개발은 2021년, 수도권 외곽의 유망 부지에 대규모 물류센터를 짓는 '오메가 프로젝트'에 뛰어들었다. 당시 이커머스 시장의 폭발적인 성장과 저금리 기조에 힘입어 물류센터는 '지으면 팔린다'는 불패의 신화로 여겨졌다.

   김 대표는 자기자본 50억 원에 증권사로부터 2,000억 원의 브릿지론을 조달하여 부지를 매입했다. 시공사인 '대한건설'이 책임준공을 약정하며 신용을 보강해 주었기에 자금 조달은 순조로웠다. 김 대표의 계획은 6개월 내 인허가를 완료하고, 더 낮은 금리의 본PF로 전환한 뒤, 성공적인 분양으로 막대한 차익을 남기는 것이었다.

2) **하지만 세상은 그의 뜻대로 움직여주지 않았다.** 금리가 가파르게 오르면서 본PF 전환을 약속했던 금융사들이 발을 빼기 시작했다. 설상가상으로 인허가는 지연되었고, 그 사이 급등한 공사비는 사업성을 크게 훼손했다. 브릿지론 만기는 시시각각 다가왔지만, 차환은 불가능에 가까웠다.

고금리의 이자는 매달 수십억 원씩 쌓여갔다. 김 대표는 백방으로 뛰어다녔지만 냉혹한 시장의 외면 속에 절망했다. 결국 만기 연장에 실패한 오메가 프로젝트는 부도 처리되었고, 토지는 공매로 넘어갔다. 블루마운틴 개발은 파산했고, 신용보증을 섰던 대한건설은 2,000억 원의 채무를 떠안으며 심각한 유동성 위기에 직면했다. 하나의 화려했던 꿈이 무너지면서 여러 기업이 함께 나락으로 떨어지는, PF 위기의 전형적인 모습이었다.

3) '오메가 프로젝트' 가상 리스크 분석

리스크 요인	발생 과정	결과
시장 리스크	급격한 금리 인상, 물류센터 공급 과잉 우려	본PF 전환 실패, 분양 매력도 하락
사업 리스크	인허가 절차 지연, 원자재 가격 급등	사업 기간 연장, 공사비 증가, 수익성 악화
유동성 리스크	브릿지론 만기 도래, 차환 실패	채무 불이행 (Default), 프로젝트 부도
신용 리스크	시공사의 책임준공 및 채무보증	시행사 부실이 시공사의 우발채무 현실화로 전이

4) 정부의 대응과 남겨진 과제

2024년 PF 위기가 금융 시스템 전반의 위기로 확산될 조짐을 보이자, 정부와 금융당국은 적극적인 개입에 나섰다. 채권시장안정펀드와 PF 사업자 보증 확대 등 약 94조 원 규모의 유동성 공급 프로그램을 가동하여 급한 불을 끄는 데 주력했다.

또한, PF 사업장에 대한 옥석 가리기를 본격화했다. 사업성이 충분한 정상 사업장에는 자금을 지원하되, 사업성이 부족한 부실 사업장은 재구조화나 정리를 유도하는 '질서 있는 연착륙'을 추진했다. 이는 부실을 이연시키기보다 선제적으로 정리하여 시장의 불확실성을 해소하려는 의도였다.

5) **과제와 시사점:** 그러나 이러한 노력에도 불구하고 근본적인 문제 해결까지는 갈 길이 멀다. 시행사의 자기자본 요건을 강화하고, 건설사의 과도한 보증 관행을 개선하며, PF 사업 정보를 투명하게 공개하는 시스템을 구축하는 등 한국형 PF의 구조적 문제를 해결하기 위한 제도적 개선이 시급한 과제로 남아있다. 이번 위기는 단순한 경기 순환의 문제가 아니라, 우리 경제의 취약한 고리가 터져 나온 것임을 직시해야 할 것이다.

2. 감으로 하던 시대는 끝났다 - 데이터가 왕인 시대와 가상사례

2.1. "감으로 하던 시대는 끝났다" - 데이터가 왕인 시대

과거 부동산 개발의 성공 신화는 종종 베테랑 개발업자의 '직감'과 '경험'에 대한 찬사로 가득 차 있었다. "이 땅은 돈이 될 땅이야"라는 한마디가 수천억 원의 프로젝트를 움직이는 동력이었고, 그의 번뜩이는 통찰력은 사업의 성패를 가르는 절대적인 기준처럼 여겨졌다.

그러나 시장은 그 어느 때보다 복잡 해 졌고, 변수는 예측 불가능할 정도로 늘어났으며, 자본은 더욱 정교한 논리를 요구하기 시작했다. 이제 우리는 부동산 프로젝트 파이낸싱(PF)의 세계에서 '감'이라는 불확실한 나침반에 의존하던 시대의 종말을 목격하고 있다. 그 자리에는 차갑고 명확한 '데이터'라는 새로운 왕이 등극하였다.

AI 시대의 부동산 PF는 더 이상 경험 많은 개인의 머릿속에 존재하는 추상적인 성공 공식을 따르지 않는다. 대신, 도시의 혈관처럼 뻗어 나가는 수많은 데이터를 수집하고 분석하여 성공 확률을 과학적으로 계량화하는 과정을 거친다. 이는 단순히 과거의 거래 가격이나 인구 통계를 참고하는 수준을 넘어선다. AI는 실시간 유동인구 데이터, 소셜 미디어의 상권 평판, 위성사진을 통한 지형 및 환경 변화, 교통량 데이터, 인근 지역의 건축 허가 데이터, 심지어는 특정 지역 사람들의 소비 패턴과 라이프스타일 데이터까지, 과거에는 상상할 수 없었던 광범위한 정보를 흡수하고 학습한다.

이렇게 학습된 AI 모델은 인간의 눈으로는 결코 발견할 수 없는 잠재적 기회와 치명적 리스크를 식별해낸다. 예를 들어, 특정 지역에 새로운 지하철 노선이 계획된다는 정보와, 해당 지역 20-30대 직장인들의 소셜 미디어에서 '반려동물 산책', '조용한 카페' 등의 키워드 언급량이 급증하는 데이터를 결합하여, '펫 프렌들리(Pet-friendly) 오피스텔'이라는 최적의 개발 콘셉트를 도출해내는 식이다. 이는 단순한 감이나 추측이 아닌, 수백만 개의 데이터 포인트가 교차하며 만들어낸 통계적 필연에 가까운 결론인 것이다.

이러한 데이터 기반 접근 방식은 프로젝트의 모든 단계에 혁신을 가져온다. 최적의 부지를 찾는 일부터 사업 타당성 분석, 리스크 관리, 그리고 최종적으로 금융기관으로부터 자금을 조달하는 과정까지, 모든 의사결정은 데이터라는 강력한 증거에 의해 뒷받침된다.

금융기관 역시 마찬가지이다. 이제 그들은 사업 계획서에 담긴 화려한 청사진이나 개발사의 명성보다는, AI가 예측한 정교한 수요 분석과 리스크 시뮬레이션 결과에 더 큰 신뢰를 보낸다. 데이터는 개발사와 투자자 모두를 위한 공통의 언어이자, 성공적인 PF를 위한 가장 강력한 무기가 된 것이다.

2.2. 전통적 방식과 AI 기반 방식의 부동산 PF 비교

구분	전통적 방식 (직관 의존)	AI 기반 방식 (데이터 중심)
사업 부지 선정	개발자의 경험, 지역 평판, '목 좋은 곳'이라는 막연한 판단에 의존한다.	위성 데이터, 유동인구, 교통망, 소셜 데이터 등 수백 개 변수를 분석하여 최적의 입지를 퀀트(Quant) 기반으로 도출한다.
사업 타당성 분석	과거 유사 사례, 거시 경제 지표 등 제한된 정보를 바탕으로 한 정적인 현금흐름 예측에 집중한다.	AI 시뮬레이션을 통해 금리 변동, 정책 변화, 시장 수요 등 다양한 시나리오별 동적 현금흐름을 예측하고 사업성을 다각도로 검증한다.
리스크 관리	예측 가능한 시장 리스크(미분양, 공사비 증가 등)에 대한 사후 대응 위주로 관리된다.	잠재된 복합 리스크(인구구조 변화에 따른 수요 변동, 기후변화로 인한 자재 수급난 등)를 사전에 식별하고 선제적으로 대응 전략을 수립한다.
자금 조달	개발사의 신용도, 담보 가치, 인적 네트워크가 중요한 역할을 하며, 금융기관 설득 과정이 주관적인 경우가 많다.	데이터 기반의 객관적인 사업성 보고서를 통해 금융기관의 신뢰를 확보하며, 더 유리한 조건으로 자금 조달이 가능해진다.

2.3. 가상 사례: '프로젝트 노바(Project NOVA)' - AI가 탄생시킨 스마트 물류 허브

1) 김 부장은 이 지역을 지나치며 "여긴 교통망도 별로고, 배후 수요도 없어서 개발 가치가 없다"고 단언했다. 그의 30년 경험이 내린 결론이었다. 2024년, 대한민국 수도권 외곽의 한 지역. 이곳은 수십 년간 농지와 소규모 공장들이 혼재해 있던, 부동산 개발업자들의 관심 밖의 땅이었다. 전통적인 부동산 개발사 '대성디앤씨'의 베테랑 김 부장은 이 지역을 지나치며 "여긴 교통망도 별로고, 배후 수요도 없어서 개발 가치가 없다"고 단언했다. 그의 30년 경험이 내린 결론이었다.

2) 하지만 신생 AI 부동산 PF 솔루션 기업 '로지스틱스 AI'의 생각은 달랐다. 그들의 AI 모델 '노바(NOVA)'는 김 부장이 보지 못한 데이터를 보고 있었다.

■ 1단계: 데이터의 재해석 - 잠재력을 발견하다

'노바'는 먼저 공개된 정부 데이터를 통해 해당 부지 인근으로 5년 내 새로운 고속도로 IC가 건설될 계획이라는 사실을 확인했다. 여기까지는 일반적인 정보였다. 하지만 '노바'는 여기에 더해, 국내 E-커머스 기업들의 물류센터 운영 데이터, 통신사 기지국을 통해 분석한 새벽 시간대 화물차량 이동 패턴 데이터, 그리고 소셜 미디어에서 '당일배송', '신선식품' 관련 키워드 검색량 증가 추이 데이터를 결합하여 분석을 시작했다.

결과는 놀라웠다. AI는 수도권의 기존 물류센터들이 포화 상태에 이르렀으며, 특히 신선식품과 생활용품의 '라스트마일(Last-mile) 배송'을 위한 소규모 도심형 물류센터(Micro Fulfillment Center, MFC)에 대한 수요가 폭발적으로 증가할 것이라 예측했다. 그리고 '노바'가 분석한 최적의 입지는 바로 김 부장이 '가치

[데이터3법 통과後] 라스트 마일 배송, 더 빨라지고 수익↑ | 아주경제
[https://www.ajunews.com]

없다'고 판단했던 바로 그 땅이었다. 신설될 IC와 인접해 광역 접근성이 우수해질 것이며, 기존 도로망을 이용하면 30분 내에 200만 인구의 신도시 배후 단지에 접근이 가능하다는 것이 '노바'의 계산이었다.

■ 2단계: AI 시뮬레이션 - 리스크를 제거하다

'로지스틱스 AI'는 이 분석을 바탕으로 '프로젝트 노바', 즉 최첨단 AI 기반 저온 스마트 물류 허브 개발 계획을 수립했다. 금융기관에 제출된 사업 계획서에는 단순한 예상 임대수익률만 담겨 있지 않았다.

'노바'는 지난 10년간의 기후 데이터를 분석하여, 여름철 폭염 일수 증가가 저온 설비의 전력 비용에 미치는 영향을 퍼센트(%) 단위로 계산해냈다. 또한, 글로벌 공급망 데이터를 분석하여 특정 냉매 압축기 부품의 수급 불안정 리스크를 식별하고, 대체 공급사와 예비 부품 확보 계획까지 사업 계획에 포함시켰다. 수천 번의 몬테카를로 시뮬레이션을 통해 금리 인상, 주변 지가 상승, 경쟁 물류센터 등장 등 수십 가지 변수에 따른 최악의 시나리오에서도 프로젝트가 수익성을 유지할 수 있음을 증명했다.

3) '프로젝트 노바' AI 리스크 분석 데이터 예시

분석 데이터 종류	AI 모델 분석 내용 및 결론	PF에 미친 영향
기후 데이터	향후 5년간 여름철 평균 기온 1.5°C 상승 예측. 이에 따른 저온 설비 전력비용 8.2% 증가 시뮬레이션.	사업비에 태양광 패널 설치 및 고효율 단열재 적용 비용을 선반영하여 장기 운영비 리스크를 헷지(Hedge)한다.

교통량 데이터	신설 IC 개통 시, 출퇴근 시간대 인근 도로 상습 정체 구간 발생 예측.	물류 차량의 입출고 시간을 최적화하는 AI 관제 시스템 도입을 계획하고, 교통영향평가에 선제적으로 대응한다.
글로벌 공급망 데이터	핵심 냉각 설비 부품의 특정 국가 의존도(85%)가 높아 지정학적 리스크에 취약함을 발견.	대체 공급망 확보 및 핵심 부품 사전 구매 계획을 수립하여 공사 지연 및 비용 증가 리스크를 최소화한다.

4) 결과: 성공적인 자금 조달과 프로젝트의 완성

금융기관의 투자 심사역들은 '로지스틱스 AI'의 사업 계획서를 보고 감탄할 수밖에 없었다. 그들이 가질 수 있는 모든 의문과 우려에 대해 데이터가 먼저 대답하고 있었기 때문이다. 결국 '프로젝트 노바'는 경쟁 프로젝트들을 제치고 매우 유리한 조건으로 PF 자금 조달에 성공했다.

2년 후, 황무지 같던 그 땅에는 최첨단 자동화 로봇이 분주하게 움직이는 스마트 물류 허브가 들어섰다. 완공 전부터 국내 유수의 E-커머스 기업들과 임대차 계약을 100% 완료했으며, 예측했던 대로 폭발적인 라스트마일 배송 수요를 감당하는 핵심 거점으로 자리 잡았다.

5) **시사점:** 김 부장의 '경험'이 외면했던 땅에서, AI의 '데이터'는 수천억 원의 가치를 창출해낸 것이다. '프로젝트 노바'는 감의 시대가 가고 데이터가 왕이 된 새로운 부동산 PF 시대의 서막을 연 상징적인 사건으로 기록될 것이다.

3. 단순 자동화가 아니다, PF에서 의사결정을 바꾸는 AI의 힘과 가상사례

3.1. AI는 수백, 수천 가지의 변수들이 서로에게 미치는 비 선형적이고 복합적인 영향을 동시에 계산해낸다.

부동산 프로젝트 파이낸싱(PF)의 세계에 AI가 도입된다고 할 때, 많은 이들은 단순히 복잡한 서류 작업을 처리하거나, 현금흐름표를 자동으로 계산해주는 고성능 계산기를 떠올린다. 그러나 이는 AI의 본질을 절반도 이해하지 못한 것이다. PF에서 AI의 진정한 힘은 반복적인 업무를 대신하는 '자동화(Automation)'를 넘어, 인간의 고유 영역이라 여겨졌던 '의사결정(Decision-Making)'의 질을 근본적으로 바꾸는 '지능 증강(Intelligence Augmentation)'에 있다.

과거의 의사결정은 제한된 데이터와 전문가의 경험이라는 두 가지 축을 기반으로 이루어졌다. 금융 모델은 몇 가지 핵심 변수(금리, 공실률, 공사비 등)를 기반으로 한 시나리오 분석에 그쳤고, 최종 판단은 결국 의사결정권자의 직관과 통찰력에 기댈 수밖에 없었다. 이는 마치 몇 개의 별자리만 보고 광활한 우주를 항해하는 것과 같아서, 예측하지 못한 변수나 숨겨진 리스크 앞에서는 속수무책일 수밖에 없는 구조이다.

하지만 AI는 의사결정의 패러다임 자체를 전환시킨다. AI는 수백, 수천 가지의 변수들이 서로에게 미치는 비선형적(non-linear)이고 복합적인 영향을 동시에 계산해낸다. 예를 들어, '특정 지역의 SNS 버즈량 변화가 3년 후 상가 임대료에 미치는 영향'이나, '글로벌 원자재 가격 변동이 우리 프로젝트의 최적 착공 시점에 주는 영향'과 같은, 인간의 머리로는 도저히 계산할 수 없는 영역의 질문에 대해 확률적 해답을 제시한다.

이러한 능력은 PF의 핵심 질문들을 재정의한다. 과거의 질문이 "이 프로젝트는 성공할 것인가?"라는 단선적인 물음이었다면, AI 시대의 질문은 "이 프로젝트가 성공하기 위한 최적의 조건은 무엇이며, 예상치 못한 리스크가 발생했을 때 우리의 손실을 최소화할 경로는 무엇인가?"라는 다차원적인 물음으로 진화한다.

즉, AI는 정답을 알려주는 예언자가 아니라, 우리가 더 현명한 질문을 던지고, 수많은 가능성을 탐색하며, 최적의 해답을 찾아가도록 돕는 강력한 전략적 파트너가 되는 것이다. 이는 단순한 효율성 증대를 넘어, 프로젝트의 성패를 가르는 결정적 차이를 만들어내는 힘이다.

3.2. PF 의사결정 방식의 진화: 인간 중심 vs. AI 증강방식

의사결정 영역	전통적 인간 중심 방식	AI 증강 방식
핵심 질문	"이 사업은 될까, 안 될까?" (Go / No-go)	"어떤 조건 하에서 이 사업의 성공 확률이 극대화되는가?" (Optimization)
분석 방식	과거 데이터와 유사 사례에 기반한 선형적 인과관계 추론에 의존한다.	실시간, 비정형 데이터를 포함한 빅데이터 분석을 통해 숨겨진 패턴과 비선형적 상관관계를 도출한다.
미래 예측	전문가의 직관에 의존한 단일 시나리오(Base Case) 및 몇 개의 변수 조정(민감도 분석)에 그친다.	수만 번의 시뮬레이션을 통해 가능한 모든 미래 시나리오를 예측하고, 각 시나리오별 발생 확률과 재무적 영향을 계량화한다.
리스크 관리	이미 알려진 리스크에 대한 사후적 대응 방안을 마련하는 데 집중한다.	아직 인지하지 못한 '미지의 리스크(Unknown Unknowns)'를 데이터 속에서 탐지하고, 선제적, 동적 리스크 관리 전략을 수립한다.
최종 결정	의사결정자의 책임과 직관에 따른 '결단'의 성격이 강하다.	데이터가 제시하는 확률적 근거와 다양한 시뮬레이션 결과를 바탕으로 한 '전략적 선택'의 성격이 강하다.

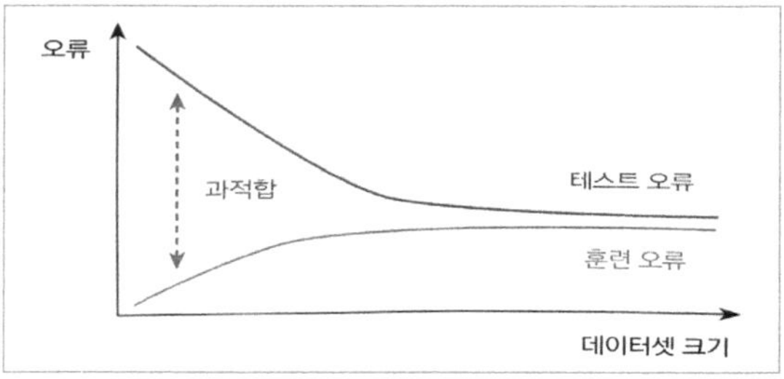

https://velog.io

▣ 데이터 증강(Data augmentation): 모델은 복잡한데 비해 그만큼 충분한 데이터가 제공되지 않으면 모델이 데이터를 암기해 버리는 상황이 발생한다. 이런 경우 과적합이 되는데, 과적합을 막는 가장 근본적 방법은 훈련 데이터를 늘리는 방법이다. 훈련 데이터셋 크기가 커질수록 훈련 오류가 증가하고 테스트 오류는 감소하여 두 곡선의 차가 나타내는 일반화 오류 또는 과적합의 정도가 줄어든다. 하지만 언제나 충분한 데이터가 있는 것은 아니다. 데이터를 수집해서 큰 데이터셋을 만드는 방법보다 좀 데이터를 늘려주는 방법이 필요하다. 데이터 증강(Data augmentation) 기법은 훈련 데이터셋을 이용해서 새로운 데이터를 생성하는 기법이다.(참고: https://velog.io)

3.3. 가상 사례: '프로젝트 아키텍트(Project Architect)' - AI가 설계한 도시재생의 미래

1) 모든 개발사가 투자를 꺼리는 '저주의 땅'이었다. 여러 차례 공모가 있었지만, 막대한 초기 투자비와 불확실한 미래 가치 앞에서 모두가 고개를 저었다: 대한민국의 한 광역시, 도심에 위치했지만 수십 년간 흉물로 방치된 폐 조선소 부지가 있었다. 거대한 녹슨 크레인과 오염된 토양, 어두운 이미지 때문에 모든 개발사가 투자를 꺼리

는 '저주의 땅'이었다. 여러 차례 공모가 있었지만, 막대한 초기 투자비와 불확실한 미래 가치 앞에서 모두가 고개를 저었다.

2) 이 땅에 AI 기반 도시개발 솔루션 기업 '아틀라스 디벨롭먼트'가 도전장을 내밀었다. 그들의 비밀 병기는 도시개발 의사결정 AI 모델, '아키텍트(Architect)'였다.

- 1단계: 문제의 재정의 - "무엇을 지을 것인가?"가 아닌 "이 도시에 무엇이 필요한가?"

  기존 개발사들은 이 부지에 주상복합 아파트나 대형 쇼핑몰을 짓는 것 만을 생각했다. 하지만 '아키텍트'는 다른 질문부터 던졌다. '아키텍트'는 지난 10년간 해당 도시의 모든 건축 허가 데이터, 기업 유치 데이터, 인구 이동 데이터, 그리고 시민들의 온라인 커뮤니티 데이터를 분석했다.

  분석 결과, 놀라운 사실이 발견되었다. 이 도시는 첨단 제조업 R&D 센터 유치에는 성공했지만, 연구원들이 즐길 문화, 여가, 주거 공간이 절대적으로 부족했다. 특히 고급 인력들이 '워라밸'을 누릴 수 있는 친환경 수변 공간과 자녀들을 위한 창의적 교육 시설에 대한 '잠재 수요'가 데이터상에서 폭발적으로 나타나고 있었다.

  '아키텍트'는 이를 근거로 기존의 개발 계획을 완전히 뒤집었다. 단순 주거단지가 아닌, 'R&D 인력을 위한 친환경 스마트 워크-라이프 복합단지'라는 새로운 콘셉트를 제시한 것이다. 이는 저층형 스마트 오피스, 수변 테라스형 주거 공간, 그리고 코딩과 드론을 가르치는 '미래기술학교'가 결합된, 이 도시에 없던 완전히 새로운 형태의 공간이었다. 이 결정은 인간의 편견이 아닌, 도시의 데이터가 내린 결론이었다.

■ 2단계: 최적화 시뮬레이션 - 리스크를 디자인의 기회로 바꾸다

가장 큰 난관은 오염된 토양을 정화하는 막대한 비용이었다. '아키텍트'는 이 리스크를 역으로 이용했다. 위성 데이터와 지질 데이터를 3D로 결합하여, 오염도가 가장 낮은 구역들을 정확히 식별해냈다. 그리고 그곳에 가장 먼저 주거 및 상업 시설을 배치하고, 오염도가 높은 구역은 단계적인 정화가 진행되는 동안 공원이나 산책로로 활용하는 '동적 단계별 개발 계획'을 수립했다.

또한, '아키텍트'는 수천 번의 일조량 및 바람길 시뮬레이션을 실행했다. 이를 통해 모든 세대가 최적의 조망과 채광을 확보하고, 여름철에는 강바람이 단지 전체를 시원하게 통과하여 에너지 사용량을 15% 이상 절감할 수 있는 최적의 건물 배치와 각도를 1cm 단위로 계산해냈다. 이는 단순한 비용 절감을 넘어, 프로젝트의 친환경 가치를 극대화하여 미래의 자산 가치를 높이는 결정이었다.

3) 결과: 금융을 움직인 새로운 언어, '데이터 기반의 확신'

'아틀라스 디벨롭먼트'가 금융기관에 제출한 것은 단순한 사업 계획서가 아니었다. 그것은 '아키텍트'가 수행한 수만 번의 시뮬레이션 결과와 데이터 기반의 예측 보고서였다. 보고서는 '만약 주변 지역에 경쟁 상업시설이 들어설 경우, 우리 단지의 상가 임대료는 7% 하락하지만, 미래기술학교의 희소성으로 인해 주거단지 가치는 오히려 3% 상승하여 전체 사업성은 방어된다'와 같은, 과거에는 상상할 수 없었던 정교한 리스크 분석을 담고 있었다.

4) **시사점:** 투자자들은 처음 보는 유형의 보고서에 깊은 인상을 받았다. 개발자의 '성공할 것입니다'라는 막연한 주장 대신, AI의 '이러한 조건 하에서 95% 확률로 성공할 것입니다'라는 데이터 기반의 확신이 그들의 마음을 움직인 것이다. 결국 '프로젝트 아키텍트'는 PF 자금 조달에 성공했고, 몇 년 후 저주의 땅이었던 폐조선소 브지는 모든 R&D 인력들이 살고 싶어 하는 도시의 새로운 심장으로 재탄생하였다. 이는 AI가 단순한 도구를 넘어, 불확실성을 탐색하고 최적의 미래를 설계하는 의사결정의 동반자가 될 수 있음을 증명한 위대한 사례가 된 것이다.

4. 위기는 기회다: AI로 잿더미 속 진주를 찾는 법과 가상사례

4.1. AI에게 위기는 곧 '데이터의 급격한 변동'을 의미하며, 이는 숨겨진 가치, 즉 '진주'를 발견할 최적의 기회가 된다

부동산 투자의 오랜 격언 중 하나는 '위기 속에 기회가 있다'는 것이다. 그러나 인간은 본능적으로 위기 앞에서 공포를 느끼고, 불확실성을 회피하며, 다수가 가는 안전한 길을 따르려는 경향이 있다. 경제 불황, 산업 구조의 재편, 인구 감소 등으로 인해 특정 지역이나 자산이 가치를 잃고 '잿더미'처럼 변해갈 때, 대부분의 투자자는 그곳을 외면한다. 인간의 눈에는 오직 리스크만 보이기 때문이다.

바로 이 지점에서 AI는 인간의 한계를 뛰어넘는 새로운 눈을 제공한다. AI는 공포나 편견과 같은 감정이 없으며, 오직 데이터에 기반하여 냉철하게 확률을 계산한다. AI에게 위기는 곧 '데이터의 급격한 변동'을 의미하며, 이는 시장의 비효율성이 극대화되는 순간이자 숨겨진 가치, 즉 '진주'를 발견할 최적의 기회가 된다. 인간이 버리고 떠난 잿더미 속에서,

AI는 남들이 보지 못하는 미세한 신호와 패턴을 읽어내어 역발상 투자의 과학적 근거를 마련하는 것이다.

■ **AI를 활용한 위기 속 투자 기회 발굴 방법론**

구분	이상 신호 탐지(Anomaly Detection)
핵심 원리	학습된 정상 시장 패턴을 기준으로, 위기 상황의 데이터에서 일반적인 하락 추세와 다른 긍정적 이탈 현상을 포착한다.
분석 대상 및 방식	유동인구, 카드 매출, 특정 품목 판매량 등 각종 시계열 데이터의 미시적 변화를 추적하여, 전체적인 하락세와 반대되는 이상 신호(Anomaly)를 찾아낸다.
주요 역할 및 기대효과	인간의 편견이나 거시 지표에 가려져 간과하기 쉬운 시장의 초기 회복 신호나 새로운 기회의 싹을 객관적 데이터로 발굴하여 선제적 투자 기회를 제공한다.

구분	비정형 데이터 분석(Unstructured Data Analysis)
핵심 원리	소셜 미디어, 뉴스, 온라인 커뮤니티 등 텍스트 데이터에 대한 감성 분석(Sentiment Analysis) 및 키워드 분석을 통해 시장의 숨겨진 심리와 잠재 수요를 파악한다.
분석 대상 및 방식	특정 지역이나 자산에 대한 온라인 게시글, 뉴스 기사의 톤(Tone), 키워드 연관 관계 등을 분석하여, 특정 집단이 가진 새로운 관점이나 아직 발현되지 않은 수요를 예측한다.
주요 역할 및 기대효과	전통적인 통계로는 파악이 불가능한 새로운 개발 콘셉트나 차별화된 사업 모델의 성공 가능성을 데이터 기반으로 검증하고 구체화한다.

구분	재생 시뮬레이션(Regeneration Simulation)
핵심 원리	특정 개입(Intervention)이 미래 자산 가치에 미칠 복합적이고 장기적인 영향을 다각도로 시뮬레이션 하여 최적의 솔루션을 도출한다.
분석 대상 및 방식	소규모 정책 변화나 공공시설 설치 등 특정 변수가 향후 5~10년간 주변 상권, 인구 구성, 부동산 가치 등에 미칠 나비효과를 예측하는 다변수 모델링을 수행한다.
주요 역할 및 기대효과	최소한의 투입 비용으로 최대의 가치 상승 효과를 내는 최적의 투자 포트폴리오를 구성하고, 장기적 성공 확률을 과학적으로 제시하여 자금 조달의 설득력을 높인다.

■ 위기 진단 방식의 차이: 인간의 직관 vs. AI의 데이터 분석

구분	인간의 직관적 진단	AI의 데이터 기반 진단
데이터 활용	공식 통계, 뉴스 기사 등 거시적이고 정형화된 정보에 주로 의존한다.	위성사진, SNS, 카드 매출 등 미시적이고 비정형적인 데이터를 포함한 모든 정보를 활용한다.
리스크 인식	인구 감소, 공실률 증가 등 표면적인 위기 신호를 보고 '투자 불가'로 판단하는 경향이 있다.	표면적 위기 속에서 '숨겨진 긍정적 이상 신호'를 탐지하여 리스크의 종류와 등급을 세분화한다.
기회 포착	과거의 성공 사례나 유사한 모델을 적용할 수 있는 곳에서 기회를 찾는다.	데이터가 증명하는 새로운 라이프스타일이나 아직 발현되지 않은 '잠재 수요'에서 기회를 찾는다.
의사결정	공포, 탐욕 등 시장의 집단 심리에 영향을 받기 쉬우며, 보수적인 결정을 내리게 된다.	감정을 배제하고 오직 데이터와 확률에 근거하여, 인간의 편견을 깨는 과감하고 객관적인 의사결정이 가능하다.

4.2. 가상 사례: '프로젝트 피콕(Project Peacock)' - 폐광촌에서 피어난 예술가의 도시

1) 강원도의 소도시 '태백'은 한때 대한민국 석탄 산업의 심장이었지만, 1990년대 폐광 이후 30년간 쇠락의 길을 걸어온 도시이다. 높은 실업률, 급격한 인구 유출, 텅 빈 상가들. 이곳은 모든 투자자에게 '잊힌 땅', 즉 리스크 덩어리 그 자체였다.

2) 2025년, AI 자산운용사 '퀀텀 브릿지'는 모두의 예상을 깨고 태백의 폐광 지역 일대 부동산을 매입하기 시작했다. 시장은 이들의 무모한 도전을 비웃었다. 하지만 그들에게는 AI '카산드라(Cassandra)'가 찾아낸 명백한 데이터가 있었다.

■ 1단계: 잿더미 속에서 찾아낸 미세한 빛

'카산드라'는 먼저 지난 15년간의 태백 관련 데이터를 분석했다. 예상대로 모든 경제지표는 암울했다. 그러나 '카산드라'는 누구

[태백 탄광 폐광] "오래전부터 예견했지만…삶의 희망 캘 수 있을지"
[https://www.yna.co.kr]

도 주목하지 않은 두 가지 '이상 신호'를 발견했다.

첫째, 위성사진 분석 결과, 폐광 이후 방치된 광산 주변의 자연 환경이 인간의 간섭이 사라지면서 놀라운 속도로 복원되고 있었다. 특히 희귀 야생화 군락지가 형성되고 밤하늘의 광공해(光公害) 지수가 국내 최저 수준이라는 점을 확인했다. 둘째, 통신 데이터 분석 결과, 외부에서 태백으로 유입되는 인구는 적었지만, 한번 유입된 인구 중 특정 그룹(수도권 거주 30-40대, 예술/디자인 계열 직업군)의 평균 체류 시간이 지난 3년간 400% 이상 폭발적으로 증가한 사실을 발견했다.

■ 2단계: 데이터로 재구성한 미래 시나리오

'카산드라'는 이 두 가지 데이터를 결합하여 새로운 가설을 세웠다. "태백은 단순한 쇠락 도시가 아니라, 대도시의 소음과 공해에 지친 예술가 및 창작자들에게 '영감을 주는 조용한 안식처'로서의 대체 불가능한 가치를 지니고 있다."

이 가설을 검증하기 위해, '카산드라'는 해당 그룹이 SNS에서 사용하는 언어를 분석했다. 그들은 태백을 '텅 빈', '쓸쓸한'이라는 단어와 함께 '고요', '자연', '몰입', '영감'이라는 단어와 함께 사용하고 있었다. 이는 쇠락한 도시의 풍경이 그들에게는 리스크가 아닌, 창작 활동을 위한 최고의 자산으로 인식되고 있다는 강력한 증거였다.

3) '퀀텀 브릿지'는 이 분석을 바탕으로 PF 전략을 수립했다. 대규모 리조트나 아파트 단지 개발이 아니었다. 그들은 폐광 시설의 일부를 보존하여 독특한 분위기의 갤러리와 작업실로 바꾸고, 텅 빈 상가들을 예술가들을 위한 저렴한 장기 임대 레지던스로 탈바꿈시키는 '아티스트 인 레지던스(Artist-in-Residence)' 프로젝트, '프로젝트 피콕'을 기획한 것이다. '피콕(Peacock, 공작)'이라는 이름은 잿빛 탄광촌에서 화려한 날개를 펼치는 예술적 부활을 상징하는 것이었다.

4) 결과: 가치를 알아보는 스마트 자본의 유입
금융기관들은 처음에는 회의적이었다. 하지만 '퀀텀 브릿지'가 제시한 '카산드라'의 데이터 분석 보고서 앞에서 침묵할 수밖에 없었다. 보고서는 잠재 수요 그룹의 규모와 소득 수준, 예상 임대료, 그리고 예술마을로 변모했을 때의 미래가치 상승률까지 정교하게 예측하고 있었다. 이것은 희망 회로가 아닌, 데이터로 증명된 시나리오였다.

5) 시사점: 결국 '프로젝트 피콕'은 성공적으로 자금을 유치했다. 몇 년 후, 태백의 폐광촌은 전국의 예술가들이 모여드는 독특한 문화예술마을로 거듭났다. 낡은 건물들은 그 자체로 훌륭한 갤러리가 되었고, 주말마다 열리는 아트마켓은 관광객들로 붐볐다. 아무도 거들떠보지 않던 잿더미는 AI의 눈을 통해 세상에 단 하나 뿐인 진주로 다시 태어난 것이다. 이는 위기 속에서 기회를 발견하는 AI의 힘이

단순한 상상이 아닌, 현실을 바꾸는 구체적인 방법론임을 증명하는 사례가 되었다.

5. 이 책을 통해 당신이 얻게 될 10가지 인사이트

5.1. 당신의 투자 지도를 바꿀 10가지 핵심 인사이트

- **인사이트 1: 감이 아닌 데이터로 '보이지 않는 가치'를 발굴하게 된다.**
  전통적인 부동산 개발은 소위 '전문가의 감' 혹은 제한된 과거 데이터에 의존해왔다. 하지만 AI는 도시의 모든 데이터를 실시간으로 흡수하고 분석하여 인간이 볼 수 없었던 기회의 땅을 찾아낸다. 유동인구, 상권 변화, 소셜 미디어 트렌드, 교통망 계획 등 수억 개의 데이터를 조합하여, 미래에 가치가 폭등할 지역을 과학적으로 예측하는 것이다. 이 책은 당신을 데이터 속에서 금맥을 캐는 현대의 연금술사로 만들어 줄 것이다.

- **인사이트 2: 수십 년 걸릴 사업타당성 분석을 단 몇 시간 만에 끝내게 된다.**
  프로젝트의 성패를 가르는 사업타당성 분석은 막대한 시간과 비용을 요구하는 과정이다. AI는 이 과정을 혁신적으로 단축시킨다. 가상의 디지털 공간에 프로젝트 대상 부지를 복제하는 '디지털 트윈(Digital Twin)' 기술을 활용, 수천 가지 개발 시나리오를 시뮬레이션한다. 용적률, 건축법규, 예상 분양가, 금리 변동 등 모든 변수를 대입하여 최적의 개발 계획과 예상 수익률을 단 몇 시간 만에 도출해내는 것이다.

디지털에 담은 현실세계…미래도시 핵심 '디지털 트윈' [https://www.edaily.co.kr]

구분	전통적 사업타당성 분석	AI 기반 사업타당성 분석
데이터 기반	과거 실거래가, 제한된 인구 통계	실시간 도시 데이터, 소셜 데이터, 미래 예측 변수
분석 방식	전문가의 경험적 판단, 수동적 엑셀 작업	머신 러닝 기반 다변수 시뮬레이션, 자동화 분석
소요 시간	수 주 ~ 수 개월	수 시간 ~ 수 일
결과의 정확성	주관적, 제한된 변수만 고려	객관적, 수천 개 변수를 고려한 확률적 예측
의사결정	리스크에 대한 방어적 결정	데이터 기반의 최적화된 공격적 결정

■ 인사이트 3: 예측 불가능한 리스크를 '관리 가능한 변수'로 바꾸게 된다.

부동산 PF의 가장 큰 적은 '불확실성'이다. 정책 변화, 금리 인상, 원자재 가격 급등, 미분양 사태 등 예측 불가능한 리스크는 프로젝트를 좌초 시킨다. AI는 과거 수십 년 간의 데이터를 학습하여 이러한 리스크들의 발생 패턴과 전조 증상을 식별한다. 이를 통해 '만약 금리가 1% 오르면 분양률은 몇 % 하락할 것인가'와 같은 질문에 확률적 답변을 제공하며, 리스크를 사전에 예측하고 선제적으로 대응하는 '리스크 관리 시스템'을 구축하게 된다.

■ 인사이트 4: 모두를 위한 건물이 아닌, '오직 한 사람'을 위한 건물을 설계하게 된다.

성공하는 부동산은 결국 사람이 머물고 싶은 공간을 만드는 데 있다. AI는 특정 지역의 잠재 수요층을 인구통계학적 특성을 넘어 라이프스타일, 소비 패턴, 가치관까지 분석하여 매우 정교한 페르소나(Persona)를 설정한다. 이 페르소나에 맞춰 건축 설계, 내부 구조, 커뮤니티 시설까지 최적화하는 '초개인화된 기획'이 가능해지는 것이다. 이는 공실률을 최소화하고 자산 가치를 극대화하는 가장 확실한 전략이 될 것이다.

■ 인사이트 5: 과거가 아닌 '미래 가치'를 정확히 평가하고 담보를 설정하게 된다.

금융기관이 PF 대출을 실행할 때 가장 중요하게 보는 것은 담보물의 가치 평가이다. 기존의 감정평가가 과거의 거래 사례에 얽매여 있다면, AI 기반 가치 평가는 미래의 발전 가능성과 현금흐름을 예측하여 가치를 산정한다. 이는 현재는 저평가되어 있지만 미래 성장성이 높은 프로젝트가 합당한 가치를 인정받고 원활하게 자금을 조달할 수 있는 길을 열어주는 것이다.

■ 인사이트 6: 공사 지연과 예산 초과라는 고질적 문제를 해결하게 된다.

건설 현장은 수많은 변수가 존재하는 곳이다. AI는 드론과 IoT 센서를 통해 현장의 모든 상황을 실시간으로 모니터링하고, 최적의 공정 관리 스케줄을 자동으로 수립한다. 자재 수급, 인력 배치, 안전사고 위험 등을 미리 예측하고 경고함으로써 공사 지연과 예산 초과라는 오랜 난제를 해결하는 결정적 열쇠가 된다.

국토부, 빅데이터 · 드론 활용한 건설 기술 발굴한다 [https://www.aitimes.com]

■ 인사이트 7: 대형 기관 투자자들만의 리그에서 '개인도 참여하는' 자금 조달이 가능해진다.

AI 기반의 투자 플랫폼은 프로젝트의 모든 정보를 투명하게 공개하고, AI가 분석한 리스크와 예상 수익률을 제공함으로써 투자자의 신뢰를 확보한다. 나아가 블록체인 기술과 결합하여 부동산 소유권을 디지털 증권(STO) 형태로 발행, 소액 투자자들도 쉽게 부동산 PF에 참여할 수 있는 '자금 조달의 민주화'를 이끌게 된다. 이는 더 이상 거대 자본에만 의존하지 않는 새로운 자금조달 생태계의 시작이다.

■ 인사이트 8: 건물을 짓는 것에서 끝나는 것이 아니라, '스스로 돈 버는 건물'을 만들게 된다.

AI는 완공 이후 건물의 운영 효율을 극대화한다. 에너지 사용량, 유동인구 패턴 등을 분석하여 관리비를 절감하고, 최적의 임대료 정책을 제안하며, 상업 시설의 경우 가장 높은 매출을 올릴 수 있는 업종 구성을 추천한다. 건물 스스로가 데이터를 통해 학습하고 가치를 높여가는 '살아있는 자산(Living Asset)'으로 진화하는 것이다.

- **인사이트 9: 인간 전문가는 '결정하고 책임지는' 역할에 더욱 집중하게 된다.**

AI가 모든 것을 대체할 것이라는 두려움은 기우에 불과하다. AI는 방대한 데이터를 분석하고 최적의 선택지를 제안하는 최고의 조력자이다. 최종적인 의사결정은 다양한 변수를 종합적으로 고려하고, 그 결과에 책임을 지는 인간 전문가의 고유한 영역으로 남을 것이다. 인간은 단순 반복적인 업무에서 해방되어, 창의적 기획과 전략적 판단이라는 본질적인 역할에 더욱 집중하게 된다.

- **인사이트 10: 개별 프로젝트의 성공을 넘어 '지속가능한 스마트 시티'를 건설하게 된다.**

AI 부동산 PF는 단순히 하나의 건물을 성공시키는 기술이 아니다. 에너지 효율이 높은 건물을 짓고, 교통 흐름을 최적화하며, 도시 전체의 데이터를 연결하여 더욱 안전하고 쾌적한 환경을 만드는 거대한 흐름의 일부이다. 성공적인 AI 부동산 PF 프로젝트들이 모여 결국 우리가 살아갈 미래 도시, 즉 스마트 시티의 청사진을 완성하게 되는 것이다. 이 책은 당신을 그 위대한 건설의 주역으로 초대하는 초대장이다.

제2장
부동산 PF, 도대체 무엇이 문제였나? (A to Z)

1. '부동산 PF사업이 땅 짚고 헤엄치기'에서 '살얼음판 걷기'로 변한 이유와 가상사례

1.1. 왜 황금알을 낳던 거위는 더 이상 존재하지 않는가?

불과 몇 년 전 까지만 해도 부동산 프로젝트 파이낸싱(PF) 사업은 '땅 짚고 헤엄치기'로 비유될 만큼 확실한 성공 방정식으로 여겨졌다. 좋은 입지의 땅을 확보하고, 자금을 조달해 건물을 올리면 막대한 수익이 보장되던 시대였다. 그러나 지금 시장 참여자들은 입을 모아 '살얼음판을 걷는 심정'이라고 말한다. 수많은 프로젝트가 좌초되고, 건설사들은 유동성 위기에 내몰리고 있다. 무엇이 이토록 시장을 급변하게 했는가?

여기서는 과거의 영광에 취해 현재의 리스크를 직시하지 못하는 이들을 위한 냉철한 진단서이다. 시장의 근본적인 체질이 어떻게 변화했는지 5가지 핵심 인사이트를 통해 심층적으로 분석하고, 가상의 실패 사례를 통해 그 위험성을 생생하게 증명할 것이다. 이를 통해 독자들은 왜 이제 인공지능(AI)이라는 새로운 항해술이 반드시 필요한지를 절실히 깨닫게 될 것이다.

1.2. 당신의 사업을 위협하는 5가지 거대한 균열

과거의 부동산 PF 시장을 지탱하던 5개의 기둥은 이제 심각한 균열을 보이고 있다. 이 변화를 이해하는 것이 새로운 성공 전략의 출발점이 된다.

- **인사이트 1: '제로금리'라는 금융 스테로이드의 시대는 끝났다.**
  과거 10여 년간 이어진 초저금리 시대는 PF 사업의 모든 리스크를 덮어주는 마법의 망토였다. 낮은 이자율은 금융비용 부담을 최소화했고, 풍부한 유동성은 사업의 실패 가능성마저 희석시켰다. 그러나 급격한 금리 인상은 이자 비용을 폭증 시켜 사업성을 뿌리부터 흔드는 '금융의 중력'으로 작용한다. 과거의 수익률 계산법으로는 현재의 이자 부담조차 감당할 수 없는 프로젝트가 속출하게 된 것이다.

- **인사이트 2: 원자재 가격 상승은 더 이상 '관리 가능한 변수'가 아니다.**
  코로나19 팬데믹과 국제 정세 불안이 촉발한 글로벌 공급망의 교란은 건설 원자재 가격을 천정부지로 끌어올렸다. 과거에는 물가 상승률 범위 내에서 예측 가능했던 원가 구조가 이제는 한 치 앞을 내다볼 수 없는 '블랙스완(Black Swan)'의 영역으로 들어섰다. 이는 곧 개발이익의 급격한 축소를 의미하며, PF사업의 가장 기본적인 전제인 '예산 통제'를 불가능하게 만드는 핵심 요인이 된다.

구분	과거 (땅 짚고 헤엄치기 시대)	현재 (살얼음판 걷기 시대)
금융 환경	초저금리, 풍부한 유동성	고금리, 유동성 축소
주요 동력	레버리지 극대화를 통한 수익 창출	이자 비용 통제 및 리스크 관리
원가 구조	안정적, 예측 가능한 원자재 가격	변동성 극심, 예측 불가능한 원자재 급등
시장 수요	'묻지마 투자', 공급자 우위 시장	옥석 가리기, 수요자 중심의 양극화 시장
의사결정	경험과 직관에 기반한 신속한 결정	데이터 기반의 정밀한 분석과 보수적 결정

■ **인사이트 3: 시장의 수요는 단일한 '덩어리'에서 미세한 '파편'으로 분화되었다.**

모든 지역, 모든 유형의 부동산이 오르던 전면적 상승기는 막을 내렸다. 이제 시장은 지역, 소득, 세대, 라이프스타일에 따라 극도로 세분화되고 있다. 역세권 대단지 아파트에 대한 선호가 여전한 반면, 교외의 나 홀로 아파트나 특정 컨셉 없는 상업시설은 철저히 외면 받는 '수요의 양극화' 현상이 심화된 것이다. 과거처럼 단순히 '짓기만 하면 팔린다'는 공식은 파산으로 가는 지름길이 되었다.

■ **인사이트 4: 정부의 부동산 정책은 '예측 가능한 신호등'에서 '불규칙한 비상등'으로 변했다.**

안정적인 시장에서는 정부 정책이 예측 가능한 신호의 역할을 한다. 그러나 시장이 과열되거나 불안정해지면, 정부는 대출 규제(LTV, DSR), 세금 중과, 분양가 통제 등 강력하고 예측하기 어려운 정책을 수시로 발동시킨다. 이는 PF사업의 근간이 되는 자금 조달 계획과 사업성 분석 자체를 무의미하게 만드는 가장 큰 외부 리스크로 작용한다.

주택담보대출 LTV, DTI, DSR 3가지 쉽게 알아보기 [https://developer1.tistory.com/entry]

■ 인사이트 5: 복잡성의 증가는 인간의 '직관'을 무력화시킨다.

앞서 언급한 4가지 변화는 서로 독립적으로 움직이지 않고, 복잡한 연쇄 반응을 일으키며 리스크를 증폭시킨다. 금리 인상은 수요를 위축시키고, 이는 미분양 리스크를 높이며, 정부의 추가 규제를 불러오는 식의 '리스크의 도미노' 현상이 발생하는 것이다. 이처럼 수많은 거시경제 변수와 미시적 시장 데이터가 얽힌 복잡계(Complex System) 속에서, 더 이상 한두 명의 베테랑이 가진 경험과 직관만으로는 최적의 의사결정을 내릴 수 없는 시대가 된 것이다.

1.3. 가상 사례: 야심으로 쌓아 올린 '프로젝트 오리온', 절망으로 무너지다

1) 2021년, 부동산 개발 업계의 베테랑으로 불리는 K대표는 수도권 신도시의 노른자위 상업 부지를 매입하며 '프로젝트 오리온'의 닻을 올렸다. 과거 3개의 프로젝트를 연달아 성공시킨 그의 눈에 이곳은 '제2의 판교'가 될 땅이었다. 그의 성공 공식은 단순하고 명쾌했다. "금리가 쌀 때, 최대한의 대출(브릿지론)로 땅을 사고, 분양이 시작되면 본 PF로 전환해 공사를 끝낸다." 이 공식은 지난 10년간 한 번도 그를 배신한 적이 없었다.

2) K대표는 당시 2%대 금리로 거액의 브릿지론을 일으켰고, 주변 시세에 맞춰 평당 분양가를 책정했다. 그의 머릿속에는 장밋빛 미래만이 가득했다. 그러나 그가 믿었던 시장의 법칙들은 하나둘씩 그를 배반하기 시작했다.

[시장의 법칙들이 하나둘씩 그를 배반]

• 첫 번째 균열은 '금리'였다. 2022년을 기점으로 한국은행은 기준

금리를 가파르게 인상했고, K대표가 감당해야 할 브릿지론 이자는 눈덩이처럼 불어났다. 만기 연장을 위해 찾아간 금융사들은 두 배가 넘는 이자율을 요구하거나 아예 연장을 거부했다

- 두 번째 균열은 '원가'였다. 러시아-우크라이나 전쟁의 여파로 철근과 시멘트 가격이 폭등했다. 당초 계획했던 공사비로는 기초공사조차 마무리할 수 없는 상황이 되었다. 공사는 중단되었고, 흉물스러운 철골 구조물만이 현장을 지키게 되었다.
- 마지막 균열은 '수요'였다. 재택근무 확산으로 오피스 수요가 줄었고, 고금리로 투자 심리가 얼어붙으며 상가 분양 시장은 완전히 침체되었다. K대표가 예상했던 법인과 자영업자들은 '프로젝트 오리온'을 철저히 외면했다.

3) **결론 및 시사점:** 결국 K대표의 회사는 브릿지론 이자를 감당하지 못해 부도 처리되었고, 그가 평생을 바쳐 이룬 모든 것은 신기루처럼 사라졌다. '프로젝트 오리온'은 그의 경험과 직관이 얼마나 현재의 복합적인 위기 앞에서 무력한지를 보여주는 비극적인 상징이 된 것이다. 이 사례는 우리에게 단 하나의 질문을 던진다. 만약 K대표가 AI를 통해 금리 인상 확률, 원자재 가격 변동 리스크, 미래 수요 변화를 사전에 시뮬레이션해볼 수 있었다면, 과연 그는 그토록 무모한 항해를 시작했을까? 이 질문에 대한 해답이 바로 이 책의 존재 이유이다.

2. '부동산 PF사업의 알파와 오메가: 사업성 분석, 왜 항상 빗나갈까?'와 가상사례

2.1. 완벽한 설계도, 왜 항상 무너지는 모래성이 되는가?

모든 부동산 프로젝트 파이낸싱(PF) 사업은 '사업성 분석'이라는 설계도 위에서 시작된다. 이것은 프로젝트의 시작(알파, α)이자 끝(오메가, ω)이라 할 수 있는 가장 핵심적인 과정이다. 금융기관은 이 보고서를 믿고 천문학적인 자금을 투입하며, 시행사와 건설사는 수년 간의 노력을 쏟아붓는다. 그러나 압도적인 수의 프로젝트들이 이 '완벽해 보였던' 설계도와는 전혀 다른 결과, 즉 처참한 실패를 맞이한다. 도대체 무엇이 문제인가?

여기서는 장밋빛 숫자로 가득 찬 사업성 분석 보고서 뒤에 숨겨진 치명적인 함정들을 파헤치는 진실의 탐사선이다. 우리는 왜 인간의 분석이 구조적으로 실패할 수밖에 없는지 5가지 심층적 인사이트를 통해 규명할 것이다. 그리고 하나의 가상 사례를 통해, 잘 짜인 논리가 어떻게 현실의 파도 앞에서 허무하게 부서지는지를 생생하게 목격하게 될 것이다. 이 과정을 통해 독자들은 인간의 한계를 넘어선 새로운 분석 도구가 왜 절실히 필요한지를 통감하게 된다.

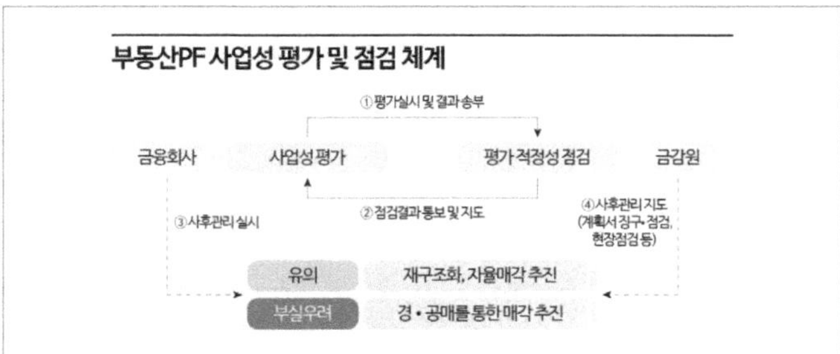

금감원, 부동산 PF '2차 사업성 평가' 마무리…'옥석 가리기' 속도 [https://core.asiae.co.kr]

2.2. 당신의 보고서에 숨어있는 5가지 치명적 오류

전통적인 사업성 분석은 그 구조 안에 실패의 씨앗을 품고 있다. 이 다섯 가지 오류를 인지하는 것이 모든 리스크 관리의 첫걸음이다.

- 인사이트 1: '과거 데이터의 저주'가 미래의 발목을 잡는다.

  대부분의 사업성 분석은 과거의 유사한 성공 사례나 주변 지역의 실거래가 데이터를 기반으로 이루어진다. 그러나 이는 백미러(rear-view mirror)를 보며 전속력으로 질주하는 것과 같다. 시장의 패러다임은 이미 변했는데, 과거의 데이터는 이러한 구조적 변화를 전혀 반영하지 못한다. 과거의 성공 공식이 미래의 성공을 보장해주지 않는다는 사실을 망각하는 순간, 분석은 단순한 '희망 사항의 나열'로 전락하게 되는 것이다.

- 인사이트 2: '정중동의 오류'에 빠져 변수를 상수로 착각한다.

  사업성 분석 보고서 속 숫자들은 마치 영원히 변치 않을 것처럼 고정되어 있다. 예상 분양가, 공사비, 금리, 분양률 등 모든 핵심 변수를 '상수'로 가정하고 계산하는 것이다. 하지만 현실 세계의 모든 변수는 서로에게 영향을 주며 살아 움직이는 '변수'이다.

  금리가 오르면 수요자의 구매력이 떨어져 분양률이 하락하고, 이는 다시 프로젝트의 현금흐름을 악화시킨다. 이처럼 역동적인 변수들의 상호작용을 무시한 분석은 현실과 유리될 수밖에 없는 운명을 가진다.

분석의 구조적 결함	치명적인 결과
과거 데이터 의존성	시장의 구조적 변화(패러다임 전환)를 예측하지 못한다.
변수의 고정 (정중동의 오류)	금리, 원가 등 핵심 변수의 변동성에 무방비로 노출된다.

보이지 않는 리스크의 외면	정책, 민원, 인허가 등 비계량적 리스크에 의해 프로젝트가 좌초된다.
확증편향과 낙관주의	긍정적인 정보만 취사선택하여 리스크를 과소평가한다.
단선적 분석의 한계	변수 간의 복합적인 연쇄반응(나비효과)을 예측하지 못한다.

■ 인사이트 3: '침묵의 암살자들', 즉 비계량적 리스크를 간과한다.

엑셀 시트 위에 숫자로 표현되지 않는 리스크들은 종종 무시된다. 하지만 프로젝트를 침몰 시키는 것은 예상치 못한 암초인 경우가 많다. 지역 주민의 반발(NIMBY), 까다로운 인허가 절차, 예상치 못한 문화재 발견, 시공사의 평판 리스크 등은 사업 기간을 무한정 늘리고 비용을 눈덩이처럼 불리는 '침묵의 암살자들'이다. 이러한 비계량적 리스크를 평가에 반영하지 않은 보고서는 반쪽짜리 분석에 불과하다.

■ 인사이트 4: '어떻게 든 될 것'이라는 인간의 '확증편향'이 스스로를 속인다.

사업 주체는 본질적으로 해당 프로젝트가 성공하기를 바라는 강한 동기를 가지고 있다. 이러한 열망은 무의식적으로 '확증편향(Confirmation Bias)'을 낳는다. 분양가를 산정할 때는 가장 비싸게 팔린 사례를 기준으로 삼고, 공사 기간은 가장 순조로웠던 경우를 가정하며, 잠재적 리스크는 애써 외면하는 것이다. 결국 분석 보고서는 객관적인 현실 진단서가 아니라 주관적인 '자기최면의 주문서'가 되고 만다.

■ 인사이트 5: 모든 것은 연결되어 있다는 '나비효과'를 무시한다.

전통적인 분석은 각 변수들을 독립적인 것으로 취급하는 경향이 있다. 그러나 PF 시장은 모든 변수가 거미줄처럼 얽혀 있는 복잡계

(Complex System)이다. 미국의 금리 인상이라는 작은 날갯짓이 한국의 부동산 수요를 얼어붙게 만들고, 이는 미분양 사태를 초래하며, 결국 PF 대출 부실과 금융 시스템의 위기로 번지는 나비효과를 낳는다. 이러한 복합적인 상호 연관성을 분석하지 못하는 단선적 접근법은 거대한 시스템 리스크 앞에서 속수무책일 수밖에 없다.

2.3. 가상 사례: 최고의 전문가들이 만든 완벽한 보고서, '드림포트 시티'의 비극

1) **2021년, 대한민국 최고의 부동산 전문가들로 구성된 'TF'는 '드림포트 시티' 개발 프로젝트의 사업성 분석 보고서를 완성했다.** 수도권 마지막 신도시에 주거, 상업, 업무 기능이 결합된 최첨단 복합단지를 건설하는 야심 찬 계획이었다. 보고서상 예상 수익률은 25%, 내부수익률(IRR)은 18%에 달했다. 모든 금융기관이 앞다투어 투자를 제안할 만큼 완벽한 보고서였다.

2) **보고서의 핵심 논리는 다음과 같았다:**

- 시장 분석: 반경 5km 내 기존 구도심의 아파트 가격이 지난 5년간 연평균 10% 상승했으므로, 신축인 '드림포트'의 가치 상승은 보장된다.(→ 오류 1: 과거 데이터의 저주)
- 재무 모델: 당시의 기준금리 1.25%와 평당 공사비 600만 원을 기준으로 모든 현금흐름을 계산했다.(→ 오류 2: 정중동의 오류)
- 리스크 관리: 인허가 리스크는 '관(官) 출신' 임원을 통해 해결 가능하며, 민원은 존재하지 않을 것으로 '판단'했다.(→ 오류 3: 침묵의 암살자들 간과)

주거·업무·상업시설 갖춘 복합단지 [https://www.econovill.com]

- 분양 계획: 과거 신도시 분양 성공 사례에 비추어, 1년 내 100% 분양 완료를 '확신'했다.(→ 오류 4: 확증편향)
- 종합 결론: 위 분석들을 종합하여, 프로젝트의 성공은 '의심의 여지가 없다'고 결론 내렸다.(→ 오류 5: 나비효과의 무시)

3) **그러나 2022년, 현실은 보고서의 모든 전제를 배반했다. 급격한 금리 인상으로 대출 이자가 두 배로 뛰었고, 수분양자들의 중도금 대출이 막혔다.** 우크라이나 사태로 원자재 가격이 폭등하며 공사비는 평당 800만 원을 넘어섰다. 결정적으로, 단지 옆 작은 하천의 맹꽁이 서식지 문제가 불거지며 환경단체의 극렬한 반대에 부딪혔고, 인허가는 무기한 지연되었다.

4) **결과와 시사점:** 결국 '드림포트 시티'는 첫 삽도 뜨지 못한 채 막대한 금융비용만 발생시키다 좌초되었다. 대한민국 최고의 두뇌들이 모여 만든 완벽한 보고서는 현실의 복합적인 리스크들 앞에서 한낱 휴지 조각이 되고 만 것이다. 이 사례는 명백한 사실 하나를 증명한다. 인간의 직관과 경험에 기반한 전통적 분석 방식의 유효기간은

완전히 끝났다는 것이다. 이제 우리는 질문해야만 한다. 만약 AI가 수만 가지 변수를 조합한 10,000번의 시뮬레이션을 통해 '맹꽁이의 출현'이 가져올 파급효과와 금리 인상 시나리오를 미리 경고했다면, 결과는 어떻게 달라졌을까?

3. 얽히고 설킨 부동산 PF사업의 이해관계자들: 시행사, 시공사, 금융사의 동상이몽과 사상사례

3.1. 같은 배를 탔지만 다른 꿈을 꾸는 항해자들

부동산 프로젝트 파이낸싱(PF)이라는 거대한 배에는 세 명의 핵심 항해사가 탑승한다. 프로젝트의 청사진을 그리는 시행사, 그 청사진을 현실로 건설하는 시공사, 그리고 항해에 필요한 자금을 대는 금융사가 바로 그들이다. 겉으로 보기에 이들은 프로젝트의 성공이라는 같은 목적지를 향해 나아가는 공동 운명체처럼 보인다. 그러나 배의 깊은 곳에서는 각자의 이익을 극대화하려는 보이지 않는 갈등과 미묘한 신경전이 끊임없이 벌어진다.

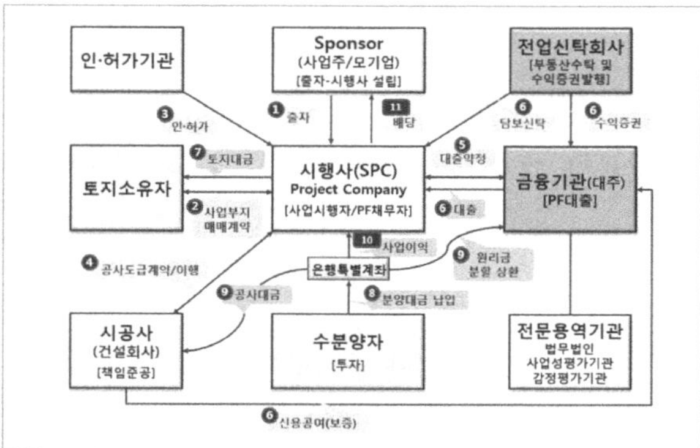

부동산 PF 대출의 이해 (구조 및 위험요소 해결방법)

이 절은 PF 사업의 가장 내밀한 드라마, 즉 이해관계자들의 '동상이몽'을 해부하는 현미경이다. 우리는 왜 이들이 같은 성공을 꿈꾸면서도 서로 다른 계산기를 두드리는지, 그 구조적인 이유를 5가지 인사이트를 통해 낱낱이 파헤칠 것이다.

3.2. 당신이 몰랐던 PF 참여자들의 5가지 속마음

하나의 프로젝트를 둘러싼 세 주체는 이익과 리스크를 바라보는 관점이 근본적으로 다르다. 이 차이를 이해하는 것이 PF 사업의 본질을 꿰뚫는 첫걸음이다.

- **인사이트 1: 이익의 '시간축'이 다르기에 현재의 선택이 달라진다.**

  시행사의 목표는 '미래의 개발이익 극대화'에 있다. 따라서 현재의 비용이 조금 더 들더라도 미래에 분양가를 높일 수 있는 고급 마감재나 특화 설계를 선호하는 경향이 있다. 반면, 시공사는 계약된 공사비 내에서 이윤을 남겨야 하므로 '현재의 원가 최소화'가 지상 과제이다.

  금융사는 대출 원리금을 안정적으로 회수하는 것이 최우선이므로, 미래의 불확실한 이익보다는 '현재의 담보 가치와 안정성'에 집착한다. 이처럼 서로 다른 시간 축과 이해관계 위에서 이익을 계산하기에 이들의 의사결정은 필연적으로 충돌하게 된다.

- **인사이트 2: '리스크'를 정의하는 언어와 무게가 다르다.**

  세 주체에게 '리스크'는 각기 다른 의미를 갖는다. 시행사에게 가장 큰 리스크는 '미분양 리스크'이다. 분양이 실패하면 모든 것을 잃기 때문이다. 시공사에게는 '공사비 증가 및 공기 지연 리스크'가 가장 치명적이다. 이는 직접적인 손실로 이어지기 때문이다.

금융사의 최대 리스크는 '대출 부실화 리스크'이다. 어떤 경우에도 원금 손실은 피해야만 한다. 이처럼 각자가 짊어진 리스크의 종류와 무게가 다르기 때문에, 특정 사안에 대한 이들의 대응 방식은 상이할 수밖에 없다.

구분	시행사	시공사	금융사
핵심 목표	미래 개발이익 극대화	계약 공사비 내 이윤 확보	대출 원리금의 안정적 회수
주요 관심사	분양 성공, 사업의 신속한 진행	원가 관리, 공사 기간 준수	담보 가치, 신용도, 법적 안정성
최대 리스크	미분양 리스크	공사비 상승 및 공기 지연 리스크	대출 부실화 리스크
성공의 척도	높은 분양률과 개발 수익	무사고 준공 및 예정 이익 달성	원리금 전액 회수 및 이자수익
기본 입장	높은 리스크, 높은 이익(High Risk, High Return)	낮은 리스크, 안정적 수익(Low Risk, Stable Return)	제로 리스크, 고정적 이익(No Risk, Fixed Return)

■ 인사이트 3: '성공'이라는 단어를 서로 다른 기준으로 측정한다.

프로젝트가 성공적으로 끝났다고 가정해보자. 시행사는 '얼마나 많은 이익을 남겼는가'를 기준으로 성공을 판단한다. 시공사는 '계약한 기간 내에 문제없이 건물을 짓고 약속된 이윤을 확보했는가'로 성공을 규정한다.

금융사에게 성공이란 '대출 원리금이 연체 없이 전액 회수되었는가'이다. 즉, 시행사의 성공(초 대박 분양)이 시공사나 금융사의 성공 기준을 초과 달성한다고 해서 그들에게 추가적인 이익이 돌아가는 구조가 아닌 것이다. 성공에 대한 기준이 다르기에 협력의 동기 또한 제한적이다.

■ 인사이트 4: 각자의 '핵심 역량'이 때로는 갈등의 불씨가 된다.

시행사는 트렌드를 읽고 기획하는 능력, 즉 '창의성'이 핵심 역량이다. 시공사는 정해진 도면대로 효율적이고 안전하게 짓는 '실행력'이 본질이다. 금융사는 리스크를 분석하고 통제하는 '보수성'을 기반으로 한다.

창의적인 시행사는 보수적인 금융사의 대출 심사 기준이 답답하고, 효율성을 중시하는 시공사는 시행사의 잦은 설계 변경 요구가 불만이다. 이처럼 각자의 전문성과 핵심 역량이 오히려 서로를 이해하지 못하게 만드는 장벽으로 작용하는 것이다.

■ 인사이트 5: '정보의 비대칭성'이 불신과 오해를 낳는다.

프로젝트에 관한 가장 많은 정보는 기획 단계부터 관여한 시행사가 가지고 있다. 시공사는 설계와 공정에 대한 정보를, 금융사는 자금 흐름과 시장 분석 데이터를 독점하는 경향이 있다.

이처럼 정보가 투명하게 공유되지 않는 '정보의 사일로(Silo)' 현상은 각 주체가 서로를 의심하게 만드는 근본 원인이 된다. 시행사는 금융사가 과도한 수수료를 챙긴다고 의심하고, 금융사는 시행사가 사업비를 부풀리거나 리스크를 숨긴다고 의심하는 구조인 것이다.

3.3. 가상 사례: 화려한 청사진, '시그너스 스퀘어'의 엇갈린 운명

1) 2022년, 젊고 유능한 시행사 대표 박진우는 서울 근교에 IT 기업들을 위한 첨단 오피스 빌딩 '시그너스 스퀘어'를 기획했다. 그의 비전은 단순한 건물이 아니라, 소통과 협업을 극대화하는 혁신적인 공간을 만드는 것이었다. 그는 국내 1군 시공사인 '대영건설'과 주간 금융사인 '퍼스트뱅크'와 손을 잡고 프로젝트를 시작했다.

오피스시장, 공급·수요의 엇갈린 시그널 [https://dealbook.co.kr]

2) **갈등의 시작은 '설계'였다.** 박 대표는 건물 중앙에 거대한 아트리움(Atrium)을 만들고, 전 층을 연결하는 나선형 계단을 설치하자고 제안했다. 미래의 가치를 높일 혁신적 디자인이라고 확신했다. 그러나 대영건설의 현장 소장은 즉각 반대했다. 비효율적인 공간 구조는 공사 기간을 늘리고, 특수 자재 수급으로 공사비를 폭증 시킬 것이 분명했다.

3) **갈등은 '자금 집행'에서 폭발했다.** 퍼스트뱅크는 대출 약정서에 명시된 공정률에 따라 기계적으로 공사비를 지급했다. 그러나 박 대표가 해외에서 긴급하게 특수 유리 자재를 선매입해야 하는 상황이 발생했다. 그는 자금의 유연한 집행을 요청했지만, 퍼스트뱅크의 담당자는 "규정상 불가능하다"는 말만 반복했다. 은행의 관심은 오직 대출 리스크 통제에 있었을 뿐, 프로젝트의 질적 성공에는 무관심했다.

4) **결과:** 결국 세 주체의 불협화음은 최악의 결과를 낳았다. 잦은 설계 변경과 자재 수급 문제로 공사는 지연되었고, 그 사이 금리가 급등하며 금융비용은 눈덩이처럼 불어났다. 대영건설은 추가 공사비 증

액을 요구하며 일부 공정을 중단했고, 퍼스트뱅크는 사업성이 악화되었다며 추가 대출을 거부했다.

5) 시사점: 화려한 꿈을 안고 출발했던 '시그너스 스퀘어' 프로젝트는 공정률 60% 상태에서 멈춰 섰다. 각자의 이익과 리스크 계산에만 몰두했던 세 항해사가 탄 배는 결국 목적지에 닿지 못하고 좌초한 것이다. 이 사례는 명확한 교훈을 남긴다. 만약 모든 정보가 투명하게 공유되고, 각자의 선택이 프로젝트 전체에 미칠 영향을 데이터로 시뮬레이션할 수 있는 중립적인 AI 플랫폼이 있었다면, 이들은 과연 파국을 피할 수 없었을까? 이 질문에 대한 답이 바로 우리가 나아갈 길이다.

4. '브릿지론(Bridge Loan)'에서 '본 PF'까지, 자금조달의 숨겨진 함정들과 사상사례

4.1. 마법의 다리가 아니라 위태로운 외줄, 브릿지론의 진실

부동산 PF 사업에서 토지 매입과 초기 사업비를 해결하기 위해 받는 '브릿지론(Bridge Loan)'은 이름 그대로 본 프로젝트 파이낸싱(PF)으로 건너가기 위한 '다리' 역할을 한다. 많은 시행사들이 이 다리만 건너면 탄탄대로가 펼쳐질 것이라는 환상을 품는다. 그러나 이 다리는 견고한 현수교가 아니라, 짙은 안갯속에 놓인 위태로운 외줄에 가깝다. 외줄에서 떨어지는 순간, 프로젝트는 시작도 해보지 못하고 깊은 나락으로 추락한다.

이 절은 자금 조달이라는 여정에 숨겨진 치명적인 함정들을 밝히는 정밀 탐사 지도이다. 우리는 왜 수많은 프로젝트가 브릿지론의 늪에 빠져 본 PF의 땅을 밟아보지도 못하고 사라지는지, 그 구조적 원인을 5가지 인사이트를 통해 해부할 것이다.

4.2. 당신의 자금줄을 위협하는 5개의 시한폭탄

브릿지론에서 본 PF로 넘어가는 과정은 단순히 대출을 갈아타는 행위가 아니다. 그것은 각기 다른 규칙이 지배하는 두 개의 세계를 통과하는 것과 같으며, 곳곳에 시한폭탄이 숨겨져 있다.

- **인사이트 1: '브릿지론' 승인은 '사업 성공'에 대한 보증수표가 결코 아니다.**

  브릿지론을 실행하는 금융기관(주로 증권사, 저축은행 등 제2금융권)과 본 PF를 취급하는 금융기관(주로 대형 은행, 보험사 등 제1금융권)은 리스크를 평가하는 잣대 자체가 다르다.

  브릿지론은 단기 고금리 대출이므로, 대주(貸主)는 사업의 최종 성공 가능성보다는 토지의 담보 가치와 시공사의 신용 보강만을 보고 신속하게 자금을 투입하는 경향이 있다. 이는 결코 사업성 자체에 대한 면밀한 검토를 통과했다는 의미가 아닌 것이다. 시행사는 이를 '1차 관문 통과'로 착각하고 안도하지만, 이것이 가장 위험한 함정의 시작이 된다.

- **인사이트 2: 금융시장의 '계절 변화'는 본 PF의 문턱을 하룻밤 새 얼려버린다.**

  브릿지론 계약서에 잉크가 마르기도 전에 금융시장의 환경은 급변할 수 있다. 중앙은행의 기준금리 인상, 금융 당국의 대출 규제 강화, 채권시장 경색 등은 본 PF를 심사하는 은행의 문턱을 예측 불가능할 정도로 높여버린다.

  어제까지 긍정적이던 대출 심사역이 오늘은 완전히 다른 사람처럼 돌변하는 것이다. 사업 계획이 아무리 훌륭해도, 거시경제라는 거대한 계절의 변화 앞에서 개별 프로젝트는 작은 잎사귀처럼 흔들릴 수밖에 없다.

구분	브릿지론 (Bridge Loan)	본 PF (Main PF)
대출 주체	증권사, 캐피탈, 저축은행 등 제2금융권	은행, 보험사 등 제1금융권
금리 수준	고금리 (10% 이상)	중금리 (5~10%)
대출 기간	단기 (6개월 ~ 2년)	장기 (3년 이상, 공사 기간)
핵심 심사 기준	토지 담보가치, 시공사 신용보강	사업성, 분양성, 현금흐름의 안정성
리스크 성향	공격적 (고위험-고수익 추구)	보수적 (안정성 최우선)

- **인사이트 3: '책임준공 확약'이라는 안전장치는 생각보다 쉽게 부서진다.**

금융사들은 대출 리스크를 줄이기 위해 시공사에게 '책임준공 확약'이라는 장치를 요구한다. 어떤 일이 있어도 정해진 기간 내에 건물을 완공하겠다는 약속이다. 이것이 PF 구조의 핵심 안전장치처럼 보이지만, 시공사 자체가 유동성 위기에 빠지면 이 약속은 휴지 조각이 될 수 있다.

부동산 경기가 악화되어 여러 사업장에서 문제가 동시에 터지면, 아무리 튼튼해 보이던 대형 건설사라도 순식간에 무너질 수 있다. 이는 프로젝트가 시공사라는 단일 주체의 운명에 과도하게 종속되는 구조적 리스크를 내포하는 것이다.

- **인사이트 4: 시간은 돈이 아니라, '빚'이다 - 지연의 복리 효과.**

브릿지론의 높은 이자는 시간이 흐를수록 복리의 마법을 통해 빚을 기하급수적으로 불린다. 인허가 지연, 문화재 발견, 민원 발생 등으로 본 PF 전환이 단 몇 개월만 늦어져도, 시행사가 감당해야 할 금융비용은 걷잡을 수 없이 커진다.

이는 전체 사업의 수익성을 잠식하고, 최악의 경우 배보다 배꼽이 더 커져 사업을 포기해야 하는 상황까지 초래한다. 자금 조달의 세계에서 시간은 결코 우리 편이 아니며, 매 순간 이자를 쌓아가는 냉혹한 채권자인 것이다.

- **인사이트 5: '자금 인출 조건(Covenants)'이라는 보이지 않는 족쇄.**

본 PF 약정을 체결했다고 해서 모든 것이 끝나는 것은 아니다. 대주단은 대출 계약서에 '일정 수준 이상의 분양률 달성', '시공사 신용등급 유지' 등 까다로운 자금 인출 선행조건(Covenants)들을 명시한다. 만약 초기 분양률이 기대에 미치지 못하면, 약속된 중도금 대출이 중단될 수 있다.

이는 공사 중단으로 이어지고, 이는 다시 분양 계약자들의 신뢰를 무너뜨려 미분양을 심화시키는 악순환의 고리를 만든다. 본 PF는 한 번에 목돈을 쥐여주는 것이 아니라, 여러 개의 자물쇠로 잠긴 돈궤를 단계적으로 열어주는 것에 가깝다.

4.3. 가상 사례: 가장 높은 곳을 꿈꾸던 '프로젝트 이카루스'의 추락

1) **2022년 초, 호황기의 끝자락에서 시행사 '스카이개발'의 김 대표는 용산 국제업무지구 인근 부지를 확보하며 '프로젝트 이카루스'에 모든 것을 걸었다.** 최고급 하이엔드 오피스텔을 지어 분양 신화를 쓰겠다는 야심 찬 계획이었다. 그는 한 증권사로부터 연 12%의 금리로 2,000억 원의 브릿지론을 받아 토지 잔금을 치렀다. 당시만 해도 6개월 안에 본 PF로 무난히 전환할 수 있을 것이라 확신했다.

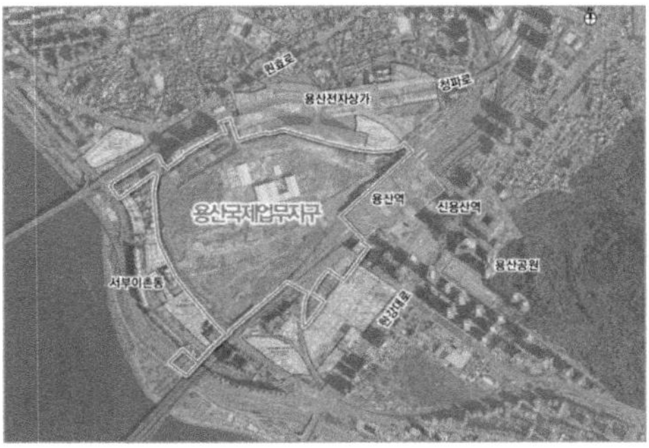

20여년 개발 부침 끝에…'용산국제업무지구' 착공한다 [https://www.khan.co.kr]

2) **그러나 시장은 그의 편이 아니었다.** 그가 인허가 절차를 밟는 동안, 미국 연준은 자이언트 스텝을 단행했고 한국은행도 기준금리를 가파르게 올리기 시작했다. 불과 3개월 만에 자금 시장은 꽁꽁 얼어붙었다.(인사이트 2의 현실화)

3) **본 PF 주관사로 내정했던 시중은행은 갑자기 말을 바꿨다.** 최소 50%의 초기 분양률을 달성해야만 본 PF를 일으킬 수 있다는 조건을 내걸었다.(인사이트 5의 등장) 김 대표는 부랴부랴 분양을 시작했지만, 고금리에 지친 시장의 반응은 싸늘했다. 초기 분양률은 15%에 그쳤다.

4) **브릿지론 만기는 시시각각 다가왔다.** 6개월간 그가 부담한 이자만 120억 원에 달했다.(인사이트 4의 공격) 다급해진 그는 브릿지론을 내어준 증권사에 만기 연장을 요청했지만, 돌아온 것은 연 20%에 육박하는 금리 인상 통보였다. 그제야 그는 깨달았다. 브릿지론 승인은 사업의 성공이 아닌, 위험한 게임의 시작을 알리는 총성에 불과했다는 사실을.(인사이트 1의 깨달음)

5) **결과 및 시사점:** 결국 김 대표는 만기 연장을 포기하고 부도를 선언

했다. '프로젝트 이카루스' 부지는 공매로 넘어갔고, 시공 보증을 섰던 중견 건설사마저 휘청거렸다. 가장 높은 곳을 향하던 날개는 본 PF라는 태양에 닿아보지도 못한 채 녹아내린 것이다. 이 비극은 우리에게 묻는다. 만약 AI가 금리 변동에 따른 본 PF 전환 실패 확률과 최적의 자금 조달 시점을 미리 시뮬레이션 하여 경고했다면, 이카루스의 날개는 꺾이지 않을 수 있었을까?

5. 실패한 PF 프로젝트들의 10가지 공통적인 실수와 가상 사례

5.1. 실패한 PF 프로젝트들의 10가지 공통적인 실수

수백, 수천억 원이 투입된 거대한 프로젝트가 한순간에 멈춰 서고 폐허로 변하는 이유는 무엇인가? 사람들은 흔히 '시장 상황이 나빠져서' 혹은 '운이 없어서'라고 쉽게 진단한다.

그러나 실패한 프로젝트의 잔해를 면밀히 들여다보면, 그것은 단 하나의 외부 충격이 아니라 내부에서부터 서서히 진행된 '총체적 부실'의 결과물인 경우가 대부분이다. 실패는 마치 복합골절과 같아서, 여러 개의 뼈가 동시다발적으로 부러지며 회생 불가능한 상태에 이르게 되는 것이다.

이 절은 실패한 PF 프로젝트들이 남긴 처절한 반면교사의 기록이다. 우리는 표면적인 현상을 넘어, 실패를 잉태하는 5가지 구조적 결함의 범주를 심층적으로 분석할 것이다. 이를 통해 독자들은 10가지가 넘는 구체적인 실수들이 어떻게 서로 연결되고 증폭되어 프로젝트를 침몰 시키는지를 체계론 적인 관점에서 이해하게 될 것이다. 실패의 해부학은 곧 성공의 설계도가 될 것이다.

5.2. 실패의 DNA, 5가지 구조적 결함 속에서 나오는 10개의 실수

실패한 프로젝트들은 마치 유전 형질처럼 아래 5가지 치명적인 결함을 공통적으로 가지고 있다. 이는 단순한 실수가 아닌, 실패로 귀결될 수밖에 없는 구조적 문제이다.

■ 인사이트 1: '전략의 부재' - 첫 단추부터 잘못 꿰어진 비전.

모든 비극은 프로젝트의 방향성 자체를 잘못 설정하는 데서 시작된다. 이는 명확한 데이터 분석 없이 막연한 유행이나 개인적 직관에 의존하여 사업을 추진하는 '전략적 실패'를 의미한다.

- (실수 1) 시장 수요의 오판: '시니어타운이 유행이니까', '지식산업센터가 요즘 뜨니까' 와 같은 막연한 생각으로, 해당 지역의 실제 인구구조나 산업 특성을 무시한 채 사업을 강행하는 것이다.
- (실수 2) 자기 과신에 기반한 입지 선정: 과거의 성공 경험에 취해, 변화된 시장 환경을 고려하지 않고 '내가 잘 아는 동네이니까' 라는 이유만으로 무리하게 부지를 선정하는 것이다.

■ 인사이트 2: '분석의 실패' - 장밋빛 환상으로 가득 찬 부실한 설계도.

방향을 제대로 잡았더라도, 그것을 뒷받침하는 사업성 분석이 비현실적이라면 계획은 모래성과 같다. 이는 객관적 데이터보다 주관적 낙관론에 기대어 사업 계획을 수립하는 '분석적 실패'이다.

- (실수 3) 수익의 극대화, 비용의 최소화: 분양가는 주변 최고가로, 분양률은 100%로 가정하면서 공사비나 금리 인상 같은 비용 리스크는 의도적으로 축소하거나 무시하는 것이다.
- (실수 4) 보이지 않는 리스크의 외면: 인허가 지연, 민원 발생, 문화재 출토 등 숫자로 계산하기 어려운 비계량적 리스크의 발생

가능성을 '0'으로 가정해버리는 것이다.

■ 인사이트 3: '자금조달의 실패' - 계획 없는 항해와 유동성 고갈.

아무리 좋은 계획도 돈이 마르면 중단된다. 자금 조달의 전체 경로를 치밀하게 설계하지 않고 눈앞의 불을 끄는 데 급급한 것은 '재무적 실패'를 자초하는 행위이다.

- (실수 5) 브릿지론에 대한 맹신: 고금리의 브릿지론만 해결하면 본 PF는 당연히 따라올 것이라 안일하게 생각하고, 시장 경색에 대한 대비책을 전혀 세우지 않는 것이다.
- (실수 6) 예비비 없는 예산 계획: 예상치 못한 비용 발생에 대비한 충분한 예비비(Contingency)를 확보하지 않아, 작은 돌발 변수 하나에 전체 프로젝트가 휘청거리게 만드는 것이다.

■ 인사이트 4: '관계 관리의 실패' - 동상이몽과 불신의 만연.

부동산 PF는 수많은 이해관계자들이 얽힌 고도의 협업 사업이다. 참여 주체 간의 신뢰가 무너지면 프로젝트는 나아갈 동력을 잃는다. 이는 '관계적 실패'에 해당한다.

- (실수 7) 불투명한 정보 공유: 시행사가 금융사에게 리스크 정보를 숨기거나, 시공사가 공정 현황을 제대로 공유하지 않는 등 각자의 이익을 위해 정보를 독점하여 불신을 키우는 것이다.
- (실수 8) 리스크 전가와 책임 회피: 문제가 발생했을 때 공동으로 해결책을 찾기보다, 서로에게 책임을 떠넘기며 법적 분쟁으로 시간을 허비하는 것이다.

■ 인사이트 5: '위기관리의 실패' - 변화에 눈감는 경직된 대응.

계획은 언제나 틀어질 수 있다. 중요한 것은 변화를 감지하고 유연하게 대응하는 능력이다. 이미 가라앉고 있는 배 위에서 기존의 항해 법 만을 고집하는 것은 '운영적 실패'이다.

- (실수 9) 시장 변화에 대한 둔감성: 분양률이 저조한데도 불구하고 마케팅 전략을 수정하거나 분양가를 조정하는 대신, '곧 나아질 것'이라며 상황을 방치하는 것이다.
- (실수 10) 공정 및 원가 관리 부실: 현장의 작은 문제들이 쌓여 공사 기간이 지연되고 비용이 증가하는 것을 조기에 통제하지 못해, 나중에는 감당할 수 없는 수준으로 키우는 것이다.

실패의 유형 (5가지 인사이트)	주요 과오 (10가지 실수)	치명적 결과
전략의 부재	시장 수요 오판, 자기 과신에 기반한 입지 선정	수요 없는 유령 건물의 탄생
분석의 실패	수익 과대/비용 과소 계상, 비계량적 리스크 외면	계획과 현실의 극심한 괴리
자금조달의 실패	브릿지론 맹신, 예비비 없는 예산 계획	공사 중단 및 부도 처리
관계 관리의 실패	불투명한 정보 공유, 리스크 전가 및 책임 회피	프로젝트 동력 상실, 법적 분쟁
위기관리의 실패	시장 변화에 대한 둔감성, 공정 및 원가 관리 부실	손실의 극대화, 회생 불가

5.3. 가상 사례: 모두가 예견했지만 아무도 막지 못한, '골든 레이크'의 침몰

1) 2021년, 은퇴한 고위 관료 출신인 최 회장은 지방의 한적한 호숫가에 최고급 실버타운 '골든 레이크' 건설을 발표했다. 그는 자신의 넓은 인맥과 과거의 명성을 믿었고, '고령화 사회'라는 시대적 흐름에 편승하면 성공은 따 놓은 당상이라고 확신했다.

1000만 노인시대, 실버타운에 뛰어드는 건설업계 [https://weekly.hankooki.com]

2) **그러나 첫 단추부터 잘못 꿰어지고 있었다.** 그는 해당 지역이 고소득 은퇴자들에게 매력적인 인프라를 갖추고 있는지에 대한 데이터 분석 없이, 오직 아름다운 풍광 하나에만 매료되었다. 사실 그곳은 자녀들이 방문하기에 교통이 불편하고, 응급 의료 시설이 부족하여 노년층이 거주하기에는 부적합한 곳이었다.(전략의 실패)

3) **사업 계획서는 그의 낙관론을 그대로 투영했다.** 서울 강남의 최고급 실버타운 분양가를 기준으로 수익을 계산했고, 인허가는 자신의 인맥으로 '단번에' 해결될 것이라며 관련 리스크를 전혀 반영하지 않았다.(분석의 실패)

4) **그는 제2금융권에서 높은 금리로 브릿지론을 받아 토지를 매입했다.** 시공사와 금융사는 그의 명성만 믿고 구체적인 사업 계획의 허점을 제대로 지적하지 않았다.(자금조달 및 관계 관리의 실패)

5) **결과:** 예상대로 인허가는 지연되었고, 환경단체의 반대에 부딪혔다. 브릿지론 이자가 눈덩이처럼 불어났지만, 그는 '문제없다'는 말만 반복하며 유연한 계획 수정을 거부했다. 분양률은 처참했고, 자

금은 바닥났다. 결국 공정률 30% 상태에서 공사는 중단되었고, 아름답던 호숫가는 흉물스러운 콘크리트 구조물만 남긴 채 버려졌다.(위기관리의 실패)

6) **시사점**: '골든 레이크'의 실패는 한 사람의 아집이 부른 비극처럼 보이지만, 실은 실패의 5가지 DNA가 모두 발현된 전형적인 사례이다. 이 프로젝트는 우리에게 질문한다. 만약 AI가 시작 단계에서부터 해당 지역의 인구통계, 의료 접근성, 잠재 수요 데이터를 분석하여 '이곳은 실버타운의 적지가 아니다'라는 냉정한 경고를 보냈다면, 이 거대한 비극은 과연 시작될 수 있었을까?

제3장 AI가 바꾸는 부동산 투자의 새로운 패러다임

1. AI 기술이 부동산 시장에 미치는 혁신적 변화와 가상사례

1.1. 미래를 보는 수정구슬, 부동산 시장의 법칙을 새로 쓰다

인류가 돌을 쌓아 집을 짓기 시작한 이래, 부동산 개발의 역사는 '경험'과 '직관'이라는 두 개의 기둥 위에 세워져 왔다. 그러나 우리가 마주한 21세기의 시장은 과거의 어떤 시대보다 복잡하고, 변동성은 극심하며, 리스크는 예측 불가능하다. 인간의 경험과 직관이라는 낡은 나침반만으로는 더 이상 안개속의 미래를 항해할 수 없는 시대가 도래한 것이다. 이제 인공지능(AI)이라는 새로운 항성이 떠오르고 있다.

이 절은 AI가 단순히 계산을 돕는 편리한 도구를 넘어, 부동산 시장의 근본적인 법칙과 패러다임을 어떻게 바꾸고 있는가에 대한 거시적 통찰이다. 우리는 AI가 가져올 5가지 혁신적 변화를 통해, 과거에는 상상조차 할 수 없었던 기회의 문이 어떻게 열리는지를 목격하게 될 것이다. 이것은 단순한 기술의 진보가 아니라, 부가 창출되고 도시가 건설되는 방식 자체의 '진화'에 관한 이야기이다.

1.2. 부동산의 미래를 재정의하는 5가지 거대한 물결

AI는 부동산 개발의 전 과정을 분절된 기능의 개선이 아닌, 유기적인 시스템 전체의 혁신으로 이끌고 있다. 그 핵심적인 변화는 다음 5가지로 요약된다.

- **인사이트 1: 불확실한 '예측(Prediction)'의 시대를 끝내고, 확률적인 '예언(Prophecy)'의 시대를 연다.**

  전통적인 시장 분석은 과거의 데이터를 기반으로 미래를 어림짐작하는 '예측'의 영역에 머물렀다. 그러나 AI는 도시의 모든 데이터를 실시간으로 학습하여, 수만 가지 변수가 상호작용하는 시나리오를 수천 번 이상 시뮬레이션 한다.

  이를 통해 '만약 3년 후 이 지역에 지하철역이 들어서고 금리가 1% 상승하며 20대 유동인구가 10% 증가할 경우, 이 상업시설의 성공 확률은 87.4%이다' 와 같이, 미래를 확률적으로 제시하는 '예언'의 수준에 도달하게 된다. 이는 리스크를 '관리'하는 수준을 넘어, 리스크를 '설계'하는 단계로의 진입을 의미하는 것이다.

- **인사이트 2: '대중'을 위한 건물이 아닌, '특정 페르소나'를 위한 초 개인화된 공간을 창조한다.**

  과거의 부동산 개발은 불특정 다수를 겨냥한 '평균적인' 공간을 대량 생산하는 방식이었다. 그러나 AI는 소셜 미디어, 소비 데이터, 이동 패턴 등을 분석하여 매우 구체적인 라이프스타일을 가진 '페르소나(Persona)'를 정의한다.

  예를 들어, '반려동물과 함께 재택근무를 즐기는 30대 1인 가구 비건(Vegan)'이라는 페르소나를 설정하고, 이들의 동선, 가치관, 소비 패턴에 완벽하게 부합하는 주거 공간과 커뮤니티 시설을 설계하는 것이다. 이는 공실률을 제로에 가깝게 만들고, 건물의 가치를 극대화하는 가장 정교한 전략이 된다.

- 인사이트 3: 단절된 '정보의 섬'들을 연결하여 프로젝트의 '디지털 신경망'을 구축한다.

B.I.M (Building Information Modeling): 네이버 블로그

기존의 PF 사업에서 시행사, 시공사, 금융사는 각자의 정보 섬에 갇혀 서로를 불신했다. AI 기반의 통합 플랫폼은 이 모든 것을 하나의 '디지털 신경망'으로 연결한다.

BIM(Building Information Modeling) 설계 데이터, 드론으로 촬영한 실시간 공정 현황, 자금 집행 내역, 분양 계약 현황 등 모든 정보가 투명하게 공유되고, 이상 징후 발생 시 모든 이해관계자에게 즉시 경고를 보낸다. 이는 고질적인 '동상이몽' 문제를 해결하고, 프로젝트를 하나의 유기체처럼 움직이게 만드는 혁신이다.

■ 인사이트 4: 완공되는 순간 노후화가 시작되는 '정적인 자산'을, 스스로 학습하고 진화하는 '살아있는 자산'으로 바꾼다.

전통적인 건물은 완공과 동시에 물리적, 기능적 노후화가 시작되는 정적인 자산(Static Asset)이다. 그러나 AI가 탑재된 스마트 빌딩은 '살아있는 자산(Living Asset)'이 된다. 건물 내 수천 개의 IoT 센서가 수집하는 에너지 사용량, 공간 활용도, 유동인구 데이터를 AI가 학습하여 스스로 운영을 최적화한다.

공실이 발생하면 주변 상권 데이터를 분석해 가장 성공 확률이 높은 업종을 추천하고, 설비의 교체 주기를 예측하여 관리 비용을 절감하는 것이다. 건물 스스로가 시간이 지남에 따라 더욱 똑똑해지고 가치를 높여나간다.

■ 인사이트 5: 소수 거대 자본의 독점적 리그를, 다수가 참여하는 '자금 조달의 민주화' 시대로 전환한다.

부동산 PF는 막대한 자금이 필요하기에 소수의 기관 투자자들이 독점하는 시장이었다. AI는 프로젝트의 모든 리스크와 미래 현금흐름을 극도로 정밀하게 분석하여 객관적인 투자 등급을 산출한다. 이는 블록체인 기술과 결합하여, 프로젝트의 소유권을 잘게 쪼갠 디지털 증권(STO, Security Token Offering)으로 발행하는 것을 가능하게 한다.

일반 대중도 스마트폰을 통해 단돈 만 원으로 대형 PF 사업에 투자할 수 있게 되는 '자금 조달의 민주화'가 실현되는 것이다.

구분	전통적 부동산 패러다임	AI 기반 부동산 패러다임
의사결정 기반	경험과 직관에 의존한 예측	데이터 기반 시뮬레이션을 통한 예언
공간 계획	불특정 다수를 위한 대량생산	특정 페르소나를 위한 초개인화

정보 구조	단절되고 불투명한 정보의 섬	실시간으로 연결된 디지털 신경망
자산의 성격	완공 후 노후화되는 정적인 자산	스스로 학습하고 진화하는 살아있는 자산
자금 조달	소수 기관 투자자의 독점적 리그	다수 일반인이 참여하는 대중적 투자

1.3. 가상 사례: 잊힌 땅을 미래 도시로 바꾼 '프로젝트 아테나'

1) **2025년, 서울의 한복판에 섬처럼 고립된 낡은 준공업 지대가 있었다.** 수많은 시행사가 사업성을 검토했지만, 복잡한 필지, 열악한 기반 시설, 불분명한 미래 가치 때문에 모두가 포기한 땅이었다.

2) **이때, 데이터 기반 부동산 개발사 '퀀텀 프로퍼티'는 자체 개발한 AI 플랫폼 '아테나(Athena)'를 가동했다.** '아테나'는 향후 5년간 서울시의 교통망 계획, 주변 지역의 인구 이동 데이터, 스타트업 생태계 변화, 소셜 미디어의 키워드 변화 등 수십억 개의 데이터를 분석했다. 그리고 놀라운 결론을 내놓았다. '이곳은 5년 뒤, 1인 미디어 및 R&D 중심의 테크 기업들이 밀집하는 자율적인 창조 클러스터로 변모할 확률이 91.2%이다.'(인사이트 1: 예언)

'기회의 땅' 준공업지역, '맞춤형 재생'으로 재정비 [https://mediahub.seoul.go.kr]

3) 텀 프로퍼티'는 이 예언에 기반하여, 전통적인 오피스 빌딩이 아닌, 가변형 모듈 오피스, 공유 스튜디오, 그리고 개발자들을 위한 코리빙(Cc-living) 하우스가 결합된 복합 단지를 기획했다. '아테나'는 잠재 입주 기업 직원들의 라이프스타일을 분석하여, 단지 내에 비건 식당, 명상 공간, 24시간 피트니스센터를 배치했다.(인사이트 2: 초개인화)

4) 프젝트의 모든 정보는 '아테나' 플랫폼을 통해 시공사, 금융사에 실시간으로 공유되었다. 금융사는 자금 흐름과 리스크 변동을 투명하게 모니터링할 수 있었고, 시공사는 AI의 예측을 통해 원자재 가격 급등 리스크를 사전에 피해갈 수 있었다.(인사이트 3: 디지털 신경망)

5) 결과: 2028년, 완공된 '아테나 밸리'는 스스로 살아 움직였다. 입주사들의 전력 사용 패턴을 학습해 관리비를 40% 절감했고, 빈 상가에는 주변 유동인구 분석을 통해 가장 시너지가 높은 VR 체험관을 유치했다.(인사이트 4: 살아있는 자산) 나아가, '퀀텀 프로퍼티'는 '아테나 밸리'의 미래 임대 수익을 기반으로 한 디지털 증권을 발행했고, 수천 명의 개인 투자자들이 성공의 과실을 함께 나누었다.(인사이트 5: 자금 조달의 민주화)

6) 시사점: 결국 모두가 외면했던 실패한 땅은 AI의 눈을 통해 미래의 가치를 인정받았고, 가장 혁신적인 성공 사례로 재탄생한 것이다. 이것은 AI가 가져올 부동산 시장의 미래이며, 더 이상 상상이 아닌 현실의 시작이다.

2. 전통적 부동산 PF와 AI 부동산 PF의 근본적 차이점과 가상사례

2.1. 같은 땅, 그러나 완전히 다른 미래를 짓다

여기 두 명의 개발자가 있다. 둘은 같은 지역의 비슷한 땅에, 유사한 규모의 건물을 짓고자 한다. 한 명은 수십 년 간의 경험과 동물적 직감을 믿는 베테랑이고, 다른 한 명은 데이터를 신뢰하고 AI의 분석을 따르는 혁신가이다. 몇 년 후, 한 명은 성공의 상징이 된 랜드마크를 세우고, 다른 한 명은 멈춰버린 공사 현장을 보며 좌절한다. 무엇이 이들의 운명을 갈라놓았는가?

이 절은 '전통적 부동산 PF'와 'AI 부동산 PF'가 단순히 일하는 방식의 차이를 넘어, 세상을 보고 미래를 설계하는 철학 자체가 어떻게 따른지를 극명하게 보여주는 비교 분석서 이다. 우리는 5가지 근본적인 차이점을 통해, AI가 왜 선택이 아닌 필수인지를 논증할 것이다. 두 개발자의 가상 사례는 이 차이가 현실에서 얼마나 거대한 결과의 차이로 이어지는지를 생생하게 증명하는 실험 기록이 될 것이다.

2.2. 구시대의 종말과 신시대의 개막, 5가지 결정적 차이

AI 부동산 PF는 전통적 방식의 연장선에 있는 개선이 아니라, 모든 규칙을 새로 쓰는 '패러다임의 전환'이다. 그 핵심적인 차이는 다음 5가지 영역에서 드러난다.

- **인사이트 1: '인간의 직관'에 의존하는가, '데이터의 예언'을 따르는가?.**
  전통적 PF의 성패는 소위 '선수'라 불리는 소수 전문가의 경험과 직관에 절대적으로 의존한다. "이 동네는 내가 잘 알아", "왠지 이 사업은 될 것 같아"와 같은 주관적 판단이 핵심 근거가 되는 것이다.

반면 AI PF는 인간의 편향성을 철저히 배제하고, 수십억 개의 데이터를 기반으로 미래를 확률적으로 '예언'한다. 인간의 '감'이 아닌 데이터의 '논리'가 의사결정의 중심이 되는, 의사결정의 주체가 바뀌는 근본적 변화이다.

■ 인사이트 2: '고정된 청사진'을 그리는가, '살아있는 시뮬레이션'을 실행하는가?

전통적 PF에서 사업성 분석 보고서는 한 번 만들어지면 잘 바뀌지 않는 '고정된 청사진'이다. 금리, 공사비, 분양가 등 모든 것이 확정된 상수로 취급된다. 그러나 AI PF는 '디지털 트윈(Digital Twin)' 기술을 통해 가상 세계에 프로젝트를 건설하고, 수만 가지 외부 변수를 대입하여 끊임없이 '살아있는 시뮬레이션'을 실행한다. 이는 예측 불가능한 미래에 대응하기 위해 수많은 대체 계획(Contingency Plan)을 미리 세워두는 것과 같다.

https://cardevery.tistory.com

■ 인사이트 3: '사후 대응적' 리스크 관리를 하는가, '사전 예방적' 리스크 관리를 하는가?

전통적 PF에서 리스크 관리는 문제가 터진 후에 수습하는 '소 잃고 외양간 고치기'식의 사후 대응에 가까웠다. 민원이 발생하면 협상하고, 공사가 지연되면 만회책을 찾는 식이다.

반면 AI PF는 과거의 수많은 실패 사례 데이터를 학습하여, 리스크가 발생할 '전조 증상'을 사전에 포착하고 경고한다. 예를 들어, 특정 공정에서 미세한 지연이 감지되면, 이것이 미래에 어떤 나비효과를 일으켜 전체 공기에 영향을 미칠지를 미리 계산하여 선제적 조치를 가능하게 한다.

■ 인사이트 4: '불투명한 정보' 속에서 서로를 불신하는가, '투명한 플랫폼' 위에서 협업하는가?

전통적 PF의 이해관계자들은 각자의 이익을 위해 정보를 숨기고 서로를 견제하는 '제로섬 게임'을 벌인다. 이러한 정보의 비대칭성은 불신과 갈등의 근원이 된다. 그러나 AI PF는 모든 정보(설계, 공정, 자금, 계약 등)를 블록체인 기반의 투명한 플랫폼 위에서 실시간으로 공유한다. 이는 모든 참여자가 같은 정보를 보고 공동의 목표를 위해 협

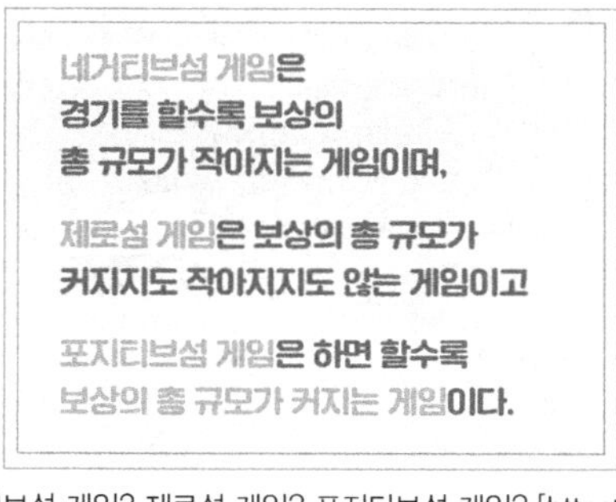

경제 발전은 네거티브섬 게임? 제로섬 게임? 포지티브섬 게임? [https://blog.naver.com]

력하는 '포지티브섬 게임'으로 게임의 법칙 자체를 바꾸는 것이다.

- 인사이트 5: '프로젝트의 완공'을 끝으로 보는가, '자산의 전 생애'를 관리하는가?

전통적 PF의 목표는 건물을 성공적으로 '완공'하고 분양을 마치는 데 있다. 개발의 시야가 프로젝트의 종료 시점까지만 머무르는 것이다. 반면 AI PF는 완공을 새로운 시작으로 본다. 건물 운영 데이터를 통해 에너지 효율을 최적화하고, 임대수익을 극대화하며, 자산 가치를 높이는 등 '자산의 전 생애주기(Life Cycle)'에 걸친 가치 극대화를 목표로 삼는다. 개발의 개념이 단기적 프로젝트에서 장기적 자산 관리로 확장되는 것이다.

구분	전통적 부동산 PF (The Old Way)	AI 부동산 PF (The New Way)
의사결정	소수 전문가의 경험과 직관	데이터 기반의 확률적 예언
사업계획	한 번 수립하면 변하지 않는 고정된 청사진	수만 가지 변수를 대입하는 살아있는 시뮬레이션
리스크 관리	문제가 발생한 후 수습하는 사후 대응	발생할 문제를 미리 예측하는 사전 예방
이해관계	정보 비대칭성에 기반한 불신과 갈등	100% 정보 공유에 기반한 투명한 협업
목표 시야	건물의 성공적 완공이 최종 목표	자산의 전 생애주기 가치 극대화가 목표

2.3. 가상 사례: 두 개의 타워, 엇갈린 운명의 이야기

1) 2023년, 대한민국 수도권의 같은 행정구역, 불과 2km 떨어진 곳에 두 개의 유사한 오피스텔 프로젝트가 동시에 시작되었다. 'A 타워'는 업계의 존경받는 베테랑 '나성공' 대표가 이끌었고, 'B 타워'는 데이터 과학자 출신의 혁신가 '이혁신' 대표가 맡았다.

2) 'A 타워'의 나 대표는 자신의 30년 경험을 믿었다. 그는 과거 성공했던 방식 그대로 사업성 분석을 하고, 친분 있는 금융기관에서 브릿지론을 조달했으며, 오랜 파트너인 건설사와 계약했다. 그는 "부동산은 결국 사람의 감으로 하는 것"이라고 입버릇처럼 말했다.

3) 'B 타워'의 이 대표는 달랐다. 그는 AI 플랫폼을 통해 해당 부지 반경 5km 내의 모든 유동인구, 상권 변화, 잠재 임차인의 소셜 데이터를 분석했다. AI는 '2년 후, 이 지역은 1인 미디어 창작자를 위한 소호(SOHO) 오피스 수요가 폭발할 것'이라고 예언했다. 그는 이 분석에 따라 모든 세대에 방음 시설과 방송 장비를 빌트인하는 과감한 설계를 도입했다.(차이점 1, 2)

용인소호사무실 여기가 좋더라고요: 네이버 블로그

4) 프로젝트가 진행되자, 예상치 못한 건설 원자재 가격 폭등 사태가 발생했다. 나 대표는 뒤늦게 사태를 파악하고 허둥지둥 건설사와 비용 협상에 나섰지만, 이미 공사는 상당 기간 지연되었다. 반면 이 대표의 AI 플랫폼은 3개월 전부터 원자재 선물 가격의 이상 징후를 포착하고, 대체 공급망을 미리 확보하라는 경고를 보냈다. 'B 타워'는 아무런 차질 없이 공사를 이어갈 수 있었다.(차이점 3)

5) **결과:** 결국 'A 타워'는 늘어난 공사비와 금융비용을 감당하지 못하고 공정률 70%에서 멈춰 섰다. 나 대표와 건설사, 금융사는 서로에게 책임을 떠넘기며 법적 분쟁에 휩싸였다.(차이점 4)

2년 후, 'B 타워'는 성공적으로 완공되어 '크리에이터의 성지'로 불리며 100% 임대 분양을 완료했다. 이 대표는 여기서 멈추지 않고, 입주사들의 활동 데이터를 분석해 가장 필요한 편의시설을 추가하며 건물의 가치를 계속해서 높여나가고 있다.(차이점 5)

6) **시사점:** 같은 땅에서 시작했지만, 'A 타워'는 과거의 유물이 되었고, 'B 타워'는 미래의 상징이 되었다. 이는 두 사람의 능력 차이가 아니라, 구시대의 철학과 신시대의 철학이 맞붙었을 때 누가 승리하는지를 보여주는 명백한 증거인 것이다.

3. 데이터 기반 의사결정이 가져오는 투자 성과 향상과 가상 사례

3.1. 감각의 시대를 끝내고 증거의 시대를 열다

성공적인 부동산 투자의 제1원칙으로 꼽히는 '입지(Location)'라는 단어는 오랫동안 소수 전문가의 '선견지명'과 동의어로 여겨져 왔다. 남들이 보지 못하는 땅의 가치를 알아보는 직관과 감각이 곧 투자의 성패를 결정하는 시대였다. 그러나 이제 우리는 별을 보고 길을 찾던 탐험가가 GPS를 손에 쥔 것과 같은 혁명적 변화의 순간을 맞이하고 있다. 그 GPS의 이름은 바로 '데이터'이다.

이 절은 '감'에 의존하던 구시대적 투자 방식이 왜 더 이상 유효하지 않으며, '데이터'라는 새로운 의사결정 체계가 어떻게 투자 성과를 극적으로 향상시키는지를 과학적으로 증명하는 보고서이다. 우리는 5가지 핵심 인사이트를 통해, 데이터가 단순한 숫자의 나열을 넘어 어떻게 부를 창출하는지를 목격할 것이다.

3.2. 수익률 곡선을 바꾸는 데이터의 5가지 힘

데이터 기반 의사결정은 투자의 모든 과정을 더 정교하고, 더 빠르고, 더 확실하게 만든다. 그 힘은 다음 5가지 영역에서 가장 강력하게 발휘된다.

- **인사이트 1: '입지'가 아닌 '콘텍스트(Context)'를 분석하여 숨겨진 기회를 발굴한다.**

  전통적인 투자가 '강남'이나 '역세권'과 같은 정적인 '입지' 정보에 집중했다면, 데이터 기반 투자는 그 공간을 둘러싼 동적인 '콘텍스트', 즉 문맥을 분석한다. 특정 지역에 어떤 사람들이 살고, 어떤 소비를 하며, 주말에 어디로 이동하고, 소셜 미디어에서 무엇을 이야기하는지를 총체적으로 분석하는 것이다.

  이는 현재는 저평가되어 있지만, 특정 라이프스타일을 가진 잠재 수요층이 유입될 가능성이 높은 '미래의 핫플레이스'를 경쟁자보다 한발 앞서 발굴하게 만드는 원동력이 된다.

- **인사이트 2: 과거 시세 기반의 '가치 평가(Valuation)'를 넘어, 미래 현금흐름 기반의 '가치 예측(Prediction)'을 수행한다.**

  과거의 감정평가는 주변의 유사 부동산 거래 사례, 즉 과거의 데이터를 기반으로 현재의 가치를 평가하는 방식이었다. 그러나 데이터 기반 분석은 해당 부동산이 미래에 창출할 '현금흐름'을 예측하여 가치를 산정한다.

  주변 상권의 성장성, 예상 임차인의 재무 건전성, 향후 도입될 교통 인프라의 파급 효과 등을 모두 계량화하여, '3년 후 이 건물의 임대 수익은 연 8%에 도달할 확률이 90%' 와 같이 미래 가치를 과학적으로 예측하는 것이다.

- **인사이트 3: '막연한 불안감'으로서의 리스크를, '관리 가능한 확률'로서의 리스크로 전환한다.**

  전통적 투자에서 리스크는 '경기가 나빠지면 어떡하지?'와 같은 막연한 불안감의 영역이었다. 데이터 기반 투자는 리스크를 구체적인 확률 값으로 변환한다. 예를 들어, 금리가 1% 인상될 경우 예상 분양률이 몇 % 하락할지, 공사 기간이 1개월 지연될 경우 추가 금융 비용이 얼마나 발생하고 최종 수익률에 어떤 영향을 미칠지를 수천 번의 시뮬레이션을 통해 확률적으로 계산한다. 이는 리스크를 회피의 대상이 아닌, 통제하고 관리할 수 있는 변수로 만들어준다.

- **인사이트 4: '무차별적' 마케팅이 아닌, 잠재 고객의 DNA를 겨냥하는 '초정밀' 마케팅을 구현한다.**

  과거의 분양 마케팅은 신문 광고나 현수막 같은 불특정 다수를 향한 방식이었다. 데이터 기반 마케팅은 잠재 고객의 온라인 활동, 관심사, 소득 수준, 거주 지역 데이터를 분석하여, 구매 가능성이 가

초정밀 타겟팅의 모든 것, 핀셋 마케팅 완전정복 You Tube

장 높은 집단을 정확히 식별해낸다. 이들에게 맞춤 화된 메시지를 가장 효과적인 채널(예: 특정 유튜브 채널, 인스타그램 인플루언서)을 통해 전달함으로써, 마케팅 비용은 획기적으로 줄이고 전환율은 극대화하는 것이다.

- 인사이트 5: '일회성' 개발이익을 넘어, '지속적인' 자산 가치 최적화를 가능하게 한다.

  전통적인 프로젝트의 성공은 분양이 완료되는 시점에 결정되는 일회성 이벤트였다. 데이터 기반 자산 관리는 완공 이후에도 계속된다. 건물 내 에너지 사용량, 공간별 유동인구, 주변 상권 변화 데이터를 실시간으로 분석하여, 끊임없이 건물의 운영 효율을 높이고 임대 수익을 극대화할 방안을 찾아낸다. 이는 단기적인 개발이익을 넘어, 장기적인 자산 가치의 '지속적인 우상향'을 목표로 하는 새로운 패러다임이다.

구분	전통적 (직관 기반) 투자	데이터 기반 투자
기회 발굴	정적인 입지(Location) 정보에 의존	동적인 콘텍스트(Context) 분석
가치 판단	과거 시세 중심의 가치 평가	미래 현금흐름 중심의 가치 예측
리스크 관리	경험에 기반한 정성적 판단	시뮬레이션 기반의 확률적 관리
마케팅	불특정 다수 대상의 무차별적 접근	잠재 고객을 겨냥한 초정밀 타겟팅
성과의 정의	일회성 개발이익의 극대화	지속적인 자산 가치의 최적화

3.3. 가상 사례: 폐공장을 황금알을 낳는 거위로 바꾼 '피닉스 프로젝트'

'탬버린즈'는 왜 성수동에 콘크리트 뼈대만 남은 폐건물을 만들었나?
[https://realty.chosun.com]

1) 2024년, 투자사 '데이터노믹스'는 모두가 외면하던 서울 성수동의 낡은 폐공장 부지를 매입했다. 과거의 시선으로 볼 때 그곳은 소음과 오염으로 가득한, 개발 가치가 전혀 없는 땅이었다. 경쟁 투자사들은 "미친 짓"이라며 비웃었다.

2) 그러나 '데이터노믹스'의 AI 분석 시스템은 전혀 다른 이야기를 들려주고 있었다.
   - 콘텍스트 분석: AI는 인스타그램과 블로그 데이터를 분석하여, 성수동이 '힙스터', '장인정신', '빈티지'라는 키워드와 함께 언급되는 빈도가 지난 2년간 500% 급증했음을 발견했다. 또한, 신용카드 사용 데이터를 통해 20~30대 크리에이터 직군과 소규모 스타트업 종사자들의 유입이 폭발적으로 늘고 있음을 확인했다. (인사이트 1)
   - 가치 예측: AI는 이들의 라이프스타일을 분석하여, 대형 프랜차이즈가 아닌 개성 있는 F&B, 소규모 공방, 공유 오피스가 결합될

경우, 5년 내에 이 부지의 임대수익률이 연 12%에 도달할 것이라 예측했다.(인사이트 2)

- 리스크 관리: 시뮬레이션 결과, 가장 큰 리스크는 복잡한 용도변경 인허가 절차였다. '데이터노믹스'는 프로젝트 시작과 동시에 이 문제에 집중하여, 법률 리스크를 사전에 제거했다.(인사이트 3)

3) **'데이터노믹스'는 공장의 붉은 벽돌과 철골 구조를 그대로 살린 채, 예측된 수요에 맞춰 공간을 재구성했다.** 그리고 잠재 입주자들의 온라인 활동 패턴을 분석하여, 그들이 가장 많이 구독하는 디자인 웹진과 유튜브 채널에만 집중적으로 마케팅을 진행했다.(인사이트 4)

4) **결과는 놀라웠다.** '프로젝트 피닉스'로 명명된 이 공간은 완공 3개월 전, 모든 공간이 100% 임대 계약을 완료했다. 그러나 '데이터노믹스'의 일은 끝나지 않았다. 완공 후에도 입주사들의 전력 사용 패턴과 방문객 데이터를 분석해 공용 공간의 운영을 최적화하고, 가장 시너지가 높은 팝업 스토어를 유치하며 건물의 가치를 계속해서 끌어올리고 있다.(인사이트 5)

5) **시사점:** 결국 데이터는 잿더미 속에 숨어있던 불사조(Phoenix)를 발견했고, 모두가 버린 땅을 서울에서 가장 '힙한' 공간으로 재탄생시킨 것이다. 이는 직관의 시대가 저물고, 데이터가 미래의 부를 창조하는 증거의 시대가 열렸음을 보여주는 가장 강력한 증거이다.

4. 부동산 업계의 디지털 전환 트렌드와 미래 전망과 가상사례

4.1. 벽돌과 시멘트의 세계에서 데이터와 알고리즘의 세계로

인류 역사상 가장 보수적이고 아날로그 적인 산업을 꼽으라면 단연 부동산일 것이다. 눈에 보이는 땅과 건물을 기반으로, 인간의 발품과 대면 계약, 그리고 종이 서류가 수천 년간 산업의 근간을 이루어 왔다. 그러나 지금, 이 거대한 빙하 같던 산업의 심장부에서 가장 뜨거운 용암, 즉 '디지털 전환'이 분출하고 있다. 이것은 단순한 유행이나 부분적인 기술 도입이 아닌, 산업의 DNA 자체를 재구성하는 거대한 지각변동이다.

이 절은 부동산 산업이 맞이한 디지털 혁명의 현재와 미래를 조망하는 망원경이다. 우리는 이 거대한 전환을 이끄는 5가지 핵심 동력을 통해, 부동산의 개념이 어떻게 확장되고, 부가 창출되는 방식이 어떻게 변하며, 미래의 도시가 어떤 모습일지를 탐험하게 될 것이다. 가상의 미래 도시 사례는 이러한 변화가 우리의 삶을 얼마나 경이롭게 바꿀 수 있는지에 대한 생생한 시뮬레이션이 될 것이다.

4.2. 부동산의 경계를 허무는 5가지 디지털 혁명

디지털 전환은 부동산의 개발, 거래, 관리, 소유, 그리고 공간의 개념 자체를 뿌리부터 바꾸고 있다.

- **인사이트 1: 물리적 건물을 복제한 '디지털 트윈(Digital Twin)'이 부동산의 새로운 본체가 된다.**

  이제 건물은 더 이상 물리적 실체만으로 존재하지 않는다. 현실의 건물을 가상 공간에 그대로 복제한 '디지털 트윈'이 만들어져, 건물의 모든 생애주기를 시뮬레이션하고 관리하는 새로운 본체가 된다.

디지털 트윈'환경 속의 설계 단계에서는 수천 가지 디자인을 시뮬레이션 하여 최적의 안을 찾고, 건설 중에는 공정 현황을 실시간으로 반영하며, 운영 단계에서는 에너지 효율과 공간 활용도를 극대화한다. 물리적 건물은 디지털 트윈의 '아바타'가 되고, 모든 의사결정은 디지털 트윈의 데이터를 통해 이루어지는 시대가 열리는 것이다.

- **인사이트 2: '인맥 기반'의 중개는 사라지고, '데이터 기반'의 플랫폼이 모든 거래를 지배한다.**

과거 부동산 거래의 핵심은 소수 중개인이 독점한 '정보'와 '인맥'이었다. 그러나 '프롭테크(PropTech)'라 불리는 부동산 기술 플랫폼은 모든 매물 정보를 투명하게 공개하고, AI 알고리즘을 통해 개인에게 가장 적합한 부동산을 추천한다.

부동산 시장의 거스를 수 없는 메가 트렌드, 프롭테크(PropTech)

VR/AR 기술을 통해 현장에 가지 않고도 집을 체험할 수 있으며, 블록체인 기반의 스마트 계약은 복잡한 거래 과정을 단 몇 분 만에 안전하게 완료시킨다. 이는 중개인의 역할을 '정보 전달자'에서 '데이터 기반 컨설턴트'로 완전히 바꾸어 놓는다.

[TECH meets DESIGN] AR/VR 기술로 랜선 집보기 - 녹색경제신문 [https://www.greened.kr]

- **인사이트 3: '고장 나면 고치는' 사후 관리에서, '고장 날 것을 예측하는' 사전 관리로 진화한다.**

전통적인 건물 관리는 엘리베이터가 멈추거나 배관이 터지는 등 문제가 발생한 후에야 움직이는 수동적 방식이었다. 그러나 건물 곳곳에 설치된 IoT 센서는 설비의 미세한 진동, 온도, 압력 변화를 실시간으로 감지한다.

AI는 이 데이터를 분석하여 "3주 후, 7번 엘리베이터의 4번 케이블에서 결함이 발생할 확률이 85%"라고 미리 경고한다. 이는 관리 비용을 획기적으로 절감하고, 건물의 안전성과 수명을 극대화하는 예지보전(Predictive Maintenance) 시대를 여는 단면인 것이다.

- **인사이트 4: '소유' 중심의 공간 개념이, '구독' 중심의 '서비스로서의 공간(Space-as-a-Service, SaaS)'으로 변모한다.**

디지털 네이티브 세대에게 공간은 소유의 대상이 아니라, 필요할 때 빌려 쓰는 서비스의 개념이다. 공유 오피스에서 시작된 이러한 흐름은 공유 주방, 공유 주거 등 부동산의 모든 영역으로 확산되고 있다.

미래의 건물은 고정된 임대료를 받는 공간이 아니라, 사용자의 필요에 따라 유연하게 공간의 크기와 기능을 바꾸고 사용한 만큼만 비용을 지불하는 '공간 플랫폼'이 될 것이다. 이는 안정적인 임대수익 모델을 완전히 새로운 현금흐름 모델로 바꾸게 된다.

- **인사이트 5: '실물' 부동산을 넘어, '디지털' 부동산이라는 새로운 자산이 탄생한다.**

디지털 전환은 부동산의 개념을 물리적 세계 너머로 확장시킨다. 현실의 부동산을 디지털 증권으로 잘게 쪼개 주식처럼 거래하는 '부동산 조각 투자(STO)'가 보편화될 것이다.

더 나아가, 메타버스(Metaverse) 안의 가상 토지와 건물은 현실 세계의 부동산 못지않은 중요한 투자 자산으로 부상하게 된다. 이는 부동산 투자의 경계를 무한히 확장시키고, 유형 자산과 무형 자산의 융합을 가속화하는 새로운 시대의 서막이다.

구분	아날로그 시대의 부동산	디지털 시대의 부동산 (PropTech 2.0)
자산의 본체	물리적 토지와 건물	디지털 트윈 (Digital Twin)
거래 방식	인맥과 발품 기반의 대면 중개	데이터/알고리즘 기반의 플랫폼 거래
관리 방식	문제 발생 후 대응하는 사후 관리	문제 발생 전 예측하는 사전 관리
공간의 개념	장기 계약 중심의 소유(Ownership)	구독 및 사용량 기반의 서비스(SaaS)
자산의 형태	실물 자산으로 한정	"디지털 자산 (STO, 메타버스)"으로 확장

4.3. 가상 사례: 현실과 가상이 공존하는 도시, '네오 서울 2042'

낙후된 구도심, 직주혼합 초고층 복합개발 추진한다 [https://mediahub.seoul.go.kr]

1) **2042년, 서울시는 노후화된 구도심을 재개발하는 '네오 서울' 프로젝트를 발표했다.** 이 프로젝트의 핵심은 도시 전체를 실시간으로 관제하는 AI 기반의 '도시 디지털 트윈, 가이아(GAIA)'를 구축하는 것이었다.

2) **'가이아'는 살아있는 도시 그 자체였다.** 도시 내 모든 건물, 교통, 에너지, 환경 데이터가 디지털 트윈에 실시간으로 연동되었다. 건설사들은 더 이상 물리적 모델하우스를 짓지 않았다. 대신, 시민들은 VR 기기를 통해 '네오 서울'의 가상 공간에 접속하여, 미래에 지어질 아파트 내부를 걸어 다니고, 창밖으로 보일 조망을 미리 체험했다. (인사이트 1, 2)

3) **입주가 시작된 후, '가이아'의 진정한 힘이 드러났다.** 각 가정의 스마트 미터기는 전력 사용 패턴을 학습하여, 도시 전체의 에너지 공급을 최적화했다. 도시의 모든 기반 시설은 수백만 개의 센서를 통해 상태를 보고했고, '가이아'는 보수 공사가 필요한 도로와 교량을 정확히 예측하여 유지보수팀을 보냈다. (인사이트 3)

4) '네오 서울'의 상업 공간은 고정된 가게가 아니었다. 오전에는 공유 오피스로 쓰이던 공간이, 오후에는 요가 클래스로, 저녁에는 팝업 레스토랑으로 변신했다. 시민들은 스마트폰 앱으로 필요한 시간만큼 공간을 예약하고 '구독'했다.(인사이트 4)

5) 가장 놀라운 것은 '네오 서울'의 시민권이었다. 시민들은 도시의 공공시설(예: 스마트 그리드, 공공 데이터 센터) 운영에서 발생하는 수익의 일부를 디지털 토큰으로 배당 받았다. 이 토큰은 현실의 자산과 연동되어, 시민 모두가 도시의 성장에 따라 자산을 불려 나가는 새로운 형태의 '디지털 부동산'이 되었다.(인사이트 5)

6) 결과 및 시사점: 결국 '네오 서울'은 단순한 물리적 공간의 재개발을 넘어, 데이터와 시민이 함께 도시의 가치를 키워 나가는 살아있는 유기체로 재탄생한 것이다. 이것은 먼 미래의 공상과학 소설이 아니라, 디지털 전환이 이끌고 있는 부동산의 필연적인 미래상이다.

5. 일반 투자자가 알아야 할 AI 부동산 PF의 핵심 개념과 가상사례

5.1. '그들 만의 리그'에서 '우리들의 투자'로, 새로운 지도가 펼쳐지다

부동산 프로젝트 파이낸싱(PF)은 오랫동안 거대 자본과 소수의 전문가 들만이 참여할 수 있는 '그들 만의 리그'였다. 정보는 불투명했고, 리스크는 거대했으며, 진입 장벽은 높았다. 일반 투자자에게 PF 투자는 감히 넘볼 수 없는 영역이자, 그저 뉴스로만 접하는 미지의 세계였다. 그러나 AI는 이 견고했던 성벽을 허물고, 모든 사람이 참여할 수 있는 새로운 투자 지도를 그리고 있다.

이 절은 미래의 투자자가 될 당신을 위한 필수 용어 가이드이자 기회의 설명서이다. 우리는 AI 부동산 PF의 시대를 여는 5가지 핵심 개념을 투자자의 시각에서 명쾌하게 해석할 것이다. 더 이상 어려운 기술 용어에 주눅 들 필요는 없다. 이 개념들을 이해하는 순간, 당신은 과거에는 상상할 수 없었던 새로운 투자의 문을 열 수 있는 열쇠를 손에 쥐게 될 것이다.

5.2. 당신의 투자 포트폴리오를 바꿀 5가지 키워드

AI 부동산 PF의 세계를 이해하기 위해 반드시 알아야 할 5가지 핵심 개념이 있다. 이는 단순한 기술이 아니라, 투자의 패러다임을 바꾸는 새로운 법칙이다.

- **인사이트 1: 디지털 트윈(Digital Twin) - 미래를 미리 살아보는 가상 건물.**

  디지털 트윈은 현실의 토지와 건물을 가상 세계에 1:1로 복제한 '디지털 쌍둥이'이다. 이것은 단순한 3D 모델이 아니다. 주변의 교통, 날씨, 유동인구 등 모든 데이터가 실시간으로 연동되어 살아 움직이는 시뮬레이션 모델인 것이다.

  투자자는 디지털 트윈을 통해, 건물이 지어 지기도 전에 완공 후의 모습을 VR로 체험하고, 시간대별 일조량을 확인하며, '만약 주변에 지하철역이 들어선다면 건물의 가치가 얼마나 오를까'와 같은 미래 시나리오를 미리 시뮬레이션해 볼 수 있다. 이는 깜깜 이 투자를 '체험형 투자'로 바꾸는 혁신이다.

■ 인사이트 2: 예측 분석(Predictive Analytics) - 경험적 '감'을 과학적 '확률'로 바꾸는 기술.

예측 분석은 AI가 방대한 데이터를 학습하여 미래를 예측하는 기술이다. 과거에는 '이 지역은 뜰 것 같다'는 전문가의 직관에 의존했다면, 이제 AI는 '과거 10년간의 인구 이동, 소득 수준, 소비 패턴, SNS 키워드를 분석한 결과, 이 지역의 상업 가치는 3년 내 20% 상승할 확률이 85%' 라고 과학적 확률을 제시한다. 투자자는 더 이상 막연한 기대감에 투자하는 것이 아니라, 데이터가 증명하는 확률에 기반하여 합리적인 의사결정을 내릴 수 있게 된다.

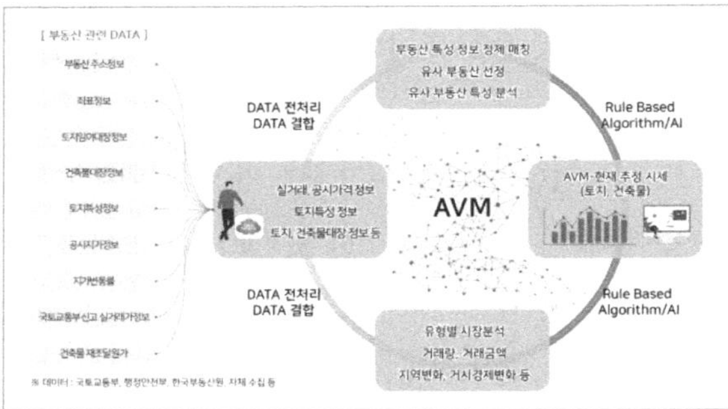

자동 가치 평가 모델(Automated Valuation Model, AVM) [https://www.newswire.co.kr]

■ 인사이트 3: 자동 가치 평가 모델(AVM) - 내 투자의 가치를 실시간으로 확인하는 계기판.

자동 가치 평가 모델(Automated Valuation Model, AVM)은 AI가 실시간으로 수집되는 시장 데이터와 자산 정보를 분석하여 부동산의 가치를 자동으로 산출하는 시스템이다.

주식 투자자가 HTS를 통해 보유 주식의 가치를 실시간으로 확인하듯, 부동산 투자자도 AVM을 통해 내가 투자한 건물의 가치가 지금 얼마인지, 지난주에 비해 얼마나 올랐는지를 투명하게 확인할 수 있다. 이는 '한번 사면 얼마인지 알 수 없는' 부동산을 '언제든 가치를 측정할 수 있는' 금융 자산으로 바꾸어 놓는다.

- **인사이트 4: 프롭테크 플랫폼(PropTech Platform) - 투자의 모든 과정을 하나로 연결하는 스마트폰 앱.**

프롭테크(부동산+기술) 플랫폼은 AI 부동산 PF 투자의 모든 과정을 담은 스마트폰 앱이라고 생각하면 된다. 투자자는 이 플랫폼을 통해 유망한 투자 상품을 발굴하고(예측 분석), 가상으로 건물을 체험하며(디지털 트윈), 실시간으로 가치를 확인하고(AVM), 소액으로 투자를 집행하고, 완공 후 임대 수익을 배당받는 모든 과정을 처리할 수 있다.

이는 과거 전문가들의 영역이었던 복잡한 PF 투자를 누구나 손쉽게 참여할 수 있는 대중적인 투자로 만드는 핵심 통로가 된다.

프롭테크PropTech를 아시나요: 네이버 블로그

■ 인사이트 5: 증권형 토큰 발행(STO) - 5천만 원짜리 빌딩을 5만 원으로 나누어 사는 마법.

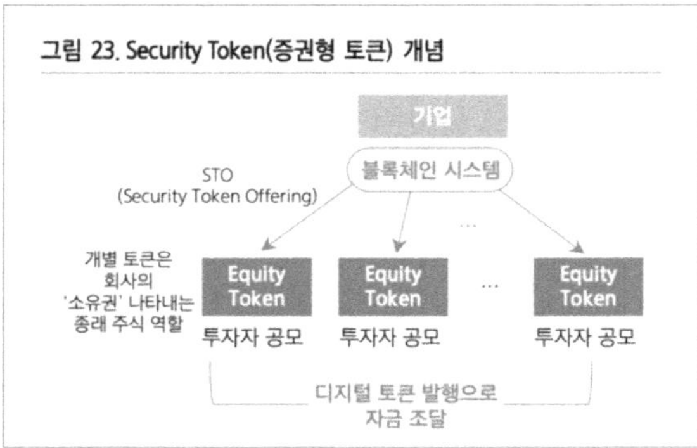

토큰증권 시대를 준비하는 인프라 회사들 [https://www.digitalasset]

증권형 토큰 발행(Security Token Offering, STO)은 블록체인 기술을 이용해 부동산 소유권을 주식처럼 잘게 쪼개어 디지털 증권으로 만드는 것이다. 과거에는 수십, 수백억 원이 있어야만 살 수 있었던 빌딩을 이제는 단돈 몇 만 원, 몇 십만 원으로도 소유할 수 있게 된다. 투자자는 STO를 통해 빌딩의 주인이 되어 임대수익을 배당 받고, 주식처럼 플랫폼에서 자유롭게 토큰을 사고 팔아 시세차익을 얻을 수도 있다. 이는 부동산 투자의 가장 높은 장벽이었던 '자본의 한계'를 무너뜨리는 가장 혁신적인 금융 기법이다.

핵심 개념	핵심 내용	투자자에게 주는 가치
디지털 트윈	현실 건물을 가상에 복제한 실시간 시뮬레이션 모델	미리 보고, 체험하고, 시뮬레이션 하는 투자
예측 분석	데이터 기반의 미래 가치 및 리스크 확률 예측	'감'이 아닌 '확률'에 기반한 합리적 의사결정

자동 가치 평가 (AVM)	AI 기반의 실시간 자동 가치 산출 시스템	내 투자 자산의 가치를 주식처럼 투명하게 확인
프롭테크 플랫폼	투자의 전 과정을 통합 제공하는 온라인 서비스	전문가 수준의 투자를 스마트폰으로 간편하게
증권형 토큰 (STO)	부동산 소유권을 쪼개어 만든 디지털 증권	소액으로 우량 건물에 투자하고, 주식처럼 거래

5.3. 가상 사례: 평범한 직장인 김 대리, '커넥트 빌딩'의 주주가 되다

1) 2026년, 평범한 직장인 김 대리는 월급만으로는 미래가 불안해 재테크에 관심이 많았지만, 부동산 투자는 거액의 자금이 필요해 엄두를 내지 못했다. 그러던 어느 날, 그녀는 AI 부동산 투자 플랫폼 '블록캐슬(Block Castle)'을 알게 되었다.

2) '블록캐슬' 앱에는 '커넥트 빌딩'이라는 이름의 PF 프로젝트가 올라와 있었다. 서울의 한 노후화된 인쇄소 골목에 지어질 공유 오피스 프로젝트였다. 김 대리는 먼저 디지털 트윈 메뉴를 통해 가상으로 지어진 '커넥트 빌딩'의 옥상 정원을 거닐어 보고, 3층의 공유 스튜디오가 어떻게 꾸며질지를 확인했다.

3) 다음으로 예측 분석 보고서를 열었다.
AI는 '향후 2년간 이 지역에 1인 미디어 기업의 사업자 등록이 40% 증가할 것이며, 이에 따라 공유 오피스 수요는 95% 확률로 예측치를 상회할 것'이라고 분석했다. AVM은 완공 시점의 예상 가치를 보여주었고, 그 가치는 매주 업데이트되고 있었다.

4) 김 대리는 확신을 얻고 STO 청약에 참여했다. 그녀는 자신의 여윳돈 500만 원으로 '커넥트 빌딩'의 디지털 증권 100주를 매입했다. 그녀는 이제 이 빌딩의 엄연한 지분 소유자, 즉 주주가 된 것이다.

5) **결과:** 이후 김 대리는 '블록캐슬' 앱을 통해 공사 과정을 실시간으로 지켜봤다. 1년 후, '커넥트 빌딩'은 성공적으로 완공되었고, 예측대로 주변의 크리에이터들에게 큰 인기를 끌며 100% 임대되었다. 김 대리는 매달 자신의 계좌로 임대 수익을 배당받기 시작했고, AVM에 표시된 그녀의 지분 가치는 1년 만에 20% 상승했다. 그녀는 언제든 원하면 플랫폼에서 자신의 지분을 팔아 현금화할 수 있었다.

6) **시사점:** 결국 김 대리는 단 한 번도 현장에 가보지 않고, 전문가를 만나지 않고도, 스마트폰 하나로 유망한 부동산 PF의 주주가 되어 안정적인 수익을 창출한 것이다. 이것은 AI와 데이터가 평범한 투자자에게 선사하는 새로운 기회의 시대가 이미 시작되었음을 보여준다.

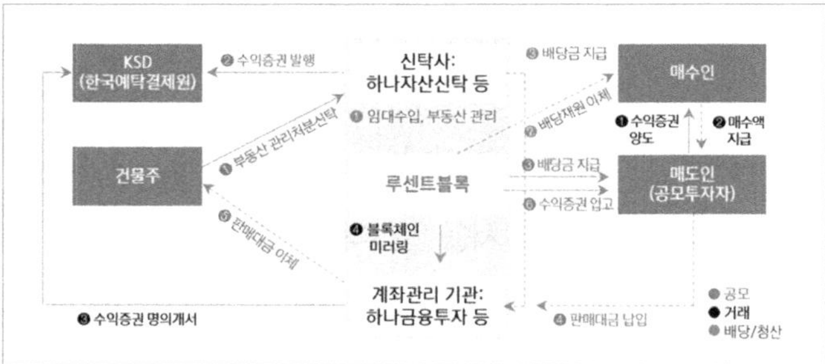

부동산 조각투자 플랫폼 소유를 운영하는 루센트블록이 국내 최초의 STO 구조화 사례로 삼성증권 리포트에 게재되었다. (https://www.mk.co.kr)

제4장

부동산 PF의 기본 구조와 AI의 역할

1. 프로젝트 파이낸싱의 기본 원리와 구조 이해와 가상사례

1.1. 미래를 건설하는 특별한 돈의 흐름을 이해하다

우리가 아파트를 사기 위해 은행에서 받는 대출과, 황무지에 새로운 도시를 건설하기 위해 받는 대출은 근본적으로 다르다. 전자가 개인의 '현재 신용'을 담보로 한다면, 후자는 프로젝트의 '미래 가치' 그 자체를 담보로 한다. 이처럼 아직 존재하지 않는 미래의 현금흐름을 담보로 거대한 자금을 조달하는 금융 기법, 이것이 바로 '프로젝트 파이낸싱(Project Financing, PF)'의 본질이다.

이 절은 부동산 PF라는 거대한 금융의 톱니바퀴가 어떻게 맞물려 돌아가는지에 대한 가장 근본적인 설계도이다. 독자들은 이 장을 통해 막연하고 어렵게만 느껴졌던 PF의 기본 원리와 구조를 5가지 핵심적인 관점에서 명확하게 이해하게 될 것이다. 이것은 단순히 금융 지식을 배우는 것을 넘어, 현대 도시가 어떻게 탄생하고 성장하는지에 대한 경제학적 통찰을 얻는 지적 탐험이 될 것이다.

1.2. PF의 세계를 움직이는 5가지 핵심 원리

부동산 PF는 일반적인 대출과 다른, 그 자체로 하나의 독립된 생태계이다. 이 생태계를 지배하는 5가지 법칙을 이해하면 모든 것이 명확해 진다.

■ 인사이트 1: 담보는 '사람'이 아닌 '미래 프로젝트' 그 자체이다.

가장 핵심적인 차이점이다. 일반적인 기업 대출은 회사의 신용도나 자산을 담보로 돈을 빌려준다. 만약 회사가 돈을 갚지 못하면, 은행은 그 회사의 다른 자산을 압류할 수 있다.

그러나 PF는 대출의 담보를 오직 '해당 프로젝트에서 미래에 발생할 수익'으로 한정한다. 즉, 은행은 시행사라는 '사람'을 보고 돈을 빌려주는 것이 아니라, 프로젝트라는 '미래'의 성공 가능성 하나에 베팅하는 것이다.

구분	주택담보대출(일반 대출)	프로젝트 파이낸싱(PF)
대출의 주체	개인 또는 기업	프로젝트 회사(SPC)
담보의 대상	개인의 신용, 기존 주택	프로젝트의 미래 현금흐름 및 자산
상환 재원	개인의 소득(월급 등)	프로젝트의 분양 수입, 임대 수입
은행의 리스크	대출자의 상환 능력	프로젝트의 성공 가능성 자체

■ 인사이트 2: 세 명의 주인공 - 시행사, 시공사, 금융사가 각자의 역할을 수행한다.

하나의 PF 사업은 보통 세 명의 핵심 플레이어가 이끌어간다.

(1) 시행사(Developer): 프로젝트의 총감독이다. 땅을 매입하고, 어떤 건물을 지을지 기획하며, 인허가를 받고, 분양까지 책임지는 사업의 주체이다.

(2) **시공사**(Constructor): 실제 건물을 짓는 건설사이다. 시행사의 설계를 바탕으로 안정적으로 건물을 완공하는 역할을 한다.

(3) **금융사**(Financial Institution): 프로젝트에 돈을 대는 자금줄이다. 사업성을 검토하고 대출을 실행하며, 자금 흐름을 관리 감독한다. 이 세 주체의 유기적인 협력과 견제가 PF 성공의 관건이 된다.

- **인사이트 3: '투명한 울타리(Ring-fence)'로 프로젝트의 위험을 격리시킨다.**

금융사는 어떻게 시행사의 다른 사업과 무관하게 오직 프로젝트의 가치만 보고 돈을 빌려줄 수 있을까? 그 비밀은 '프로젝트 회사'라는 특수목적법인(SPC)에 있다. 시행사는 PF 사업만을 위한 페이퍼컴퍼니인 SPC를 설립한다.

대출, 계약, 수입, 지출 등 모든 돈의 흐름은 이 SPC를 통해서만 이루어진다. 이는 프로젝트를 시행사의 다른 사업으로부터 분리시켜, 만약 시행사가 부도가 나더라도 프로젝트는 안전하게 보호하는 '투명한 울타리' 역할을 한다. 이를 통해 금융사는 프로젝트 자체의 리스크에만 집중할 수 있게 된다.

SPC vs PFV 차이점

구분	SPC	PFV
기반 법률	상법 준용	상법 준용, 법인세법 제51조
자본금 구성	2~3개 업체	2개 이상 출자자 · 금융기관 5% 이상 출자
자본금 규모	최소 5000만원	최소 50억원
사업 규모	중소형 개발 사업	중대형 개발 사업
운영 기간	2~3년, 중도 하차 가능	2년 이상 운영
세제 혜택	이중 과세	배당가능이익 90% 이상 배당 시 법인세 과세표준에서 제외

차입·SPC·선분양 레버리지 적극 활용 [https://www.mk.co.kr]

■ 인사이트 4: 두 개의 다리 - '브릿지론'을 건너 '본 PF'로 나아간다.

PF 대출은 보통 두 단계에 걸쳐 이루어진다.

(1) 브릿지론(Bridge Loan): 사업 초기, 땅을 매입하고 인허가를 받는 데 필요한 '씨앗 자금(Seed Money)'이다. 아직 사업의 불확실성이 크기 때문에 금리가 높고 만기가 짧다. 이름처럼 본 PF로 가기 위한 임시 '다리' 역할을 한다.

(2) 본 PF(Main PF): 인허가가 완료되고 사업이 본격화될 때, 실제로 건물을 짓는 데 필요한 거액의 자금을 조달하는 단계이다. 브릿지론보다 금리가 낮고 만기가 길다. 수많은 프로젝트가 이 브릿지론이라는 위태로운 첫 번째 다리를 건너다 본 PF라는 안정적인 두 번째 다리에 도달하지 못하고 실패한다.

■ 인사이트 5: 하이 리스크, 하이 리턴의 '레버리지(Leverage) 게임'이다.

시행사는 보통 자기 자본을 10% 미만으로 투입하고, 나머지 90% 이상을 PF 대출이라는 남의 돈으로 사업을 일으킨다. 이렇게 적은 자기 자본으로 거대한 사업을 움직이는 것을 '레버리지 효과'라고 한다.

만약 프로젝트가 성공하면, 시행사는 적은 돈을 투자해 상상 이상의 수익을 얻게 된다. 그러나 실패하면, 자기 자본 전부를 잃는 것은 물론, 프로젝트 전체가 좌초되는 높은 리스크를 감수해야만 한다.

1.3. 가상 사례: 잿빛 폐허에서 미래 도시를 탄생시킨 '프로젝트 솔라리스'

1) 2025년, 서울 외곽에는 수십 년간 버려진 낡은 제철소 부지가 있었다.

모두가 고개를 젓는 잿빛 폐허였지만, 젊은 시행사 대표 '한미래'는 그곳에서 태양광 에너지와 스마트팜이 결합된 미래형 복합 단지의 비전을 보았다.

독일 에센의 졸버레인 탄광 산업단지. 사진: 송승섭, 기자출처: 아시아경제
https://www.asiae.co.kr

- 1단계: 프로젝트의 탄생: 한 대표는 '솔라리스 개발'이라는 이름의 '프로젝트 회사(SPC)'를 설립했다.(인사이트 3) 그녀의 회사가 가진 자본은 100억 원에 불과했지만, 프로젝트의 총사업비는 1조 원에 달했다.
- 2단계: 첫 번째 다리를 건너다: 그녀는 이 SPC를 통해 한 증권사로부터 1,000억 원의 고금리 브릿지론을 받아 제철소 부지를 매입하고, 복잡한 환경 정화 및 인허가 절차에 착수했다.(인사이트 4)
- 3단계: 미래에 투자하다: 1년 후, 모든 인허가가 완료되자 한 대표는 '솔라리스'의 미래 가치, 즉 완공 후 발생할 상업시설 임대수익과 주거단지 분양수익이라는 미래 현금흐름을 담보로 국내 최대 은행이 주도하는 대주단(Syndicate)을 설득했다.(인사이트 1) 은행은 '한미래' 개인이 아닌 '솔라리스 개발'이라는 SPC와 프로젝트의 완벽한 사업 계획을 믿고, 9,000억 원의 본 PF 대출을 승인했다.
- 4단계: 거대한 협업의 시작: 대출금은 국내 최고의 건설사인 '미래건설'에 투입되어 공사를 시작했고, 은행은 자금 집행을 철저히 감독했다.(인사이트 2) 한 대표는 기획과 분양을, 건설사는 시공

을, 은행은 자금 관리를 맡으며 거대한 톱니바퀴가 돌아가기 시작했다.

2) 결과: 5년 후, '프로젝트 솔라리스'는 성공적으로 완공되어 대한민국을 대표하는 친환경 랜드마크가 되었다. 분양은 성공적이었고, 모든 PF 대출은 상환되었다. 한 대표는 단 100억 원의 자기 자본으로 1조 원짜리 프로젝트를 성공시켜 천문학적인 수익을 거두었다.(인사이트 5)

3) 시사점: 결국 '프로젝트 솔라리스'는 한 개인의 신용이 아닌, '미래를 건설하겠다'는 하나의 잘 짜인 약속과 비전을 담보로 탄생한 현대 금융의 결정체인 것이다.

2. 부동산 개발 단계별 자금 흐름과 리스크 포인트와 가상사례

2.1. 하나의 생명이 잉태되고 성장하는 여정과 같다

하나의 건물이 탄생하는 과정은 마치 하나의 생명체가 잉태되고 성장하는 여정과 놀랍도록 닮아 있다. 아주 작은 씨앗(사업 기획)에서 시작해, 외부로부터 영양분(자금)을 공급받아 뼈대를 세우고(건설), 세상에 태어나(준공) 마침내 독립된 개체로 살아가는(운영) 것이다. 이 과정에서 돈의 흐름은 생명체를 유지하는 혈액과 같으며, 각 성장 단계마다 치명적인 위험이 도사리고 있다.

이 절은 부동산 개발이라는 생명체의 탄생부터 완성까지, 그 혈류의 흐름과 각 단계별 성장통, 즉 리스크 포인트를 해부하는 정밀한 해부학 도감이다. 독자들은 이 장을 통해 돈이 언제, 어디서, 어떻게 들어오고 나가는지, 그리고 각 단계마다 왜 그토록 많은 프로젝트가 좌초하는지를 명확히 이해하게 될 것이다. 이 여정을 이해하는 것은 곧 성공적인 투자의 맥점을 짚는 것과 같다.

2.2. 개발의 5단계, 돈과 위험의 변주곡

부동산 개발은 뚜렷이 구분되는 5개의 단계를 거치며, 각 단계마다 자금의 성격과 리스크의 종류가 극적으로 변화한다.

- **인사이트 1: '씨앗' 단계(사업 기획 및 토지 계약) - 모든 것을 잃을 수 있는 최초의 베팅.**
  이 단계는 오직 돈이 나가기만 하는 시기이다. 시행사는 자기 자본(Equity)과 제2금융권의 고금리 브릿지론(Bridge Loan)에 의존해 토지 계약금을 치르고, 사업 계획을 수립한다. 자금 흐름은 100% '지출'이다.
  이 단계의 핵심 리스크는 '인허가 리스크'이다. 만약 건축 허가 등 인허가에 실패하면, 프로젝트는 시작도 못 하고 좌초되며 투입된 자기 자본과 브릿지론 이자는 그대로 손실 처리된다. 성공의 과실은 가장 크지만, 실패 시 모든 것을 잃는 'All-or-Nothing' 구간인 것이다.
- **인사이트 2: '잉태' 단계(본 PF 조달 및 토지 잔금) - 가장 큰 돈이 움직이는 결정적 순간.**
  인허가가 완료되면, 사업의 불확실성이 상당 부분 해소된다. 이때 시행사는 제1금융권이 중심이 된 대주단으로부터 대규모의 본 PF 대출을 일으킨다. 이 돈으로 고금리의 브릿지론을 상환하고, 토지 잔금을 치르며, 초기 공사비를 마련한다.
  자금 흐름은 거대한 '수혈'과 같다. 이 단계의 리스크는 '자금 조달 리스크'이다. 인허가를 받았더라도 금융 시장이 경색되면 본 PF 조달에 실패할 수 있으며, 이 경우 브릿지론 만기를 막지 못해 부도에 이르게 된다.

- 인사이트 3: '성장' 단계(착공 및 분양) - 외부의 돈과 내부의 돈이 교차하는 변곡점.

본격적인 공사가 시작되면 막대한 공사비가 '지출'된다. 동시에, 분양을 시작하며 최초의 '수입', 즉 분양 계약금과 중도금이 들어오기 시작한다. 이 단계는 거대한 지출과 수입이 교차하며 아슬아슬한 현금흐름의 균형을 유지하는 시기이다.

핵심 리스크는 단연 '미분양 리스크'이다. 분양 실적이 저조하면 현금 유입이 끊겨 공사비를 지급하지 못하게 되고, 이는 곧 공사 중단이라는 최악의 사태로 이어진다. 프로젝트의 운명이 사실상 이 단계에서 결정된다.

- 인사이트 4: '탄생' 단계(준공 및 입주) - 가장 큰 빚을 갚아야 하는 마지막 관문.

건물이 완공되면, 수분양자들로부터 분양 잔금이라는 막대한 현금이 일시에 유입된다. 이 돈은 프로젝트의 가장 큰 빚인 본 PF 대출 원리금을 상환하는 데 최우선으로 사용된다.

이 단계의 리스크는 '준공 리스크'와 '현금흐름 미스매치 리스크'이다. 시공사의 문제로 준공이 지연되거나, 입주가 순조롭게 이루어지지 않아 잔금 유입이 늦어지면, PF 대출을 제때 상환하지 못해 막대한 연체 이자를 물거나 최악의 경우 완공된 건물이 공매로 넘어갈 수 있다.

- 인사이트 5: '독립' 단계(사업 정산 및 청산) - 비로소 진짜 '내 돈'을 확인하는 순간.

모든 분양이 완료되고 PF 대출 상환이 끝나면, 비로소 남은 돈이 시행사의 몫, 즉 개발이익이 된다. 시행사는 프로젝트를 위해 설립했던 특수목적법인(SPC)을 청산하고, 최종 수익을 주주들과 나눈다. 이 단계의 리스크는 '최종 수익성 리스크'이다.

공사비 증가, 금융비용 상승, 미분양 물량 할인 판매 등으로 인해, 겉보기엔 성공한 프로젝트처럼 보여도 실제로는 남는 이익이 거의 없거나 오히려 손실을 보는 경우가 비일비재하다.

개발 단계	핵심 자금 흐름	주요 자금 조달원	핵심 리스크 포인트
씨앗 (기획)	지출〉 수입 (100% 지출)	자기 자본, 브릿지론	인허가 실패 리스크
잉태 (본 PF)	거대 자금 유입 (수혈)	본 PF 대출	본 PF 조달 실패 리스크
성장 (분양)	지출 ↔ 수입 (교차)	분양 계약금/중도금	미분양 (시장) 리스크
탄생 (준공)	거대 자금 유입 (상환)	분양 잔금	준공 지연 및 상환 리스크
독립 (정산)	최종 이익 분배	미분양 물량 매각	최종 수익성 악화 리스크

2.3. 가상 사례: 5개의 계곡을 건넌 '프로젝트 테라'의 여정

1) 2023년, 시행사 '넥스트 어반'은 판교 인근의 마지막 남은 녹지 부지에 친환경 데이터센터를 짓는 '프로젝트 테라'를 시작했다.

- 첫 번째 계곡(씨앗 단계): '넥스트 어반'은 자기 자본 200억 원과 저축은행에서 빌린 1,000억 원의 브릿지론으로 부지 계약을 마쳤다.

친환경성을 고려한 데이터센터 | 카카오 [https://www.kakaocorp.com]

그러나 예상치 못한 환경단체의 반대로 인허가가 6개월이나 지연되었다. 매달 수십억 원의 이자가 타들어 가는 피 말리는 시간이었다.

- **두 번째 계곡**(잉태 단계): 가까스로 인허가를 받았지만, 그 사이 금리가 급등하며 금융시장이 얼어붙었다. 주간사 은행은 본 PF 약정을 차일피일 미뤘다. 브릿지론 만기가 한 달 앞으로 다가온 순간, 극적으로 대주단이 구성되어 8,000억 원의 본 PF가 조달되었다.
- **세 번째 계곡**(성장 단계): 공사가 순조롭게 진행되는 듯했으나, 글로벌 반도체 공급난으로 핵심 장비 수급에 차질이 생겼다. 동시에, 경쟁 데이터센터가 인근에 들어선다는 소식이 들리며 임차인을 구하는 데 어려움을 겪었다. 현금흐름은 최악으로 치달았다.
- **네 번째 계곡**(탄생 단계): '넥스트 어반'은 웃돈을 주고 장비를 공수해 겨우 약속된 날짜에 준공을 마쳤다. 그러나 일부 임차 기업의 사정으로 잔금 지급이 늦어지면서, PF 대출 상환일에 수백억 원이 부족한 아찔한 상황을 맞았다.
- **다섯 번째 계곡**(독립 단계): 결국 모든 임대가 완료되고 대출을 상환했지만, 최초 예상했던 개발이익의 절반에도 미치지 못했다. 인허가 지연으로 인한 추가 금융비용과 장비 수급을 위한 추가 지출이 수익을 모두 갉아먹은 것이다.

2) **결과 및 시사점**: '프로젝트 테라'는 성공적으로 완공되었지만, 그 과정은 살얼음판 같은 5개의 계곡을 건너는 여정이었다. 이는 부동산 개발이 단계별 리스크를 얼마나 잘 관리하느냐에 따라 그 성패와 수익률이 극명하게 달라지는지를 보여주는 생생한 증거이다.

3. AI가 개입하는 부동산 PF의 주요 영역 및 프로세스와 가상사례

3.1. AI, 프로젝트의 알파부터 오메가까지 지휘하는 마에스트로

인공지능(AI)이 부동산 PF의 성공 가능성을 높인다는 사실은 이제 명백하다. 그렇다면 AI는 구체적으로 프로젝트의 어느 단계에, 어떤 방식으로 개입하여 마법 같은 변화를 만들어내는 것인가?

AI는 단순히 특정 업무를 돕는 보조 연주자가 아니다. 프로젝트의 발굴이라는 서곡부터, 자산 운영이라는 피날레에 이르기까지 전 과정을 지휘하며 각 파트의 연주를 조율하고 최적의 하모니를 이끌어내는 마에스트로(Maestro)와 같은 역할을 수행한다.

이 절은 AI라는 지휘자가 부동산 PF라는 거대한 오케스트라를 어떻게 이끌어가는지에 대한 상세한 지휘 악보이다. 우리는 프로젝트의 전체 프로세스를 5개의 핵심 영역으로 나누어, 각 단계마다 AI가 어떤 혁신적인 역할을 수행하는지를 구체적으로 살펴볼 것이다. 가상의 프로젝트 사례는 이 모든 과정이 어떻게 유기적으로 연결되어 하나의 위대한 성공 신화를 완성하는지를 보여주는 생생한 공연 기록이 될 것이다.

3.2. AI가 재창조하는 PF 프로세스의 5단계

AI는 과거 인간의 경험과 직관이 지배하던 PF의 모든 영역에 침투하여, 객관성과 효율성, 그리고 예측 가능성을 불어넣는다.

- 인사이트 1: '기회 발굴' 단계 - 데이터의 바다에서 진주를 찾아내는 탐험가.

  모든 프로젝트의 시작은 '어디에, 무엇을 지을 것인가'를 결정하는 기회 발굴 단계에서 시작된다. 전통적으로 이 과정은 소수 전문가의 '감'에 의존했다.

그러나 AI는 위성사진, 유동인구, 카드 매출, 소셜 미디어 데이터 등 도시의 모든 데이터를 분석하여, 인간의 눈에는 보이지 않는 잠재력 높은 부지를 과학적으로 발굴한다. '과거'의 데이터가 아닌, '미래'의 성장 가능성을 보고 투자 대상을 결정하는, PF의 첫 단추를 완전히 새로운 방식으로 꿰는 것이다.

■ 인사이트 2: '사업 기획' 단계 - 수만 개의 미래를 시뮬레이션 하는 전략가.

유망한 부지를 찾았다면, 이제 사업 계획을 세워야 한다. AI는 가상공간에 디지털 트윈(Digital Twin)을 생성하여, 다양한 건축 설계, 용도, 분양가 시나리오를 수만 번 이상 시뮬레이션 한다.

'만약 용적률을 10% 높이고 상업시설 비중을 5% 늘리며 금리가 1% 상승할 경우, 최종 수익률과 리스크는 어떻게 변하는가?'를 미리 계산하여, 최적의 사업 구조를 찾아내는 것이다. 이는 주관적 낙관론이 가득했던 사업성 분석을 객관적 확률에 기반한 리스크 관리의 영역으로 바꾸는 핵심 과정이다.

■ 인사이트 3: '설계 및 건설' 단계 - 오차와 낭비를 제거하는 정밀한 현장 감독.

사업 계획이 확정되면 설계와 건설이 진행된다. AI는 건물의 에너지 효율, 일조량, 동선 등을 최적화하는 '생성형 설계(Generative Design)'를 통해 최고의 설계안을 제안한다.

이미지 생성형 AI로 디자인한 건물 AI [https://www.buildingsmart.or.kr]

건설 단계에서는 드론과 IoT 센서를 통해 공정 현황을 실시간으로 모니터링하고, AI가 이를 분석하여 공사 지연이나 안전사고 위험을 사전에 경고한다. 이는 고질적인 공기 지연과 예산 초과 문제를 해결하고, 건설 과정을 투명하고 정밀하게 통제하는 역할을 한다.

- 인사이드 4: '마케팅 및 자금 조달' 단계 - 잠재 고객과 투자자를 정확히 연결하는 중개자.

좋은 건물을 짓는 것만큼이나 중요한 것이 분양과 자금 조달이다. AI는 잠재 분양 고객의 온라인 행동 데이터를 분석하여, 가장 구매 가능성이 높은 사람들에게 맞춤형 광고를 전달하는 '초정밀 타겟 마케팅'을 수행한다.

또한, AI가 분석한 객관적인 사업성 데이터는 투자자들의 신뢰를 확보하여 자금 조달을 용이하게 한다. 나아가, STO(증권형 토큰) 발행을 통해 일반 대중도 쉽게 투자에 참여할 수 있는 길을 여는 것이다.

- 인사이트 5: '운영 및 관리' 단계 - 스스로 가치를 높이는 살아있는 건물을 만드는 창조자.

전통적인 건물의 가치는 완공 시점에 정점을 찍고 감가상각을 시작한다. 그러나 AI가 관리하는 스마트 빌딩은 스스로 학습하며 가치를 높여 나간다. 건물 내 에너지 사용량, 공간 활용도를 실시간으로 분석하여 운영 비용을 최적화하고, 주변 상권의 변화를 감지하여 임대 구성을 바꾸는 등 끊임없이 자산 가치를 극대화한다.

AI는 PF 프로젝트의 목표를 '성공적인 완공'에서 '지속 가능한 자산 가치 상승'으로 바꾸어 놓는 것이다.

프로세스 단계	전통적 방식 (인간 중심)	AI 기반 방식 (데이터 중심)
기회 발굴	전문가의 직관, 제한된 과거 데이터	도시 빅데이터 분석을 통한 잠재 부지 발굴
사업 기획	고정된 변수를 사용한 정적인 사업성 분석	디지털 트윈 기반의 동적 시뮬레이션 및 리스크 분석
설계/건설	경험에 기반한 설계, 수동적인 현장 관리	생성형 설계를 통한 최적화, 드론/IoT 기반 실시간 모니터링
마케팅/자금조달	무차별적 광고, 기관 중심의 자금 조달	잠재 고객 데이터 분석 기반 초정밀 마케팅, STO를 통한 대중 참여
운영/관리	문제 발생 후 대응하는 사후 관리, 감가상각	실시간 데이터 분석을 통한 운영 최적화, 지속적 자산 가치 상승

3.3. 가상 사례: AI 지휘자 '오라클'이 빚어낸 걸작, '프로젝트 헤리티지'

대전에 남은 근대 건축유산은…26일 '헤리티지 오픈하우스'
[https://www.yna.co.kr]

1) 2026년, 개발사 '아키데이터'는 서울의 한복판에 위치한 낡은 근대문화유산 건물과 그 주변 부지를 재개발하는 '프로젝트 헤리티지'에 착수했다. 복잡한 규제와 사업성 불투명으로 모두가 기피하던 프로젝트였다. '아키데이터'의 비밀 무기는 AI 지휘자 '오라클'이었다.

서곡(기회 발굴): '오라클'은 주변 유동인구, SNS 키워드, 관광객 동선 데이터를 분석하여, 이 지역이 역사적 가치와 트렌디한 문화를 동시에 소비하려는 '뉴트로(New-tro)' 성향의 20~30대에게 강력한 잠재력을 가지고 있음을 발견했다.

- 제1악장(사업 기획): '오라클'은 문화재 건물을 보존하면서 현대적인 건물을 증축하는 수백 가지 시나리오를 디지털 트윈으로 시뮬레이션 했다. 그 결과, 전통 한옥의 중정구조를 현대적으로 재해석한 설계가 가장 높은 수익성과 문화적 가치를 동시에 확보할 수 있다는 결론을 도출했다.
- 제2악장(설계 및 건설): '오라클'은 문화재의 손상을 최소화하면서 신축 건물의 구조적 안정성을 확보할 수 있는 최적의 시공 순서와 공법을 제안했다. 건설 현장의 드론은 매일 3D 스캔 데이터를 '오라클'에게 전송했고, '오라클'은 계획과의 미세한 오차까지 감지하여 현장에 즉시 피드백했다.
- 제3악장(마케팅 및 자금 조달): '오라클'은 '뉴트로', '건축', '역사' 등의 키워드에 관심을 보인 잠재 고객들을 정확히 타겟팅하여 SNS 광고를 집행했고, 이는 높은 초기 임대 계약률로 이어졌다. 이 객관적인 데이터는 금융기관의 신뢰를 얻어 순조로운 자금 조달을 가능하게 했다.

2) **결과:** 피날레(운영 및 관리) 완공 후, '프로젝트 헤리티지'는 서울에서 가장 인기 있는 복합문화공간이 되었다. '오라클'은 방문객 데이터를 분석하여 시간대별로 가장 적합한 배경음악과 조명을 조절하고, 가장 시너지가 높은 팝업 스토어를 유치하며 공간의 매력을 끊임없이 높여 나가고 있다.

3) **시사점:** 결국 AI 지휘자 '오라클'은 모두가 불가능하다고 생각했던 프로젝트의 모든 과정을 완벽하게 조율하여, 과거와 미래가 공존하는 위대한 걸작을 탄생시킨 것이다. 이는 AI가 PF 프로세스 전반을 어떻게 혁신하는지를 보여주는 가장 명백한 증거이다.

4. 전통적 부동산 금융과 AI 활용 금융의 비교 분석과 가상 사례

4.1. 돌 깨는 석공에서 유전자 조작 과학자로의 진화

돈의 흐름, 즉 금융은 부동산이라는 거대한 유기체의 생명을 유지하는 혈액이다. 오랫동안 이 혈액을 공급하는 방식은 마치 돌을 깨어 조각상을 만드는 석공의 일과 같았다. 은행이라는 거대한 기관이, 대출 신청자의 과거 신용 기록과 담보물의 현재 가치라는 단단한 돌덩이를 정과 망치로 두드려 대출 가능 여부를 결정하는 방식이었다. 그러나 이제 AI는 석공의 망치를 유전자 지도로 바꾸어 놓았다.

이 절은 AI가 어떻게 부동산 금융의 DNA 자체를 바꾸고 있는지에 대한 정밀한 비교 분석서이다. 우리는 전통적 금융과 AI 활용 금융이 의사결정, 리스크 평가, 투자 방식 등 모든 면에서 어떻게 근본적으로 다른지를 5가지 인사이트를 통해 해부할 것이다. 가상의 사례는 똑같은 프로젝트를 두고 구시대의 석공과 신시대의 과학자가 어떻게 전혀 다른 결론에 도달하는지를 보여줌으로써, 이 거대한 진화의 의미를 독자들의 뇌리에 깊이 각인 시킬 것이다.

4.2. 금융의 법칙을 새로 쓰는 5가지 패러다임 전환

AI 활용 금융은 단순히 전통적 방식의 효율성을 높이는 수준을 넘어, 금융의 기본 철학과 규칙 자체를 재정의한다.

- **인사이트 1: '과거의 신용 기록'을 심사하는가, '미래의 성공 확률'을 계산하는가?**

  전통적 금융의 핵심은 '과거'에 있다. 대출 신청자의 과거 상환 이력, 현재의 소득, 보유 자산 등 과거와 현재의 데이터를 기반으로 미래의 상환 능력을 '추정'한다.

  반면 AI 금융의 핵심은 '미래'에 있다. AI는 프로젝트 자체의 미래 현금흐름, 주변 상권의 성장 가능성, 잠재 수요층의 변화 등 수많은 변수를 시뮬레이션 하여, 대출이 부실화될 확률 자체를 '계산'해낸다. 이는 신용 평가의 패러다임이 '과거 행위에 대한 심판'에서 '미래 가능성에 대한 예측'으로 전환되는 것을 의미한다.

- **인사이트 2: '인간관계와 서류'에 의존하는가, '투명한 데이터 플랫폼'에 기반하는가?**

  전통적 금융에서 대출 승인은 담당 심사역의 주관적 판단과 복잡한 서류 더미에 크게 좌우되었다. 때로는 대출 신청자와의 비공식적인 관계가 영향을 미치기도 했다. 이는 정보의 비대칭성과 불투명성을 낳았다. 그러나 AI 금융은 모든 것을 코드와 데이터로 말한다.

AI 기반 플랫폼은 프로젝트의 모든 데이터를 실시간으로 투명하게 공개하고, 객관적인 알고리즘에 따라 대출 한도와 금리를 결정한다. 이는 금융을 '관계의 영역'에서 '객관적 데이터의 영역'으로 이동시키는 혁신이다.

- 인사이트 3: '정적인 담보 가치'를 평가하는가, '동적인 실시간 가치'를 추적하는가?

전통적 금융은 대출 시점에 감정평가사가 평가한 담보물의 가치를 대출 만기까지 거의 고정된 값으로 간주한다. 시장이 변해도 그 가치를 실시간으로 반영하기 어렵다. 반면 AI 금융은 자동가치평가모델(AVM)을 통해 담보물의 가치를 매일, 매시간 '동적으로 추적'한다. 주변 실거래가, 임대료 변동, 공실률 등 시장의 모든 변화를 즉각 반영하여 자산 가치를 재선정하는 것이다. 이는 리스크 관리를 '일회성 평가'에서 '상시 모니터링' 체계로 바꾸어 놓는다.

- 인사이트 4: '획일적인 금융 상품'을 제공하는가, '맞춤형 금융 솔루션'을 설계하는가?

전통적 금융기관은 소수의 표준화된 대출 상품을 모든 프로젝트에 거의 동일하게 적용한다. 그러나 세상에 똑같은 프로젝트는 단 하나도 없다. AI 금융은 각 프로젝트의 고유한 특성과 리스크 구조를 분석하여, 그에 가장 최적화된 '맞춤형 금융 솔루션'을 설계한다. 예를 들어, 초기 분양률이 높을 것으로 예측되는 프로젝트에는 낮은 초기 이자를 적용하고, 공사 기간이 길어질 리스크가 있는 프로젝트에는 그에 맞는 옵션을 포함하는 등, 프로젝트의 DNA에 맞는 금융 상품을 제공하는 것이다.

■ 인사이트 5: '소수의 독점적 투자'를 지향하는가, '다수의 참여적 투자'를 지향하는가?

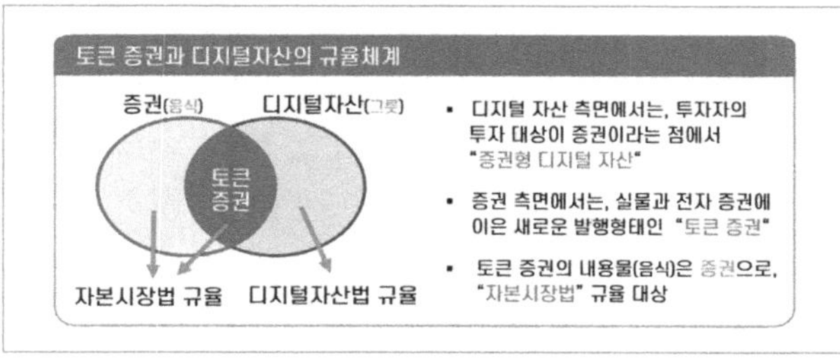

내 디지털자산은 과연 토큰 증권인가? [https://www.nepla.net/post]

부동산 금융은 전통적으로 은행, 보험사 등 거대 금융기관들의 독점적인 리그였다. 거대한 자본과 정보력이 없으면 참여 자체가 불가능했다. 그러나 AI 금융은 STO(증권형 토큰) 기술과 결합하여 이 장벽을 허문다. AI가 프로젝트의 가치와 리스크를 투명하게 분석하여 공개하면, 일반 대중도 그 정보를 믿고 소액으로 투자에 참여할 수 있게 된다.

이는 금융의 패러다임을 소수가 이익을 독점하는 구조에서 다수가 이익을 공유하는 '참여 금융'의 시대로 전환시키는 것이다.

구분	전통적 부동산 금융	AI 활용 부동산 금융
평가 대상	대출자의 과거 신용 기록	프로젝트의 미래 성공 확률
의사결정 기반	담당자의 주관적 판단, 인간관계와 서류	알고리즘의 객관적 분석, 투명한 데이터 플랫폼
가치 평가	대출 시점의 정적인 담보 가치	시장 변화를 반영하는 동적인 실시간 가치
상품 형태	모든 프로젝트에 적용되는 획일적 상품	프로젝트별 특성에 맞춘 맞춤형 솔루션
투자의 성격	소수 기관 투자자의 독점적 리그	다수 대중이 참여하는 민주적 투자

4.3. 가상 사례: 같은 땅, 두 은행원의 엇갈린 보고서

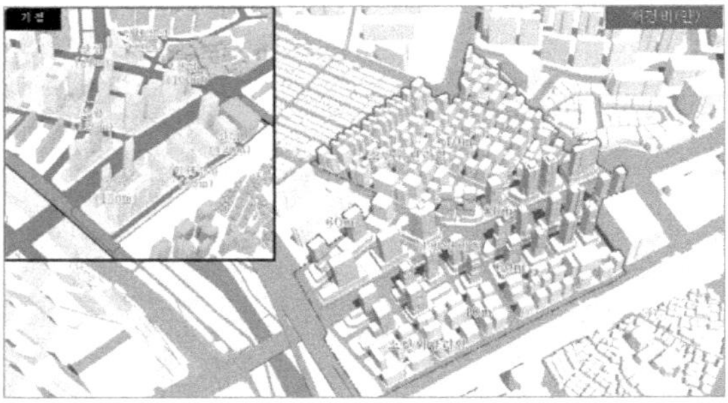

낙후된 도심산업공간 '문래동 1~3가' 확 바뀐다 [https://www.edaily.co.kr]

1) 2027년, 서울의 한 낙후된 문래동 철공소 골목 재개발 프로젝트가 금융권에 제안되었다. 이 프로젝트를 두고 전통적인 '대한은행'의 베테랑 심사역 김 부장과, AI 기반의 신생 '넥서스뱅크'의 데이터 분석가 이 대리가 각각 심사 보고서를 작성했다.

2) 김 부장의 보고서(전통적 금융): 그는 먼저 시행사의 과거 실적과 재무제표를 검토했다. 신생 시행사라 과거 실적이 부족한 점이 마음에 걸렸다. 다음으로, 감정평가사를 통해 해당 부지의 현재 토지 가치를 평가했다. 주변이 노후하여 평가액이 높지 않았다. 그는 보고서에 이렇게 썼다. "시행사의 신용도가 낮고, 담보 가치가 사업비에 비해 부족하여 대출 실행은 부적합함. 리스크 과다." 그의 결정은 과거의 데이터와 현재의 가치에 기반한 합리적인 것이었다.

3) 이 대리의 보고서(AI 활용 금융): 이 대리는 AI 분석 시스템 '노바(NOVA)'를 가동했다. '노바'는 먼저 시행사의 신용도 대신, 프로젝트의 미래 성공 확률을 계산했다. '노바'는 소셜 미디어와 카드 매출

데이터를 분석하여, 최근 2년간 문래동에 20~30대 예술가와 F&B 창업자 유입이 300% 증가했음을 확인했다. '노바'는 이 추세에 기반하여, 재개발이 완료될 경우 5년 내 주변 임대료가 150% 상승할 확률이 88%라고 예측했다.

또한 '노바'는 해당 프로젝트의 리스크를 분석하여, 가장 큰 위험이 '초기 임차인 유치 실패'라고 진단하고, 이를 해결하기 위해 '선임대 계약 50% 달성 시 금리를 0.5% 인하'하는 맞춤형 금융 상품을 설계했다. 그녀는 보고서에 이렇게 썼다. "과거 데이터는 열악하나, 미래 성장 잠재력 매우 높음. AI 기반의 맞춤형 금융 설계를 통해 리스크 통제 가능. 대출 '조건부' 승인."

4) **결과 및 시사점:** 1년 후, '넥서스뱅크'는 이 프로젝트에 대출을 실행했다. 예측대로 문래동은 '힙스터의 성지'로 떠올랐고, 프로젝트는 대성공을 거두었다. 김 부장은 자신이 놓친 기회를 아쉬워했고, 이 대리는 데이터 속에서 미래를 본 과학자가 되었다. 이는 금융의 패러다임이 이미 변했으며, 미래를 읽는 자가 시장의 승자가 됨을 보여주는 명백한 증거이다.

5. 부동산 PF 생태계에서 AI 기술의 위치와 중요성

AI는 부동산 프로젝트 파이낸싱(PF) 생태계에서 단순히 하나의 참여자가 아니라, 모든 참여자를 연결하고 데이터의 흐름을 조율하며 의사결정을 최적화하는 중추적인 운영체제(Operating System) 역할을 수행한다.

AI는 과거 인간의 경험과 단절된 정보에 의존하던 각 영역을 유기적으로 통합하여, 전체 생태계의 지능과 효율성을 극대화하는 것이다.

5.1. AI가 생태계의 판도를 바꾸는 5가지 방식

AI는 부동산 PF 생태계의 가장 취약한 고리들을 강화하고, 새로운 가치 사슬을 창조하며 그 중심에 자리 잡고 있다.

- **인사이트1: AI는 분산된 정보를 통합하는 '중추 신경망'이다.**

  기존 PF 생태계에서 시행사, 시공사, 금융사, 설계사 등은 각자 필요한 정보만 보유한 채 단절된 섬처럼 존재했다. AI는 이 모든 정보를 하나의 플랫폼으로 모으고, 실시간으로 분석하여 의미 있는 인사이트를 추출하는 '중추 신경망(Central Nervous System)'의 역할을 한다.

  설계 도면의 변경이 즉시 공사비와 사업 수익성에 미치는 영향을 계산하여 모든 이해관계자에게 전달하는 식이다. 이는 정보의 비대칭성을 해소하고, 생태계 전체가 하나의 유기체처럼 움직이게 만드는 기반이 된다.

- **인사이트2: AI는 최적의 해답을 찾는 '마스터 아키텍트'이다.**

  부동산 개발은 수많은 변수 속에서 최적의 균형점을 찾아야 하는 복잡한 퍼즐과 같다. AI는 수백만 가지의 설계, 예산, 공정 시나리오를 시뮬레이션하여 인간이 생각하지 못했던 최적의 조합을 찾아내는 '마스터 아키텍트(Master Architect)'의 역할을 수행한다.

  건물의 배치와 디자인이 어떻게 에너지 효율과 미래 임대수익에 영향을 미치는지, 어떤 자재를 사용해야 원가와 시공 품질을 동시에 만족시킬 수 있는지를 과학적으로 증명하여 제안하는 것이다.

- **인사이트3: AI는 미래의 위험을 예고하는 '리스크 기상대'이다.**

  과거 PF 생태계의 가장 큰 약점은 예측 불가능한 리스크에 대한 취약성이었다. AI는 과거의 수많은 PF 실패 사례와 거시 경제 데이터, 정책 변화 등을 학습하여 미래에 발생 가능한 리스크를 확률적으로 예측하는 '리스크 기상대(Risk Barometer)'가 된다. 예를 들어, '현재의 원자재 가격 상승 추세가 지속될 경우, 6개월 후 본 프로젝트의 예산 초과 확률은 78%' 와 같이 구체적인 수치로 위험을 경고하여, 사전에 대비할 수 있도록 돕는다.

■ 인사이트4: AI는 서로 다른 언어를 번역하는 '만능 통역가'이다.

시행사는 '개발이익'이라는 언어로, 시공사는 '공사비와 공기'라는 언어로, 금융사는 '담보와 이자'라는 언어로 소통한다. 이처럼 서로 다른 이해관계는 종종 갈등의 원인이 된다.

AI는 모든 것을 '데이터'와 '예상 수익률'이라는 공통의 언어로 번역하여 소통의 기준을 제시하는 '만능 통역가(Universal Translator)' 역할을 한다. 특정 설계 변경이 시공사의 원가와 금융사의 리스크, 그리고 시행사의 최종 수익에 미치는 영향을 객관적인 숫자로 보여줌으로써, 감정적인 대립이 아닌 합리적인 의사결정을 유도한다.

■ 인사이트5: AI는 자산의 가치를 키우는 '성장 엔진'이다.

전통적인 PF 생태계의 목표는 건물을 성공적으로 완공하는 것에서 끝났다. 그러나 AI는 완공 이후에도 건물의 가치를 끊임없이 키워나가는 '성장 엔진(Growth Engine)'의 역할을 맡는다. 건물의 운영 데이터를 분석하여 유지보수 비용을 절감하고, 주변 상권의 변화에 맞춰 최적의 임차인 조합을 추천하며, 미래의 리모델링 시점과 그에 따른 가치 상승분까지 예측한다. 이는 PF의 개념을 '단기 개발 사업'에서 '장기 자산 육성 사업'으로 확장시키는 것이다.

생태계 영역	전통적 방식 (단절과 불신)	AI 기반 방식 (연결과 신뢰)
정보 흐름	각 주체가 정보를 독점하는 사일로(Silo)	AI 플랫폼이 정보를 통합하는 중추 신경망
기획/설계	소수 전문가의 경험에 의존하는 아날로그 설계	AI가 최적의 대안을 찾는 마스터 아키텍트
리스크 관리	문제 발생 후 대응하는 주관적 위기관리	AI가 미래 위험을 예측하는 리스크 기상대
이해관계	서로 다른 입장에서 충돌하는 동상이몽	데이터라는 공통 언어로 소통하는 만능 통역가
가치 창출	준공 시점에 완성되는 일회성 개발이익	AI가 자산 가치를 키우는 지속 성장 엔진

5.2. 가상 사례: AI 운영체제 '코어'가 탄생시킨 도시, '프로젝트 센티언트'

1) 2030년, 한 컨소시엄은 서울의 노후화된 세운상가 일대를 재개발하는 복합 프로젝트, '프로젝트 센티언트(Project Sentient)'를 시작했다. 이 프로젝트의 진정한 시행사는 인간이 아닌, 모든 것을 관장하는 AI 운영체제 '코어(CORE)'였다.

2) **'코어'는 생태계의 뇌였다.** 설계사, 건설사, 금융사, 구청, 미래 입주민 그룹 등 모든 참여자는 '코어'의 플랫폼에 연결되었다. 설계사가

세운상가 일대 '도시재생'으로 재탄생된다 [https://www.ancnews.kr]

디자인을 변경하자, '코어'는 즉시 변경된 설계가 공사비와 일조권, 예상 분양가에 미치는 영향을 분석해 모든 참여자에게 알렸다.(인사이트 1: 중추 신경망)

3) **'코어'는 최고의 전략가였다.** 초기 기획 단계에서, '코어'는 주변 유동 인구와 미래 기술 트렌드를 분석하여, 단순한 주상복합이 아닌 '도심형 스마트 제조 및 R&D 허브'라는 컨셉을 제안했다. 이는 사업의 가치를 150% 이상 상승시키는 신의 한 수가 되었다.(인사이트 2: 마스터 아키텍트)

4) **'코어'는 가장 유능한 위기 관리자였다.** 공사 중, '코어'는 글로벌 공급망 데이터를 분석하여 특정 자재의 수급 불안정 가능성을 3개월 전에 예측하고 대체 공급처를 미리 확보하도록 경고했다. 이 덕분에 프로젝트는 단 하루의 공기 지연도 없었다.(인사이트 3: 리스크 기상대)

5) **'코어'는 완벽한 중재자였다.** 시공사가 공법 변경을 제안하자, '코어'는 그로 인해 절감되는 비용과 증가하는 리스크, 그리고 최종 수익 배분에 미치는 영향을 객관적인 데이터로 모든 참여자에게 제시했다. 감정 섞인 회의는 사라졌고, 모든 것은 데이터에 기반해 결정되었다.(인사이트 4: 만능 통역가)

6) **결과 및 시사점:** 완공 후 '센티언트 블록'은 살아있는 도시가 되었다. '코어'는 입주 기업들의 전력 사용 패턴을 분석해 에너지 비용을 30% 절감했고, 방문객들의 동선을 분석해 가장 효율적인 상가 배치를 완성했다. '코어'는 지금도 도시를 학습하며 그 가치를 매일 키워나가고 있다.(인사이트 5: 성장 엔진) 결국 AI '코어'는 단순히 프로젝트의 일부를 도운 것이 아니라, PF 생태계 그 자체를 하나의 지능적

인 유기체로 만들어, 누구도 상상하지 못했던 성공을 창조한 것이다. 이는 AI가 PF 생태계의 미래에서 차지할 위치와 중요성을 명백히 보여준다.

제5장

데이터 기반 투자 기회 발굴 전략

1. 공공데이터와 민간데이터를 활용한 부동산 투자자 발굴과 가상사례

1.1. 허공에 외치는 시대에서, 꼭 한 사람에게 속삭이는 시대로

과거 부동산 투자를 유치하는 과정은 마치 안개 낀 항구에서 불특정 다수를 향해 고래고래 외치는 것과 같았다. 신문 광고를 내고, 홍보 전단을 뿌리고, 설명회를 열어도 정작 누가 우리의 진짜 투자자인지는 알 수 없었다. 그러나 이제 AI와 빅데이터는 우리에게 안개를 걷어내는 등대와, 목표물을 정확히 식별하는 레이더를 동시에 안겨주었다.

이 절은 AI가 어떻게 공공과 민간에 흩어져 있는 데이터의 파편들을 모아, 숨어있는 잠재 투자자의 얼굴을 선명하게 그려내는지에 대한 탐사 보고서이다. 우리는 5가지 인사이트를 통해 데이터가 어떻게 잠재 고객을 발굴하고, 설득하며, 최종 투자까지 이끌어내는지를 단계별로 추적할 것이다. 가상의 사례는 이 모든 과정이 결합되었을 때 얼마나 폭발적인 성과를 낼 수 있는지를 증명하는 실험이 될 것이다.

1.2. 잠재 투자자를 찾아내는 데이터의 5단계 연금술

데이터를 활용한 투자자 발굴은 단순히 정보를 수집하는 것을 넘어, 데이터를 통해 가치를 창조하는 연금술의 과정과 같다.

https://www.outsourcing.co.kr

■ 인사이트 1: 공공데이터로 '부의 지도'를 그리다.

모든 분석의 시작은 누구나 접근할 수 있는 공공데이터에서 출발한다. 국토교통부의 부동산 실거래가 자료, 통계청의 소득 및 자산 통계, 법원 등기정보, 기업 공시 자료 등이 그것이다.

AI는 이 데이터를 결합하여 대한민국 전체에 '부의 지도'를 그린다. 예를 들어, '최근 3년간 강남구의 50억 이상 상업용 빌딩을 매입한 법인의 등기 임원', 혹은 '판교 테크노밸리에서 스톡옵션으로 고액의 자산을 형성한 40대 임원'과 같은 거시적인 잠재 투자자 그룹을 식별해내는 것이다. 이는 수많은 모래알 속에서 일단 '금가루'가 섞여 있을 만한 지역을 찾아내는 것과 같다.

■ 인사이트 2: 민간데이터로 투자자의 '라이프스타일 DNA'를 스케치하다.

거시적인 그룹을 찾았다면, 이제 그들의 구체적인 모습, 즉 라이프스타일을 알아야 한다. 여기서 비식별화된 민간데이터가 활용된다. 신용카드사의 소비 데이터, 통신사의 유동인구 데이터, SNS의 관심사 데이터, 포털의 검색어 데이터 등이 그것이다.

AI는 이 데이터를 분석하여 '해당 그룹은 골프, 고급 외제차, 해외 아트페어에 대한 관심도가 높고, 주로 청담동의 특정 레스토랑에서 소비하며, 경제 전문 유튜브 채널을 구독한다'는 식의 구체적인 '라이프스타일 DNA'를 스케치한다.

데이터 구분	공공데이터	민간데이터
주요 데이터 종류	부동산 실거래가, 소득/자산 통계, 법인 등기부	카드 소비 내역, 이동통신 데이터, SNS/검색어
알 수 있는 정보	자산 규모, 거주/사업 지역, 연령대 등 객관적/정량적 정보	관심사, 취미, 소비 패턴, 선호 브랜드 등 주관적/정성적 정보
핵심 활용 및 역할	잠재 투자자 그룹의 거시적 식별 (지도 그리기)	그룹 내 개인의 라이프스타일 구체화 (얼굴 그리기)

■ 인사이트 3: 데이터 융합을 통해 '초개인화된 투자자 페르소나'를 창조하다.

AI의 진짜 힘은 공공과 민간 데이터를 융합하는 데서 나온다. AI는 앞서 분석한 두 종류의 데이터를 결합하여, 매우 구체적이고 살아 있는 '투자자 페르소나(Persona)'를 창조한다.

예를 들어, "판교에 거주하는 40대 후반의 IT 기업 임원으로, 최근 100억 원 이상의 스톡옵션을 현금화했으며(공공), 주말에는 경기도의 특정 골프장을 방문하고, 전기차 및 ESG 관련 포럼의 회원이며,

Persona 이미지 [https://kr.freepik.com]

자녀 교육을 위해 국제학교 정보를 검색(민간)하는 사람" 과 같은 식이다. 이제 마케팅의 목표는 불특정 다수가 아닌, 바로 이 페르소나를 가진 단 한 사람이 된다.

■ 인사이트 4: 예측 모델링으로 페르소나에 부합하는 '미래의 투자자'를 찾아내다.

페르소나가 완성되면, AI는 이미 확보된 소수의 고객 데이터를 기반으로 머신 러닝을 수행한다. 그리고 수백만 명의 익명 데이터 속에서 완성된 페르소나와 행동 패턴이 90% 이상 일치하는 '닮은꼴(Look-alike)' 그룹을 찾아낸다.

이는 이미 검증된 소수의 투자자를 통해, 아직 드러나지 않은 수백, 수천 명의 미래 투자자를 예측하고 발굴해내는 과정이다. 점쟁이의 예언이 아닌, 데이터 기반의 과학적인 예측인 것이다.

■ 인사이트 5: 페르소나의 언어로 '맞춤형 메시지'를 전달하여 마음을 움직이다.

마지막 단계는 발굴한 잠재 투자자 그룹에게 가장 효과적인 메시지를 전달하는 것이다. AI는 페르소나의 관심사와 주로 이용하는 미디어 채널을 정확히 알고 있다.

따라서 앞서 정의된 페르소나에게는 대중적인 신문 광고 대신, 그가 구독하는 경제 유튜브 채널이나 가입한 온라인 포럼에 '자녀의 미래를 위한 지속가능한 ESG 빌딩 투자'와 같은 맞춤형 메시지를 전달한다. 이는 허공에 외치는 것이 아니라, 그의 귀에 직접 속삭이는 것과 같은 효과를 내며 투자 전환율을 극적으로 높이게 된다.

1.3. 가상 사례: AI '셜록'이 찾아낸 단 한 명의 투자자, '프로젝트 루트'를 구하다

1) **2026년, 한 스타트 업이 서울 마곡지구에 '도심형 스마트팜 빌딩'을 짓는 '프로젝트 루트(Project ROOT)'를 기획했다.** 이는 단순한 건물이 아니라, 도시 안에서 친환경 채소를 재배하고 판매하며, 관련 R&D까지 수행하는 혁신적인 사업 모델이었다. 그러나 대부분의 전통적인 자산가들은 이 생소한 모델의 사업성을 이해하지 못해 투자 유치에 난항을 겪었다.

하이트진로, 도시형 스마트팜 스타트업 '그린'과 지분 투자 계약
[https://www.donga.com/news]

2) **프로젝트팀은 AI 데이터 분석 솔루션 '셜록'을 도입했다.**

- **1단계(지도 그리기):** '셜록'은 공공데이터를 분석하여, 최근 5년간 바이오 및 농업 관련 국책 R&D 과제를 수주했거나, 관련 특허를 출원한 수도권의 중견기업 CEO 리스트를 작성했다.
- **2단계(얼굴 그리기):** '셜록'은 비 식별 민간데이터를 통해, 이 CEO 리스트 중 상당수가 친환경 식품 배송 서비스를 정기 구독하고, 주말에는 농촌 체험 프로그램에 참여하며, ESG 경영 관련 포럼에 자주 접속한다는 사실을 파악했다.
- **3단계(페르소나 창조):** 이 정보를 바탕으로 '셜록'은 "기술의 가치를 이해하는 친환경 경영자"라는 명확한 투자자 페르소나를 정의했다.
- **4단계(미래 투자자 발굴):** '셜록'은 이 페르소나와 95% 이상 일치하는 행동 패턴을 보이는 잠재 투자자 50명을 추가로 발굴해냈다.
- **5단계(마음 움직이기):** 프로젝트팀은 이 50명에게만 집중했다. 그들이 주로 보는 기술 전문 매체에 '미래의 식량 위기를 해결할 도심 농업 기술에 투자하십시오'라는 제목의 심층 기고문을 게재했다.

3) **결과는 놀라웠다.** 리스트에 있던 한 중견 바이오기업의 회장이 기고문을 보고 직접 연락을 해왔다. 그는 '프로젝트 루트'의 기술적, 사회적 가치를 한눈에 알아보았고, 프로젝트에 필요한 자금 전액을 투자하기로 결정했다.

4) **시사점:** 결국 AI '셜록'은 수많은 사람들에게 거절당하던 프로젝트의 진정한 가치를 알아볼 단 한 명의 투자자를, 데이터의 바다 속에서 정확히 찾아낸 것이다. 이는 데이터 기반의 투자자 발굴이 단순한 마케팅 기법을 넘어, 프로젝트의 운명 자체를 바꿀 수 있는 강력한 무기임을 증명한다.

2. AI 기반 부동산 가치 평가 시스템 구축과 가상사례

2.1. 장인의 눈대중에서, 슈퍼컴퓨터의 현미경으로

한 평생 한 동네의 부동산만 중개해 온 베테랑 공인중개사는 그 동네 집값의 '감'을 가지고 있다. 그는 햇빛의 방향, 시장의 분위기, 집주인의 표정까지 읽어내며 가치를 어림한다. 이것은 존중 받아 마땅한 '장인의 예술'이다.

그러나 만약 수십 년간 대한민국에서 거래된 모든 부동산의 정보, 모든 지하철 노선의 계획, 모든 상권의 매출 변화를 전부 암기하고 있는 슈퍼컴퓨터가 있다면 어떨까?

이 절은 부동산 가치 평가가 어떻게 인간의 주관적인 예술 영역에서 데이터 기반의 정밀 과학 영역으로 진화하고 있는지에 대한 탐구이다. 우리는 AI 가치 평가 시스템, 즉 자동가치평가모델(AVM: Automated Valuation Model)이 어떤 재료로, 어떤 과정을 거쳐 만들어지는지를 5가지 인사이트를 통해 해부할 것이다. 가상의 시스템 개발 사례는 이 위대한 지적 건축물이 어떻게 세워지는지를 보여주는 생생한 설계도가 될 것이다.

AVM: Automated Valuation Model [https://www.linkedin.com]

2.2. 미래 가치를 계산하는 AI의 5단계 방정식

AI 가치 평가 시스템은 단순히 몇 가지 정보를 입력해 결과를 얻는 자판기가 아니다. 끊임없이 학습하고 진화하는 지능적인 유기체이다.

■ 인사이트 1: 도시의 모든 것을 먹어 치우는 데이터 대식가 - 원재료 수집.

모든 시스템 구축의 첫걸음은 '데이터'라는 원재료를 모으는 것이다. AI는 가치를 평가하기 위해 도시의 모든 정보를 말 그대로 먹어 치운다. 아파트 실거래가, 토지 공시지가와 같은 정형 데이터는 기본이다. 여기에 더해, 위성사진에서 추출한 녹지 비율, SNS에서 언급되는 지역의 평판, 통신사의 유동인구 데이터, 카드사의 상권 매출 데이터와 같은 비정형 데이터까지 수집한다. 인간의 머리로는 도저히 처리할 수 없는 수억, 수십억 개의 데이터를 흡수하는 것이 AI 가치 평가의 출발점이다.

■ 인사이트 2: 의미 없는 숫자에 생명을 불어넣는 과정 - 특징 공학 (Feature Engineering).

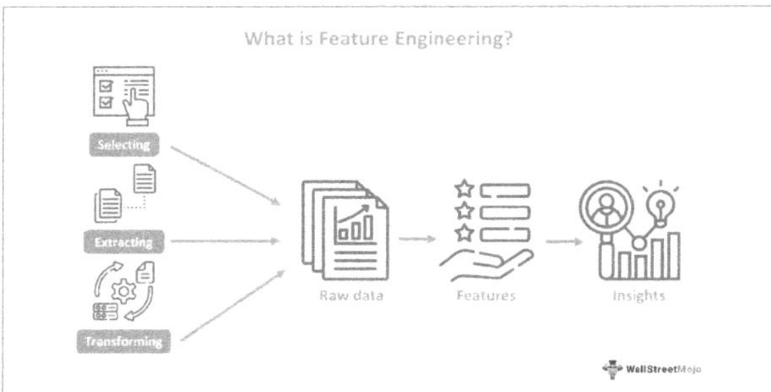

Feature Engineering in Machine Learning - What is it
[https://www.wallstreetmojo.com]

단순히 데이터를 모으는 것만으로는 부족하다. AI가 이해할 수 있는 의미 있는 '특징(Feature)'으로 가공해야 한다. 예를 들어, '서울특별시 강남구 역삼동 123-45'라는 주소 데이터는 그 자체로는 의미가 없다.

그러나 '가장 가까운 지하철역까지의 거리: 350m', '반경 500m 내 스타벅스 개수: 4개', '인접 초등학교까지의 도보 시간: 7분' 과 같이 가공하면 비로소 가치에 영향을 미치는 핵심 '특징'이 된다. 이 과정은 원석을 다듬어 보석으로 만드는 것처럼, 데이터에 생명을 불어넣는 핵심적인 단계이다.

- 인사이트 3: 데이터 속에서 가격의 공식을 찾아내는 두뇌 - 머신 러닝 알고리즘.

수많은 '특징'들이 준비되면, 이제 AI의 두뇌 역할을 하는 머신 러닝 알고리즘을 훈련시킬 차례이다. 과거의 수많은 거래 데이터를 '문제지(특징)'와 '정답지(실제 거래 가격)' 삼아 AI에게 학습시킨다.

AI는 이 과정에서 '지하철역과의 거리가 100m 가까워지면 가격은 평균 5% 상승한다', '한강 조망 가능 여부는 다른 모든 조건이 같을 때 가격에 2억 원의 프리미엄을 부여한다'와 같은 복잡한 규칙과 패턴, 즉 '가격 결정 공식'을 스스로 찾아낸다.

- 인사이트 4: 어제의 정답에 안주하지 않는 영원한 학생 - 실시간 학습과 강화.

한 번 평가하고 끝나는 인간 감정평가사와 AI의 가장 큰 차이점은 AI가 '영원히 학습한다'는 것이다. 매일 새롭게 등록되는 실거래가 정보, 새로 발표되는 도시 개발 계획, 변화하는 상권 데이터를 실시간으로 학습하며 자신의 '가격 결정 공식'을 계속해서 업데이트한다. 또한, 자신이 예측한 가격과 실제 거래된 가격의 차이(오차)를 분석하고, 왜 틀렸는지를 스스로 복기하며 점점 더 정교해 진다. AI에게 가치 평가는 끝이 없는 학습의 과정인 것이다.

- 인사이트 5: '10억 원'이 아닌, '9억 8천만 원에서 10억 3천만 원 사이일 확률 95%' - 확률적 가치 제시.

고도로 발전한 AI 가치 평가 시스템은 단순히 '이 집은 10억 원이다' 라고 단정적으로 말하지 않는다. 대신 확률적인 가치를 제시한다. "현재 시장 데이터를 종합했을 때, 이 부동산의 가치는 9억 8천만 원에서 10억 3천만 원 사이일 확률이 95%입니다." 라고 말하는 식이다.

더 나아가, "만약 2년 후 인근에 대기업 사옥이 들어설 경우, 가치는 15% 추가 상승할 것으로 예측됩니다." 와 같이 미래의 특정 이벤트가 가치에 미칠 영향까지 시뮬레이션 하여 보여준다. 이는 단순한 가격 제시를 넘어, 투자 리스크 관리의 영역까지 포함하는 것이다.

구분	전통적 감정평가	AI 기반 가치 평가 (AVM)
데이터 범위	소수의 유사 거래 사례, 지역 정보	도시 전체의 빅데이터 (정형+비정형)
평가 방식	평가사의 주관적 경험과 판단	데이터 패턴에 기반한 객관적 알고리즘
속도 및 비용	수일 소요, 고비용	수초 내외, 저비용
업데이트	일회성 평가	실시간 데이터 학습 및 자동 업데이트
결과물 형태	단일 추정 가액	확률적 가치 범위 및 미래 시뮬레이션

2.3. 가상 사례: AI '아틀라스'가 그려낸 도시의 새로운 가치 지도

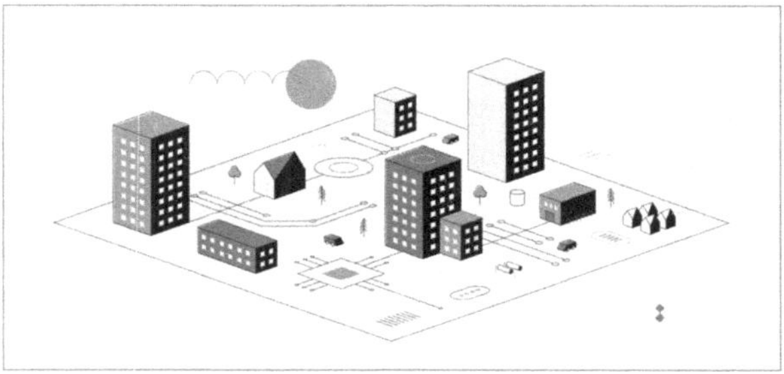

Automated Valuation Model — How It Works in Real Estate

1) 2025년, 신생 프롭테크 기업 '지오브레인'은 서울의 부동산 시장을 뒤흔들 AI 가치 평가 시스템 '아틀라스(ATLAS)'를 개발했다.

2) 개발 초기, 팀은 먼저 서울시의 모든 공공데이터와 통신사, 카드사와 제휴한 민간데이터를 확보했다.(인사이트 1) 다음으로, 이들은 '주소'를 '학군', '상권', '교통', '환경' 등 수백 개의 의미 있는 '특징'으로 변환하는 데 6개월을 쏟아부었다.(인사이트 2)

3) 이후 3개월간, '아틀라스'의 핵심인 신경망 알고리즘은 지난 20년간의 서울시 부동산 거래 데이터를 밤낮으로 학습했다.(인사이트 3) 마침내 베타 버전을 오픈했을 때, '아틀라스'는 놀라운 능력을 보여주었다.

4) 어느 날, 한 투자자가 서울 서부의 낡은 다세대 주택 밀집 지역의 가치 평가를 의뢰했다. 기존 감정평가사들은 모두 낮은 점수를 주었다. 그러나 '아틀라스'는 전혀 다른 분석을 내놓았다.
"현재 가치는 낮지만, 최근 6개월간 이 지역의 20대 유동인구가 150% 급증했고, SNS상에서 '숨은 맛집', '골목길 감성'이라는 키워드 언급량이 폭증하고 있습니다. 또한, 이들의 카드 매출은 소규모 카페와 독립서점에서 집중적으로 발생하고 있습니다. 3년 내 '제2의 연남동'이 될 확률이 72%이며, 현재 가치 대비 80%의 상승 잠재력이 예측됩니다."(인사이트 4, 5)

5) 결과 및 시사점: 투자자는 반신반의하며 해당 지역의 건물들을 매입했다. 2년 후, 그곳은 정말로 새로운 상권으로 떠올랐고, 부동산 가치는 폭등했다. '아틀라스'는 인간의 눈이 보지 못하는 도시의 미세한 맥박과 흐름을 데이터로 읽어내, 잊힌 동네의 미래 가치를 정확히 예측해낸 것이다. 이는 AI가 단순한 계산기를 넘어, 도시의 미래를 읽는 현미경이자 새로운 기회를 발견하는 망원경이 될 수 있음을 증명하는 사건이었다.

3. 숨겨진 투자 기회를 찾는 AI 기반 패턴인식 알고리즘과 가상사례

3.1. 모두가 지나치는 돌멩이 속에서 다이아몬드를 발견하다

위대한 탐정은 남들이 보지 못하는 것들 사이의 '연관성'을 본다. 흩어진 발자국, 미세한 먼지, 무심코 던진 한마디 말. 평범한 눈에는 의미 없는 사실의 나열이지만, 탐정의 눈에는 사건의 진실을 가리키는 거대한 '패턴'으로 보인다.

부동산 투자에서 인공지능(AI)은 바로 이 위대한 탐정의 역할을 수행한다. AI는 도시 전체에 흩뿌려진 수십억 개의 데이터 조각들 속에서, 인간의 눈으로는 결코 발견할 수 없는 '부의 패턴'을 읽어낸다.

이 절은 AI가 어떻게 도시의 숨겨진 언어를 해독하여 아무도 주목하지

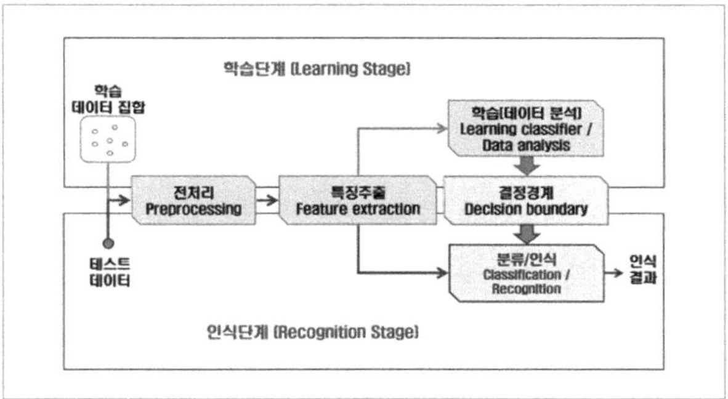

AI 패턴인식 [https://velog.io]

않던 땅을 황금알을 낳는 거위로 바꾸어 놓는지에 대한 비밀 보고서이다. 우리는 5가지 인사이트를 통해 AI의 패턴인식 알고리즘이 작동하는 원리를 파헤치고, 마치 미래를 보는 듯한 AI의 놀라운 통찰력을 목격하게 될 것이다.

3.2. 부의 지도를 새로 그리는 AI의 5가지 패턴인식 기법

단순히 데이터를 계산하는 것을 넘어, 데이터들 간의 숨겨진 관계, 즉 패턴을 발견함으로써 미래의 가치를 예측한다.

- **인사이트 1: '정적인 입지'가 아닌 '동적인 맥락'의 패턴을 읽는다.**

  전통적인 분석은 '역세권', '학군' 등 고정된 입지 정보에 집중했다. 그러나 AI는 도시의 '맥락(Context)'이 변하는 동적인 패턴을 포착한다. 예를 들어, 특정 지역에서 SNS에 '#골목길', '#작업실'과 같은 키워드의 언급량이 조용히 증가하는 패턴, 배달 앱에서 심야 시간대 1인 가구의 주문이 늘어나는 패턴, 공유 오피스의 단기 계약률이 상승하는 패턴 등을 감지한다. 이는 공식적인 통계에는 아직 잡히지 않는, 도시의 활력이 이동하는 최초의 신호가 된다.

■ 인사이트 2: 서로 무관해 보이는 '이종 데이터'를 연결하여 새로운 의미를 창조한다.

AI 패턴인식의 진정한 힘은 전혀 상관없어 보이는 데이터들을 연결하는 데서 나온다. 예를 들어, 한 지역의 '전력 사용량 증가 패턴(공공데이터)'과 '특수 조명 장비의 온라인 판매량 증가 패턴(민간데이터)', 그리고 '건축 폐기물 처리량 증가 패턴(공공데이터)'을 동시에 분석한다.

인간의 눈에는 각각 별개의 사건이지만, AI의 눈에는 '공식 등록되지 않은 소규모 스튜디오나 스타트업이 해당 지역에 비밀리에 밀집하고 있다'는 강력한 인사이트가 된다.

■ 인사이트 3: 시장의 '비정상 신호(Anomaly)' 패턴을 감지하여 기회를 포착한다.

숨겨진 투자 기회는 종종 시장의 '비정상적인 신호', 즉 평균에서 벗어난 패턴에서 발견된다. 예를 들어, 주변 지역의 임대료는 모두 상승하는데 유독 한 블록만 수년간 임대료가 정체되어 있는 패턴, 혹은 소득 수준은 높은데 그에 맞는 상업 시설이 부족하여 주민들의 카드 소비가 다른 지역에서 집중적으로 발생하는 패턴 등이다.

AI는 이러한 '불균형' 상태를 즉각 감지하고, 이를 정상으로 되돌리려는 시장의 힘이 작용할 때 발생하는 잠재적 투자 기회를 알려준다.

■ 인사이트 4: '젠트리피케이션의 전조' 패턴을 학습하여 미래를 예측한다.

AI는 과거 뉴욕의 소호, 런던의 쇼디치, 서울의 성수동 등 성공적으로 변모한 지역들의 초기 데이터를 학습하여, 젠트리피케이션(Gentrification, 도심 활성화)의 성공 공식을 패턴화한다. '소규모 갤러리

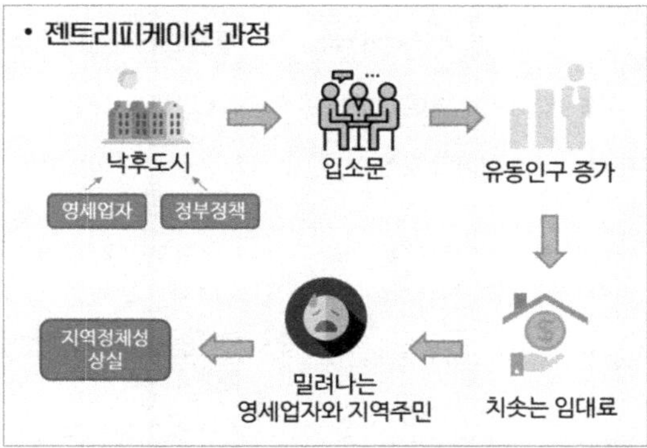

뜨는 동네의 그림자, 젠트리피케이션: 네이버 블로그 [https://m.blog.naver.com]

증가 → 독립 카페 유입 → 디자인 스튜디오 밀집 → 대규모 투자 유입'과 같이 단계별로 나타나는 복합적인 패턴을 학습하는 것이다. 그리고 현재 데이터 속에서 이러한 전조 패턴과 일치하는 초기 단계의 지역을 발견하면, '이 지역은 5년 내 제2의 성수동이 될 확률이 82%' 라고 예측해준다.

■ 인사이트 5: '미래 수요 집단'의 이동 패턴을 추적하여 선제적으로 투자한다.

궁극적으로 부동산의 가치는 '사람'이 결정한다. AI는 특정 라이프스타일을 가진 미래의 핵심 수요 집단, 즉 '페르소나'를 정의하고 이들의 이동 패턴을 추적한다. 예를 들어, '높은 소득을 가진 1인 가구 개발자' 그룹이 선호하는 주거 환경, 소비 패턴, 온라인 활동을 분석하고, 이들이 다음 행선지로 선택할 가능성이 가장 높은 지역을 예측한다.

이는 수요가 발생한 뒤에 투자하는 것이 아니라, 수요가 이동할 곳을 미리 선점하는 차원이 다른 투자 전략을 가능하게 한다.

구분	전통적 접근 방식 (인간의 직관)	AI 패턴인식 접근 방식 (데이터의 논리)
분석 대상	정적인 입지 정보(역세권, 학군 등)	도시의 동적인 맥락 패턴(SNS, 유동인구 등)
데이터 활용	분절된 단일 데이터 분석 (예: 실거래가)	서로 무관한 이종(異種) 데이터의 연결 분석
기회 포착	남들이 좋다고 하는 곳을 따라가는 추격 매수	시장의 불균형, 즉 비정상 신호(Anomaly) 감지
미래 예측	과거의 경험에 기반한 주관적 예측	과거 성공 사례의 패턴을 학습한 객관적 예측
투자 전략	현재의 수요를 보고 투자	미래 수요 집단의 이동 패턴을 예측하여 선점

3.3. 가상 사례: AI 탐정 '뉴럴-홈즈'가 찾아낸 잿빛 골목의 비밀

1) 2025년, 투자사 '퀀텀 리프'는 AI 기반 투자 분석 시스템 '뉴럴-홈즈(Neural-Holmes)'에게 "서울에서 가장 저평가된 상업지구를 찾아라"는 임무를 주었다. 인간 분석가들은 모두 재개발 예정지나 신도시 상권만 추천했다. 그러나 '뉴럴-홈즈'는 모두의 예상을 깨고, 서울 영등포의 낡은 철공소와 인쇄소가 즐비한 회색빛 뒷골목을 지목했다.

2) 보고서는 충격적이었다.

문래동의 기적, 철공소 가득했던 거기는 변신 중! [https://www.pressian.com]

- 단서 1(이종 데이터 연결): "최근 1년간, 해당 지역의 야간 산업용 전력 사용량은 15% 감소했으나, 주거용 전력 사용량은 40% 증가했다. 또한, 주변 지역 배달 앱 주문 중, 이 골목으로 향하는 1~2인용 비건(Vegan) 메뉴 주문이 300% 급증했다." → '뉴럴-홈즈'의 추론: 공장주들은 떠나고, 그 자리에 젊은 1인 가구 예술가나 프리랜서들이 작업실 겸 주거 공간으로 비밀리에 입주하고 있다.
- 단서 2(맥락 패턴 인식): "인스타그램에서 해당 지역을 위치 태그한 게시물은 거의 없으나, '#공단감성', '#인더스트리얼', '#날것' 이라는 키워드와 함께 촬영된 사진의 배경으로 이 골목이 등장하는 빈도가 기하급수적으로 증가하고 있다." → '뉴럴-홈즈'의 추론: 주류 시장에는 아직 알려지지 않은, 극소수 트렌드세터들 사이에서 이곳이 '힙한' 장소로 비밀스럽게 소비되기 시작했다.
- 단서 3(젠트리피케이션 전조 패턴): "과거 성수동이 부상하기 직전 1년간 나타났던 '소규모 가구 공방 유입 → 수제 맥주 펍 등장 → 독립 서점 개업'의 패턴과 현재 이 골목의 변화 패턴이 89% 일치한다." → '뉴럴-홈즈'의 결론: 이 잿빛 골목은 현재 젠트리피케이션의 1단계에 진입했으며, 3년 내 폭발적인 가치 상승이 예상된다.

3) **결과와 시사점:** '퀀텀 리프'는 이 보고서를 믿고, 아무도 거들떠보지 않던 낡은 공장 건물을 헐값에 매입했다. 그리고 1년 후, 예측은 정확히 맞아떨어졌다. 젊은 예술가들의 활동이 언론에 소개되면서 독특한 카페와 갤러리가 들어서기 시작했고, 골목은 서울에서 가장 뜨거운 '핫플레이스'로 변모했다. 결국 AI 탐정 '뉴럴-홈즈'는 인간의 편견이 가득한 눈으로는 볼 수 없었던, 데이터 속에 숨겨진 도시의 비밀스러운 패턴을 읽어 냄으로써, 잊힌 땅의 미래 가치를 정확히 예언한 것이다.

4. 지리정보시스템(GIS)과 AI의 융합 활용법과 가상사례

4.1. 신의 시점으로 도시를 내려다보고, 미래를 설계하다

만약 당신이 도시 전체를 한눈에 내려다보고, 모든 건물의 높이와 용도, 모든 도로의 교통량, 땅속에 묻힌 배관의 위치까지 속속들이 꿰뚫어 볼 수 있는 '신의 지도'를 가졌다고 상상해보자. 이것이 바로 "지리정보시스템(GIS, Geographic Information System)"이 하는 일이다.

GIS시스템을 분석·설계하는 '지리정보시스템전문가' [https://www.edujin.co.kr]

여기에 더해, 그 지도 위에 미래에 일어날 모든 변화를 시뮬레이션하고 최적의 해답을 찾아내는 '신의 두뇌'가 결합된다면 어떨까? 그것이 바로 '인공지능(AI)'이다.

이 절은 지도(GIS)와 두뇌(AI)의 위대한 결합이 어떻게 부동산 개발의 패러다임을 바꾸고 있는지에 대한 탐사 보고서이다. 우리는 5가지 인사이트를 통해, 이 강력한 융합 기술이 어떻게 숨겨진 기회를 발견하고, 보이지 않는 리스크를 제거하며, 궁극적으로 성공적인 프로젝트를 만드는지를 살펴볼 것이다.

4.2. GIS와 AI의 협주곡, 5가지 혁신적 연주법

GIS가 '무대'를 제공하면, AI는 그 위에서 최고의 '연주'를 펼친다. 두 기술의 융합은 과거에는 불가능했던 수준의 분석과 예측을 가능하게 한다.

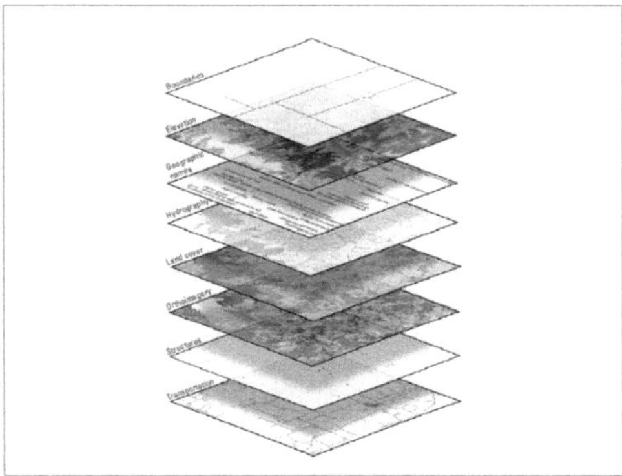

도시공간서비스(GIS) | 서울정책아카이브 Seoul Solution [https://seoulsolution.kr]

- **인사이트 1: GIS, 모든 데이터를 담는 '디지털 지구'를 창조하다.**

  GIS는 단순히 위성사진을 보여주는 지도가 아니다. 용도지역, 지적도, 고도제한, 경사도, 도로망, 인구분포, 지하 매설물 등 도시의 모든 정보를 수백, 수천 개의 투명한 '레이어(Layer)'로 겹쳐 놓은 디지털 지구이다. 이 각각의 레이어는 그 자체로 강력한 데이터베이스가 된다. AI가 분석을 수행하기 전에, GIS는 모든 공간 정보를 정확한 좌표 위에 정렬시켜 AI가 마음껏 뛰어놀 수 있는 완벽한 운동장을 만들어주는 것이다.

- **인사이트 2: AI, GIS의 데이터 레이어를 엮어 '숨겨진 관계'를 발견하다.**

  AI는 GIS가 펼쳐 놓은 수많은 데이터 레이어들을 비교하고 분석하여, 인간의 눈으로는 볼 수 없는 복합적인 패턴과 인사이트를 도출한다. 예를 들어, '경사도가 15도 이하이고(지형 레이어), 상업지역에 인접해 있으며(용도지역 레이어), 반경 500m 내에 20대 유동인구가 많은(인구 레이어)' 지역을 찾아내는 식이다. 이는 단순히 좋은 땅을 찾는 것을 넘어, 특정 사업 모델에 가장 최적화된 조건을 갖춘 땅을 과학적으로 찾아내는 과정이다.

- 인사이트 3: 최적 입지 선정 - 수만 개의 후보지 중 단 하나의 보석을 찾아내다.

GIS와 AI의 융합이 가장 강력한 힘을 발휘하는 분야는 바로 최적 입지 선정이다. 예를 들어, '대규모 물류센터'를 짓는다고 가정해보자. 먼저 GIS를 통해 '고속도로 IC 반경 5km 이내', '공업지역', '개발제한구역 제외' 등 기본적인 필터링을 거친다. 그 후 AI가 이 후보지들을 대상으로 '향후 5년간의 교통량 변화 시뮬레이션', '주변 노동인구 수급 가능성 분석', '인근 부지 개발 계획에 따른 미래 경쟁 환경 분석' 등을 수행하여, 최종적으로 단 하나의 최적 부지를 추천해주는 것이다.

- 인사이트 4: 예측 지도를 통한 미래 시뮬레이션 - 투자의 나침반을 제시하다.

GIS와 AI의 융합은 '현재'를 분석하는 것을 넘어 '미래'를 지도 위에 그려내는 것을 가능하게 한다. 예를 들어, 'GTX-D 노선이 5년 후 개통된다'는 정보를 GIS의 교통 레이어에 입력하면, AI는 과거 유사 사례를 학습한 모델을 통해 주변 지역의 예상 지가 상승률, 인구 유입 규모, 상권 변화 등을 예측하여 새로운 지도, 즉 '5년 후의 미래 예측 지도'를 시각적으로 보여준다. 투자자는 이 지도를 통해 미래의 가치를 눈으로 확인하고 투자 결정을 내릴 수 있다.

■ 인사이트 5: 도시를 세포 단위로 분석하는 초정밀 리스크 관리.

이 융합 기술은 도시 전체를 조망하는 망원경이면서, 동시에 특정 지역을 세포 단위로 분석하는 현미경이 된다. GIS의 정밀 지형 데이터와 AI의 기후 모델을 결합하면, 특정 부지에 건물을 지었을 때 집중호우 시 어느 곳에 물이 고일지, 어느 방향에서 바람이 가장 강하게 불지를 핀포인트로 예측할 수 있다.

또한, 지질 데이터를 분석하여 공사 시 지반 침하가 발생할 위험이 가장 높은 구역을 사전에 식별해내는 등, 눈에 보이지 않는 물리적 리스크를 과학적으로 통제할 수 있게 된다.

분석 영역	전통적 방식 (주관적, 경험적)	GIS + AI 융합 방식 (객관적, 데이터 기반)
입지 선정	전문가의 현장 답사, 제한된 정보에 의존	다중 레이어 분석을 통한 최적 후보지 자동 추출
사업성 분석	과거 유사 사례 비교, 정성적 판단	미래 예측 지도 시뮬레이션을 통한 계량적 분석
설계/ 디자인	일조권, 조망 등 기본적인 요소 고려	미기후(Micro-climate), 에너지 효율 등 최적 설계
리스크 관리	예상치 못한 문제 발생 시 사후 대응	잠재적 물리적 리스크의 사전 예측 및 선제적 조치

4.3. 가상 사례: AI '가이아'가 설계한 해상도시, '프로젝트 솔라리스'

1) 2030년, 한 컨소시엄은 기후 변화에 대응하기 위해 바다 위 인공섬에 지속가능한 도시를 건설하는 '프로젝트 솔라리스'를 추진했다.

2) 누구도 성공을 장담하지 못하는 이 거대한 도전의 중심에는 GIS와 AI가 융합된 슈퍼컴퓨터 '가이아(GAIA)'가 있었다.

부산에 '바다위 인공도시' 뜬다 | 중앙일보 [https://www.joongang.co.kr]

- 1단계(무대 설정): '가이아'는 먼저 프로젝트 대상 해역의 수심, 조류, 해저 지형, 기상 데이터 등 모든 해양 정보를 GIS 위에 3차원 디지털 트윈으로 구현했다.(인사이트 1)
- 2단계(최적점 탐색): AI는 이 디지털 트윈 위에서 수만 번의 시뮬레이션을 통해, 태풍의 영향을 가장 적게 받고, 태양광 및 조력 발전에 가장 유리하며, 해양 생태계에 미치는 영향을 최소화하는 인공섬의 최적 위치와 형태를 계산해냈다.(인사이트 2, 3)
- 3단계(미래 예측): '가이아'는 '솔라리스' 완공 후, 해수면이 1m 상승하고 평균 기온이 2도 오르는 50년 후의 미래를 시뮬레이션했다. 그리고 그 결과물을 미래 예측 지도로 시각화하여, 도시가 어떤 기후 변화에도 안전하게 기능할 수 있음을 투자자들에게 증명했다.(인사이트 4)
- 4단계(리스크 제거): 나아가 '가이아'는 도시 내부의 특정 구역이 다른 곳보다 염분에 의한 부식에 20% 더 취약할 것을 예측했다. 설계팀은 이 데이터를 바탕으로 해당 구역의 건축 자재를 내염성이 더 강한 신소재로 변경하여, 미래에 발생할 수천억 원의 유지보수 비용을 사전에 절감했다.(인사이트 5)

3) 결과 및 시사점: 결국 '프로젝트 솔라리스'는 성공적으로 건설되어, 인류의 미래 도시 모델을 제시하는 경이로운 건축물이 되었다. 이 모든 것의 시작은 GIS라는 위대한 지도와 AI라는 위대한 두뇌의 만남이었다. 이는 두 기술의 융합이 단순히 더 나은 건물을 짓는 것을 넘어, 과거에는 불가능했던 새로운 미래를 창조하는 힘을 가졌음을 보여주는 명백한 증거이다.

5. 투자 타이밍 최적화를 위한 AI 기반 시계열 데이터 분석과 가상사례

5.1. 파도를 타는 서퍼, AI는 파도를 예측하는 기상학자

투자의 세계에서 타이밍은 모든 것이다. 아무리 좋은 자산이라도 가장 비쌀 때 사서 가장 쌀 때 팔면 실패하고, 평범한 자산이라도 무릎에 사서 어깨에 팔면 성공한다. 성공적인 투자자는 마치 파도의 흐름을 직감적으로 읽고 최고의 순간에 올라타는 노련한 서퍼와 같다. 그러나 만약 파도 자체가 언제, 어디서, 얼마나 높게 칠지를 미리 계산해내는 인공위성 시스템이 있다면 어떨까? AI의 시계열 데이터 분석은 바로 이 역할을 수행한다.

이 절은 AI가 어떻게 시간의 흐름 속에 숨겨진 미래의 단서들을 포착하여 최적의 투자 시점을 과학적으로 찾아내는지에 대한 탐사 보고서이다. 우리는 5가지 인사이트를 통해 AI가 과거 데이터의 단순한 분석을 넘어, 어떻게 미래 시장의 변곡점을 예측하는지를 살펴볼 것이다.

5.2. 미래를 예측하는 AI의 5가지 시간 여행 기술

시계열(Time-Series) 데이터란 시간의 흐름에 따라 기록된 모든 데이터를 의미한다. AI는 이 시간의 기록 속에서 미래를 예측하는 패턴을 찾아낸다.

■ 인사이트 1: 도시의 맥박을 기록하는 심전도, 시계열 데이터를 이해하다.

부동산 시장과 관련된 모든 것은 시간의 흐름에 따라 기록된다. 월별 주택 매매가격 지수, 분기별 상업용 부동산 공실률, 일별 아파트 검색량, 시간대별 특정 지역의 유동인구 등이 모두 시계열 데이터이다. 이것은 마치 도시 경제의 건강 상태를 보여주는 거대한 심전도(ECG)와 같다. AI 분석의 첫걸음은 이 도시의 맥박 기록을 한 치의 오차 없이, 최대한 많이 확보하는 것에서부터 시작된다.

■ 인사이트 2: 시간의 리듬을 분해하여 본질을 꿰뚫다 - 추세, 계절성, 순환.

AI는 단순히 데이터의 오르내림을 보는 것이 아니라, 시간의 흐름을 마치 악보처럼 여러 구성 요소로 분해한다.

(1) **추세**(Trend): 장기적인 데이터의 방향성(예: 지난 10년간 서울 아파트 가격은 우상향했다).

(2) **계절성**(Seasonality): 봄 이사 철, 여름 휴가철 등 1년 주기로 반복되는 패턴.

(3) **순환**(Cycle): 경기 확장과 수축 같은 5~10년 주기의 장기적인 경기 변동 패턴.

(4) **불규칙 요소**(Noise): 갑작스러운 정책 발표, 팬데믹 등 예측 불가능 한 일회성 사건. AI는 이 요소들을 분리해냄으로써, 일시적인 계절적 요인에 속지 않고 시장의 본질적인 '추세'와 '순환'의 변곡점을 포착할 수 있게 된다.

■ 인사이트 3: 미래를 먼저 알려주는 신호탄, '선행지표'를 포착하다.

타이밍 예측의 핵심은 시장 전체보다 먼저 움직이는 '선행지표(Leading Indicator)'를 찾아내는 것이다. AI는 수천 개의 시계열 데이터를 비교 분석하여 이러한 선행지표를 발굴한다.

예를 들어, '아파트 매매 계약 건수'가 감소하기 3개월 전부터 '매물 현장 방문 예약 건수'와 '인테리어 상담 건수'가 먼저 감소하는 패턴을 발견하는 식이다. AI는 이처럼 미세하지만 결정적인 선행지표들의 변화를 감지하여, 시장의 변곡점이 임박했음을 미리 경고하는 조기 경보 시스템 역할을 한다.

■ 인사이트 4: 데이터들의 거대한 오케스트라, 변수 간 상호상관관계를 분석하다.

부동산 시장은 결코 혼자 움직이지 않는다. 미국 연준의 금리, 국내 기준금리, KOSPI 지수, 환율, 건설 원자재 가격 등 수많은 변수들이 서로 영향을 주고받는 거대한 오케스트라와 같다. AI는 이 모든 변수들의 시계열 데이터를 동시에 분석하여, 그들 사이의 복잡한 상호상관관계(Cross-correlation)를 계산한다.

예를 들어, '미국 국채 금리가 특정 수준 이상으로 상승했을 때, 6개월의 시차를 두고 서울 상업용 부동산의 수익률이 하락했다'는 과거의 복잡한 패턴을 발견하고, 이를 미래 예측 모델에 반영하는 것이다.

■ 인사이트 5: '언제'를 넘어 '어떻게'까지 답하는 최적 행동 전략을 제시하다.

AI의 최종 목표는 단순히 '3개월 후 시장이 하락할 것이다'라고 예측하는 데서 그치지 않는다. 이를 바탕으로 '지금 즉시 자산의 20%

를 매각하고, 4개월 후 저평가된 A 지역의 자산을 매입하는 것'이 최적의 행동이라는 구체적인 전략까지 제시한다.

AI는 수만 번의 시뮬레이션을 통해, 예측된 미래에 대응하여 현재 시점에서 내릴 수 있는 수십 가지 선택지 중 기대수익이 가장 높은 최적의 행동 조합을 계산해내는 것이다. 이는 예측을 넘어 '의사결정의 최적화' 영역에 해당한다.

분석 차원	전통적 타이밍 분석 (인간의 직관)	AI 기반 시계열 분석 (데이터의 논리)
분석 데이터	주요 경제 지표, 과거의 개인적 경험	수백~수천 개의 거시/미시/대체 시계열 데이터
핵심 방법론	추세 파악, 과거 유사 시점과의 비교	데이터 분해, 선행지표 탐색, 상호상관관계 분석
예측 근거	시장 분위기, 전문가의 주관적 전망	데이터 패턴에 기반한 객관적 확률 모델
결과물	'상승/하락'에 대한 정성적 전망	최적의 '매수/매도 시점'에 대한 계량적 전략 제시

5.3. 가상 사례: AI '크로노스'의 경고를 무시한 자들의 비극

1) 2024년 여름, 대한민국 부동산 PF 시장은 유례없는 활황이었다. 모두가 축배를 들며 새로운 프로젝트를 기획하던 그때, 데이터 기반 투자사 '시그널 인베스트먼트'의 AI 시계열 분석 시스템 '크로노스(Chronos)'는 조용한 경고를 보냈다.

"시장 과열 지수 85%. 6개월 내 변곡점 도달 확률 90%. 신규 투자 중단 및 보유 자산 일부 현금화 권고."

2) 인간 분석가들은 코웃음을 쳤다. 모든 지표가 우상향을 가리키고 있었다. 그들은 '크로노스'가 시장의 '추세'는 보지 못하고, 일시적인 '불규칙 요소'에 과민 반응한다고 생각했다.(인사이트 2)

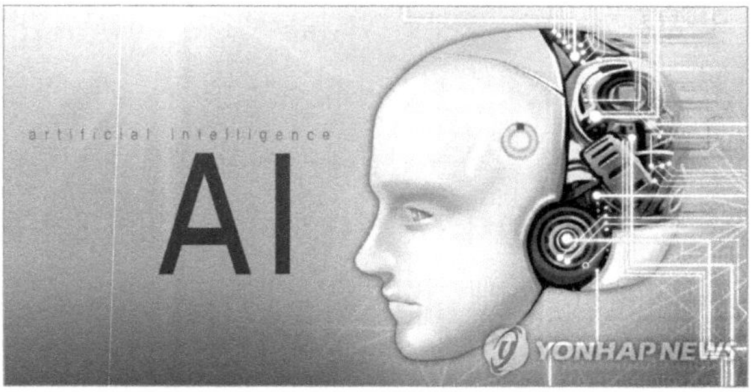

인공지능 시대 [https://www.yna.co.kr]

3) 그러나 '크로노스'는 인간이 보지 못하는 것을 보고 있었다.

- **선행지표:** 법원 경매의 '낙찰가율'과 '응찰자 수'가 최근 2주 연속 미세하게 하락했다. 이는 시장의 가장 적극적인 투자자들부터 움츠러들기 시작했다는 신호였다.(인사이트 3)
- **상호상관관계:** 국제 구리 선물 가격의 변동 패턴이 서울의 주택담보대출 연체율과 8개월의 시차를 두고 92%의 상관관계를 보인다는 점을 포착했다. 그리고 구리 가격은 이미 3개월 전부터 하락세였다.(인사이트 4)

4) 결국 '시그널 인베스트먼트'의 경영진은 인간 분석가들의 반대에도 불구하고, AI '크로노스'의 권고를 따르기로 결정했다. 신규 PF 투자를 전면 보류하고, 일부 자산을 매각하여 현금을 확보했다.(인사이트 5)

5) 그리고 정확히 5개월 후, 정부의 기습적인 PF 대출 규제 강화와 한국은행의 금리 인상이 발표되었다. 시장은 순식간에 얼어붙었다. 과열의 정점에서 무리하게 투자를 집행했던 경쟁사들은 유동성 위기에 빠져 비상 경영에 돌입했다.

6) **결과 및 시사점:** 반면, 풍부한 현금을 보유한 '시그널 인베스트먼트'는 1년 후, 헐값에 시장에 쏟아져 나오는 우량 자산들을 쇼핑하듯 사들였다. AI '크로노스'는 인간의 탐욕과 공포가 만들어내는 시장의 광기 속에서, 데이터라는 시간의 흐름을 읽어내어 최적의 투자 타이밍을 정확히 짚어낸 것이다.

제6장
성공하는 AI 부동산 PF의 핵심 요소

1. 부동산 관련 데이터 품질과 AI 모델 성능의 상관관계와 가상사례

1.1. 최고의 요리사는 신선한 재료에서 탄생한다

아무리 실력이 뛰어난 세계 최고의 요리사라도, 썩은 재료를 가지고는 결코 훌륭한 요리를 만들어낼 수 없다. AI의 세계에서도 이 법칙은 절대적이다. 최고의 알고리즘과 슈퍼컴퓨터도, 품질이 낮은 데이터를 가지고는 정확한 예측이나 통찰력 있는 분석을 내놓을 수 없다. AI에게 데이터는 요리사의 재료와 같아서, 그 신선도와 품질이 결과물의 수준을 결정하는 가장 근본적인 전제 조건인 것이다.

이 절은 '쓰레기를 넣으면 쓰레기가 나온다(Garbage In, Garbage Out)'는 AI의 제1원칙이 부동산 PF 세계에서 어떻게 작동하는지에 대한 글이다. 우리는 5가지 인사이트를 통해 '좋은 데이터'란 무엇이며, 데이터의 미세한 품질 차이가 어떻게 AI 모델의 성능을 하늘과 땅 차이로 벌려 놓는지를 분석할 것이다.

1.2. AI의 예측력을 결정하는 데이터 품질의 5가지 차원

AI 모델의 성능은 알고리즘의 우수성이 아니라, 학습 데이터의 품질에 80% 이상 좌우된다. 좋은 데이터란 다음 5가지 조건을 만족시키는 데이터를 의미한다.

- **인사이트 1: '정확성'과 '완전성' - 거짓과 공백이 없는 데이터.**
  데이터의 정확성은 가장 기본적인 덕목이다. 주소가 틀리거나, 면적이 잘못 기재된 데이터는 AI에게 잘못된 사실을 가르치는 것과 같다. 또한, 데이터의 완전성도 중요하다. 특정 기간의 거래 기록이 통째로 누락되거나, 특정 건물의 정보가 비어 있는 '결측치'가 많은 데이터는 AI가 전체 시장을 조망하는 데 심각한 사각지대를 만든다. 부정확하고 불완전한 데이터는 AI 모델의 예측에 치명적인 오류를 유발하는 독과 같다.

- **인사이트 2: '최신성'과 '상세성' - 살아 숨 쉬는 생생한 데이터.**
  부동산 시장은 살아있는 생물처럼 끊임없이 변한다. 1년 전의 데이터는 이미 과거의 유물일 뿐이다. 데이터의 최신성, 즉 얼마나 실시간에 가까운지가 AI의 예측력을 좌우한다. 또한, '서울시' 단위의 뭉뚱그려진 데이터보다 '역삼동 123번지' 단위의 상세한 데이터, 즉 데이터의 상세성(Granularity)이 높을수록 AI는 훨씬 더 정교하고 정확한 미시적 분석을 수행할 수 있다.

- **인사이트 3: '다양성'과 '관련성' - 편식하지 않는 균형 잡힌 데이터.**
  AI가 편식을 하면 편향된 결과를 내놓는다. 아파트 거래 데이터만 학습한 AI는 상가나 오피스 빌딩의 가치를 제대로 평가할 수 없다. 부동산 거래 데이터 뿐만 아니라, 유동인구, 상권 매출, 교통, 소셜 미디어 데이터 등 다양한 종류의 데이터를 함께 학습해야만 시장을 입체적으로 이해할 수 있다. 또한, 분석 대상과 관련성이 높은 데이터를 사용하는 것이 중요하다. 제 아무리 양이 많아도, 부동산 가치와 무관한 데이터는 AI에게 소음일 뿐이다.

데이터 품질의 평가기준	정의	품질이 낮은 데이터의 예	AI 모델에 미치는 영향
정확성/완전성	데이터가 사실과 일치하고 누락이 없는 정도	주소 오류, 면적 오기재, 누락된 거래 기록	예측 결과의 신뢰도 급락, 치명적 오류 발생
최신성/상세성	데이터가 얼마나 실시간에 가깝고 상세한 정도	1년 전 데이터, '강남구' 단위의 평균 데이터	급변하는 시장 트렌드 미반영, 피상적 분석
다양성/관련성	데이터가 얼마나 다양한 종류로 구성된 정도	아파트 데이터만으로 모든 부동산을 분석	특정 영역에만 편향된 '반쪽짜리' 분석
편향성	데이터가 특정 그룹이나 상황에 치우친 정도	성공한 개발 사례 데이터만 학습	리스크 과소평가, 비현실적 낙관론 편향
일관성	데이터의 단위나 형식이 통일된 정도	'평'과 'm^2'가 혼용, 날짜 형식 불일치	데이터 처리 오류 생, 분석 성능 저하

- 인사이트 4: '편향성' - 특정 과거에만 갇힌 우물 안 개구리 데이터.

AI는 학습한 데이터의 편향까지 그대로 학습한다. 만약 호황기에 성공했던 프로젝트 데이터만 집중적으로 학습한 AI가 있다면, 그 AI는 불황기의 리스크를 제대로 인지하지 못하는 '긍정 편향'에 빠지게 된다.

또한, 강남 지역의 데이터만 학습했다면 강북 지역의 특수성을 이해하지 못할 것이다. 편향된 데이터로 학습한 AI는 마치 특정 시대, 특정 장소에만 갇힌 우물 안 개구리처럼, 새롭고 다른 환경에 대해서는 어리석은 판단을 내리게 된다.

■ 인사이트 5: '원석을 보석으로' - 데이터 전처리(Preprocessing)의 중요성.

아무리 좋은 원천 데이터를 확보했더라도, 그대로 AI에게 먹일 수는 없다. AI가 잘 소화할 수 있도록 데이터를 정제하고 가공하는 '전처리' 과정이 필수적이다. 오류 데이터를 수정하고(정제), 누락된 값을 채워 넣으며(보간), '평'과 '제곱미터'처럼 다른 단위를 통일시키는(정규화) 과정이 그것이다.

데이터 과학자들은 AI 프로젝트에 소요되는 시간의 80%가 바로 이 데이터 전처리 과정에 쓰인다고 말한다. 이는 AI 모델의 성능을 결정하는 보이지 않는 가장 중요한 작업인 것이다.

1.3. 가상 사례: 같은 AI, 다른 데이터, 엇갈린 운명

1) 2027년, 두 신생 투자사 '알파 캐피탈'과 '베타 인베스트먼트'는 똑같은 최신 AI 알고리즘을 도입했다. 두 회사는 같은 시기에 서울의 한 낙후된 공업 지역 재개발 프로젝트를 검토했다.

2) '알파 캐피탈'의 분석: '알파 캐피탈'은 비용 절감을 위해, 정부가 무료로 제공하는 공공 데이터만을 AI에게 학습시켰다. 이 데이터는 1년 단

AI Leonardo AI [https://leonardo.ai]

위로 업데이트되고, 거래 기록 일부가 누락되어 있었으며, 주로 아파트 위주의 데이터였다.(낮은 최신성, 완전성, 다양성) 결과: 알파의 AI는 해당 지역의 과거 데이터를 분석한 후, "과거 10년간 거래량 미미, 지가 상승률 저조, 아파트 단지 부재. 투자 부적격, 리스크 높음" 이라는 보고서를 제출했다.

3) **'베타 인베스트먼트'의 분석:** '베타 인베스트먼트'는 데이터 확보에 막대한 투자를 했다. 공공데이터의 오류를 수정하고 누락된 부분을 채워 넣었다.(정확성, 완전성) 그리고 실시간 카드 매출 데이터, 통신사 유동인구 데이터, SNS 키워드 데이터 등 고품질의 민간 대체 데이터를 융합했다.(높은 최신성, 다양성) 결과: 베타의 AI는 전혀 다른 결론을 내놓았다. "공식 데이터는 정체 상태이나, 최근 6개월간 주말 20대 유동인구 200% 급증. 인근 지역의 '공방', '카페' 관련 카드 매출 350% 상승. SNS상 '#공단감성' 키워드 언급량 폭발적 증가. 초기 젠트리피케이션 단계로 판단, 3년 내 가치 급등 예상. 즉시 투자 추천."

4) **결과:** 1년 후, 베타 인베스트먼트는 해당 지역의 낡은 공장들을 헐값에 매입하여 복합문화공간으로 재개발했고, 이는 공전의 히트를 기록했다. 3년 뒤 그 지역의 땅값은 5배나 폭등했다.

5) **시사점:** 알파 캐피탈은 눈앞에서 황금알을 낳는 거위를 놓친 것을 뒤늦게 깨 달았다. 두 회사의 운명을 가른 것은 AI 알고리즘의 차이가 아니었다. 그것은 바로 AI에게 먹인 '데이터의 품질' 차이였다. 이는 아무리 좋은 엔진을 가졌어도, 저품질 연료를 넣으면 결코 제대로 달릴 수 없다는 사실을 명백히 보여주는 사례이다.

2. 부동산 시장 분석 정확도 향상을 위한 적정 AI 알고리즘 활용과 가상사례

2.1. 모든 못을 망치로 박을 수는 없다

훌륭한 목수는 못의 종류와 나무의 재질에 따라 각기 다른 망치와 드라이버를 꺼내 든다. 모든 문제를 단 하나의 연장으로 해결하려 하지 않는 것이다. AI의 세계도 마찬가지이다. AI는 단 하나의 마법 같은 기술이 아니라, 각기 다른 문제에 특화된 수많은 알고리즘의 집합체이다. 부동산 시장의 미래 가치를 예측하는 문제와, 잠재 투자자 그룹을 분류하는 문제는 전혀 다른 종류의 연장을 필요로 한다.

이 절은 부동산 PF라는 복잡한 과제를 해결하기 위해, 어떤 상황에서 어떤 AI 알고리즘을 선택해야 하는지에 대한 'AI 연장통 사용 설명서'이다. 우리는 5가지 핵심적인 분석 목표에 따라, 그에 가장 적합한 알고리즘이 무엇인지를 살펴볼 것이다. 가상의 프로젝트 사례는 이 다양한 연장들이 어떻게 협주하여 하나의 건축물을 완성하는지를 보여주는 생생한 작업 일지가 될 것이다.

2.2. 문제 해결을 위한 5가지 AI 알고리즘 연장 통

부동산 시장 분석의 정확도를 높이기 위해서는, 해결하고자 하는 문제의 종류에 맞는 최적의 알고리즘을 선택해야 한다.

- 인사이트 1: 미래의 특정 '숫자'를 예측하는 일 - 회귀(Regression) 알고리즘.

  회귀분석은 가장 기본적이고 널리 사용되는 알고리즘이다. '그래서 이 건물의 내년 예상 가격은 얼마인가?', '이 상가의 예상 임대수익률은 몇 퍼센트인가?' 와 같이 특정 '숫자(연속된 값)'를 예측하는 데 특화되어 있다.

'선형 회귀(Linear Regression)'와 같은 전통적인 통계 모델부터, 최근에는 수많은 변수 간의 복잡한 관계를 학습하는 데 뛰어난 머신 러닝 기반의 XGBoost, LightGBM과 같은 트리(Tree) 기반의 앙상블 모델이 주로 사용된다. 이는 마치 수많은 재료의 조합이 최종 요리의 맛에 미치는 영향을 계산하는 것과 같다.

- 인사이트 2: 숨어있는 '그룹'을 찾아내는 일 - 군집화(Clustering) 알고리즘.

머신 러닝 기반의 'K-평균 군집화(K-Means Clustering)가 대표적이며, 이는 마치 도서관의 사서가 수만 권의 책을 내용에 따라 시집, 소설, 역사책 등으로 자동 분류하는 것과 같다.

- 인사이트 3: '예 또는 아니오'를 결정하는 일 - 분류(Classification) 알고리즘.

주어진 데이터가 어떤 '범주'에 속할지를 예측하는 알고리즘이다. 특히 'A 또는 B' 와 같이 두 가지 중 하나를 결정하는 '이진 분류(Binary Classification)'가 많이 사용된다.

'이 PF 프로젝트는 성공할 것인가, 실패할 것인가?', '이 지역은 5년 내에 젠트리피케이션이 일어날 것인가, 아닐 것인가?', '이 고객은 우리 모델하우스를 방문할 가능성이 높은가, 낮은가?' 와 같은 질문에 답한다. 이는 의사가 여러 증상을 보고 특정 질병이 '양성'인지 '음성'인지를 판단하는 과정과 유사하다.

- 인사이트 4: 시간의 흐름 속 '미래 추세'를 읽는 일 - 시계열(Time-Series) 알고리즘.

오직 시간의 흐름에 따라 기록된 데이터의 패턴을 학습하여 미래를 예측하는 데 특화된 알고리즘이다. '부동산 시장의 다음 경기 순환 저점은 언제일까?', '이 지역의 인구는 향후 10년간 증가할까, 감소할까?' 와 같은 질문에 답을 제공한다.

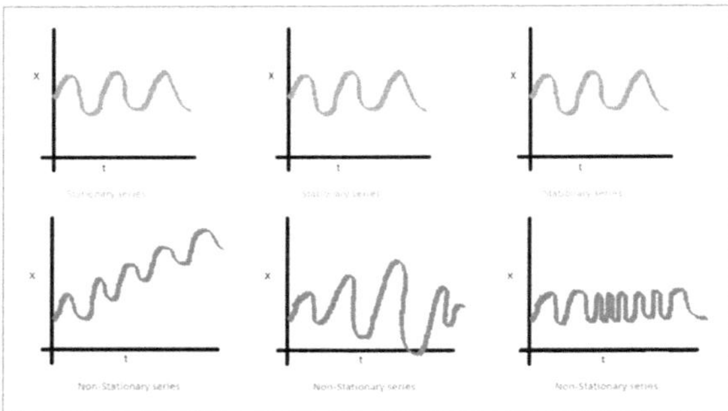

시계열 분석, ARIMA model

전통적인 통계 모델인 ARIMA부터, 장기적인 시간 패턴을 기억하는 데 탁월한 딥러닝 모델인 LSTM(Long Short-Term Memory) 등이 사용된다. 이는 과거 수십 년간의 기후 데이터를 분석해 내년의 기후를 예측하는 것과 같다.

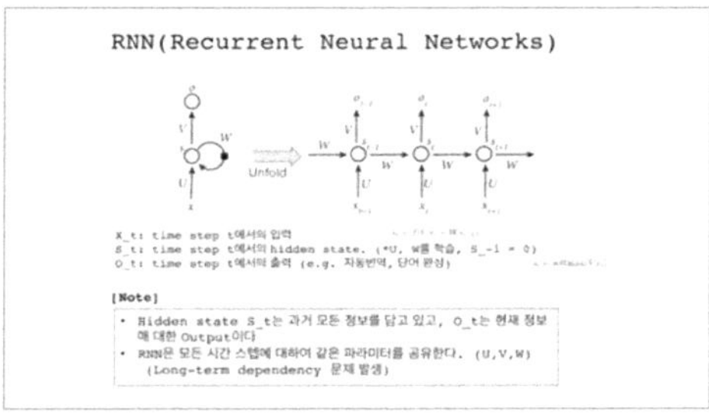

https://www.slideshare.net

- 인사이트 5: 이미지나 글의 '숨은 의미'를 파악하는 일 - 딥러닝(Deep Learning) 알고리즘.

  '인공신경망(Artificial Neural Networks)'에 기반한 딥 러닝은 '위성사진을 보고 이 지역의 녹지 비율과 건물 노후도를 측정하라', 'SNS 게시글을 분석하여 이 동네에 대한 사람들의 감성(긍정/부정)을 파악하라' 와 같은 고차원적인 임무를 수행한다. 이는 마치 인간의 뇌가 시각 정보와 언어 정보를 이해하는 방식을 모방한 것과 같다.

분석 목표/ 질문 유형	대표적인 AI 알고리즘	부동산 분야 활용 예시
특정 숫자 예측 (예: 가격, 수익률)	회귀 (Regression) 모델 (XGBoost 등)	특정 아파트의 1년 후 매매가격 예측
숨겨진 그룹 발견 (예: 지역, 고객 유형)	군집화 (Clustering) 모델 (K-Means 등)	서울시 행정동의 소득/소비 수준 기반 그룹핑
성공/실패 등 분류 (예: Yes/No)	분류 (Classification) 모델 (로지스틱 회귀 등)	특정 PF 프로젝트의 부실화 가능성(높음/낮음) 판단
미래 추세 예측 (예: 경기 순환)	시계열 (Time-Series) 모델 (LSTM 등)	향후 5년간의 전국 주택 가격 지수 변동 예측
이미지/텍스트 분석 (예: 위성사진, SNS)	딥러닝 (Deep Learning) 모델 (CNN, RNN 등)	위성사진을 통한 지역별 건물 밀도 및 녹지 비율 분석

2.3. 가상 사례: AI 어벤져스의 협력, '프로젝트 넥서스'를 완성하다

1) 2028년, 개발사 '시티 DNA'는 서울의 한 노후화된 준공업 지역을 최첨단 복합 문화 단지로 재 탄생시키는 '프로젝트 넥서스'에 착수했다.

2) 이 프로젝트에는 각기 다른 능력을 가진 AI 알고리즘들이 '어벤져스' 처럼 투입되었다.

Artificial Intelligence [https://www.shutterstock.com]

- **1단계 - 현황 분석**(군집화): 가장 먼저 군집화 알고리즘이 투입되어, 해당 지역의 유동인구와 상주인구 데이터를 분석했다. 그 결과, '은퇴를 앞둔 토박이 공장주 그룹', '저렴한 작업실을 찾아 숨어든 가난한 예술가 그룹', '최근 급증하는 1인 테크 스타트업 그룹'이라는 세 개의 숨겨진 집단을 발견했다.
- **2단계 - 사업 방향 결정**(분류): 다음으로 분류 알고리즘이 "이 세 그룹을 모두 포용하는 개발이 가능한가?"라는 질문에 답했다. 과거 수천 개의 재개발 사례를 학습한 AI는 '공공 임대 스튜디오와 R&D 지원센터를 포함할 경우, 성공 확률 85%'라는 긍정적인 'Yes' 답변을 내놓았다.
- **3단계 - 자금 조달**(회귀): 이 결과를 바탕으로 '회귀 알고리즘(XG-Boost)'이 구체적인 사업 계획을 수립했다. AI는 토지 가격, 예상 건축비, 주변 시세, 그리고 앞서 분석한 잠재 수요를 바탕으로, '프로젝트 넥서스'의 5년 후 예상 자산 가치가 1조 2천억 원, 예상 연평균 수익률이 15.4%라는 구체적인 숫자를 예측하여 투자 제안서를 완성했다.

- 4단계 - 미래 예측(시계열): 동시에 '시계열 알고리즘(LSTM)은 향후 5년간의 거시 경제 지표를 예측하여, 프로젝트의 단계별 분양 및 임대를 시작하기에 가장 최적의 타이밍이 언제 인지를 월 단위로 제시했다.
- 5단계 - 최종 디자인(딥러닝): 마지막으로, 딥러닝 기반의 생성형 AI가 투입되었다. AI는 기존 공장 건물의 역사적 가치를 보존하면서, 새로 유입될 그룹들의 동선을 최적화하고, 일조량과 에너지 효율을 극대화하는 수백 개의 건축 디자인을 제안했고, 최종 설계안이 이를 바탕으로 완성되었다.

3) 결과 및 시사점: 결국 '프로젝트 넥서스'는 각기 다른 문제를 해결하는 데 최적화된 AI 알고리즘들의 정교한 협력을 통해, 과거와 미래가 공존하고 모두가 상생하는 성공적인 도시재생의 신화가 되었다. 이는 최고의 목수가 단 하나의 연장이 아닌, 상황에 맞는 최적의 연장들을 자유자재로 사용할 때 비로소 위대한 작품을 만들 수 있음을 증명하는 것이다.

3. 부동산 프로젝트 리스크 예측과 수익성 분석의 AI 기반 최적화와 가상사례

3.1. 외줄 타는 곡예사가 아니라, 최적 항로를 찾는 파일럿으로

전통적인 부동산 PF는 마치 안개속에서 외줄을 타는 고도의 곡예와 같았다. 성공하면 막대한 부를 얻지만, 한순간의 실수나 예측하지 못한 돌풍에 모든 것을 잃을 수 있는 위험한 도박이었다. 리스크와 수익은 상충하는 개념이었고, 높은 수익을 위해서는 높은 리스크를 감수하는 것이 당연하게 여겨졌다. 그러나 인공지능(AI)은 이 위험한 곡예를, 수만 개의 계기판과 시뮬레이터를 갖춘 최첨단 비행기의 조종술로 바꾸어 놓았다.

이 절은 AI가 어떻게 리스크와 수익성이라는 두 가지 변수를 단순히 '예측'하는 것을 넘어, 둘 사이의 관계를 '최적화'하여 가장 이상적인 성공의 항로를 찾아내는지를 보여주는 비행일지이다. 우리는 5가지 인사이트를 통해 AI가 어떻게 무한에 가까운 미래 시나리오 속에서 최상의 해답을 도출하는지를 분석할 것이다. 가상의 프로젝트 사례는 이 최첨단 조종술이 현실에서 얼마나 압도적인 성과를 창출하는지를 증명하는 생생한 기록이 될 것이다.

3.2. 최상의 수익률을 향한 AI의 5단계 최적화 항법

AI 기반 최적화는 단순히 하나의 정답을 찾는 것이 아니라, 주어진 조건 하에서 가장 효율적이고 안정적인 성공 방정식을 만들어내는 과정이다.

- **인사이트 1: '하나의 미래'가 아닌 '백만 개의 미래'를 시뮬레이션 하다.**
  전통적인 사업성 분석은 '가장 가능성이 높은' 단 하나의 시나리오를 가정하고 수익성을 계산한다. 그러나 AI는 몬테카를로 시뮬레이션(Monte Carlo Simulation) 기법을 통해, 금리, 분양가, 공사비, 공기

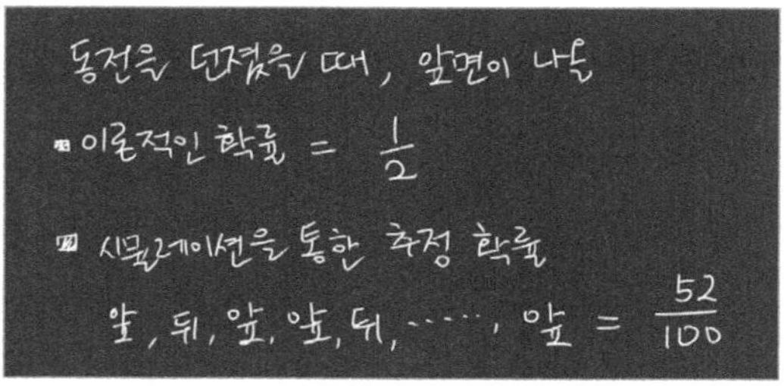

몬테카를로 시뮬레이션(monte carlo simulation) 기초 [https://losskatsu.github.io]

등 수많은 변수들의 가능한 모든 조합을 만들어 수십만, 수백만 개의 가능한 미래 시나리오를 동시에 시뮬레이션 한다.

이는 최악의 경우부터 최상의 경우까지, 발생 가능한 모든 미래의 스펙트럼을 눈앞에 펼쳐보는 것과 같다.

■ 인사이트 2: '리스크'를 막연한 불안감에서 구체적인 '확률'로 번역하다.

시뮬레이션을 통해 펼쳐진 백만 개의 미래 속에서, AI는 리스크를 구체적인 숫자로 번역한다. '경기가 나빠지면 어떡하지?'라는 막연한 불안감 대신, '시뮬레이션 결과, 최종 수익률이 마이너스가 될 확률은 12.7%이며, 가장 큰 원인은 초기 분양률 저하(45%)와 금리 인상(30%)'라고 분석해준다.

이는 리스크를 관리 불가능한 미지의 공포에서, 통제하고 대비할 수 있는 '확률적 변수'로 바꾸어 놓는 결정적인 과정이다.

■ 인사이트 3: 위험과 수익의 최적 균형점, '효율적 투자선'을 도출하다.

이 선 위에 있는 모든 포트폴리오는 가장 '최적화된' 선택지들이다. AI는 이 경계선을 찾아내어, "안정성을 추구한다면 A안(기대수익 8%, 리스크 5%), 공격적인 투자를 원한다면 B안(기대수익 15%, 리스

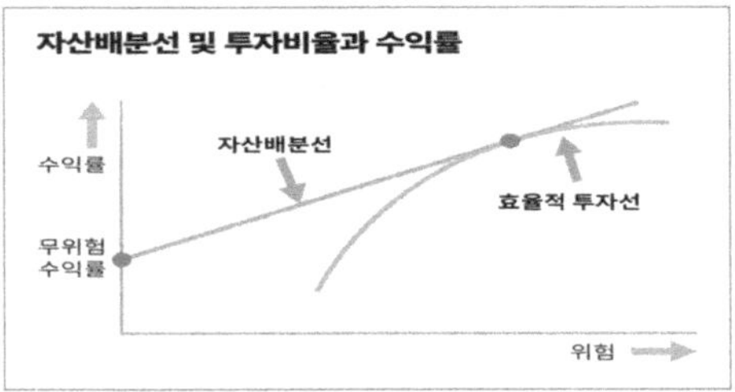

자산배분이란 일정한 자산을 여러 대상에 투자하는 것으로, 이 과정에서 가장 중요한 것은 투자대상별 비중을 정하는 것이다. 쉽게 말해, 위험자산과 안전자산으로 나눌 경우 몇 대 몇의 비율로 투자 포트폴리오를 구성할지를 말한다. (출처: ER 이코노믹리뷰(https://www.econovill.com)

크 12%)"과 같이, 투자자의 성향에 맞는 여러 개의 최적화된 전략을 제시해준다.

■ 인사이트 4: 프로젝트의 운명을 좌우할 '결정적 변수'를 찾아내다.

모든 리스크가 똑같은 무게를 갖는 것은 아니다. 어떤 리스크는 프로젝트에 미미한 영향을 주지만, 어떤 리스크는 전체를 뒤흔드는 치명적인 아킬레스건이 된다. AI는 '민감도 분석(Sensitivity Analysis)'을 통해, 수많은 리스크 변수 중 어떤 것이 최종 수익률에 가장 큰 영향을 미치는지를 과학적으로 식별한다.

예를 들어, '공사비가 1% 변하는 것보다, 분양 시점이 1개월 늦어지는 것이 최종 수익률에 5배 더 큰 악영향을 미친다'는 사실을 밝혀내는 것이다. 이는 한정된 자원을 가장 중요한 리스크 관리에 집중하게 만드는 핵심적인 정보다.

■ 인사이트 5: '살아 움직이는 최적화' - 실시간 동적 재조정.

최적화는 프로젝트 시작 전에 한 번 하고 끝나는 이벤트가 아니다. 시장 상황은 살아있는 생물처럼 끊임없이 변하기 때문이다. AI는 새로운 데이터가 들어올 때마다, 즉시 모든 시뮬레이션을 다시 실행하여 최적의 전략을 실시간으로 수정하고 제안한다.

갑작스러운 정부의 부동산 정책 발표, 예상치 못한 원자재 가격 급등과 같은 돌발 변수가 발생하면, AI는 즉각 그 영향을 반영하여 기존의 항로를 버리고 새로운 최적 항로를 제시하는 '실시간 내비게이션' 역할을 수행한다.

분석 차원	전통적 방식 (정적/단선적)	AI 기반 최적화 방식 (동적/다차원적)
미래 예측	가장 가능성 높은 단일 시나리오 가정	수백만 개의 가능한 시나리오 시뮬레이션
리스크 평가	정성적 판단 (높음/중간/낮음)	확률에 기반한 정량적 평가 (예: 실패 확률 12.7%)
전략 선택	경험과 직관에 의존한 단일 전략	효율적 투자선에 기반한 다수의 최적 전략 제시
핵심 변수	주요 변수에 대한 주관적 판단	민감도 분석을 통한 객관적 핵심 변수 식별
위기 대응	문제 발생 후 사후 대책 마련	실시간 데이터 기반의 선제적/동적 전략 재조정

3.3. 가상 사례: AI '오라클'이 빚어낸 절벽 위의 기적, '프로젝트 피너클'

https://www.gettyimages.co.uk

1) 2028년, 개발사 '버텍스'는 동해안의 한 절벽 부지에 최고급 리조트를 짓는 고난도 프로젝트, '프로젝트 피너클'을 추진했다. 아름다운 경관만큼이나 지질학적 리스크, 태풍 리스크, 계절적 수요 변동 리스크가 극심하여 모든 투자자가 고개를 저었다.

2) '버텍스'는 AI 최적화 시스템 '오라클'을 가동했다.

- 1단계(미래 시뮬레이션): '오라클'은 지난 50년간의 기상 데이터, 지질 데이터, 주변 관광객 데이터를 분석하여, 발생 가능한 100만 개의 미래 시나리오를 생성했다. 그 결과, 프로젝트의 파산 확률은 무려 35%에 달했다.
- 2단계(최적 전략 탐색): 그러나 '오라클'은 포기하지 않고, 이 100만 개의 시나리오 속에서 효율적 투자선을 찾아냈다. 그리고 세 가지 최적화된 대안을 제시했다. 1안(소규모 빌라, 수익률 7%), 2안(호텔+스파, 수익률 12%), 3안(절벽 위 인피니티 풀 포함, 수익률 22%).
- 3단계(핵심 리스크 식별): 경영진은 가장 수익률이 높은 3안에 매료되었다. '오라클'에게 3안에 대한 민감도 분석을 지시하자, '오라클'은 "프로젝트의 성패는 90% 이상, 인피니티 풀 건설에 사용될 특수 강화 콘크리트의 원가 변동에 달려있다"는 놀라운 사실을 발견했다.
- 4단계(리스크 헤지 및 실행): '버텍스'는 이 분석을 바탕으로, 프로젝트를 시작하기도 전에 콘크리트 공급사와 3년 후의 물량까지 고정 가격으로 구매하는 선도 계약을 체결했다. 가장 치명적인 리스크를 사전에 제거한 것이다.
- 5단계(실시간 재조정): 공사가 진행되던 중, 경쟁사가 인근에 대규모 리조트를 짓는다는 뉴스가 발표되었다. '오라클'은 즉시 이 정보를 반영하여 전략을 재조정했다. 그리고 "객실 수를 20% 줄이는 대신, 개인용 온천과 명상 공간을 갖춘 최고급 '웰니스 스위트'의 비중을 40%로 늘려, 타겟 고객을 완전히 차별화해야 한다"는 새로운 최적안을 제시했다.

3) 결과 및 시사점: 결국 '프로젝트 피너클'은 시장의 모든 예상을 깨고 대성공을 거두었다. 이는 단순히 운이 좋았던 것이 아니라, AI가 수백만 개의 미래 속에서 가장 빛나는 단 하나의 항로를 찾아내고, 끊임없이 그 항로를 수정하며 비행한 과학적 최적화의 위대한 승리였다.

4. 부동산 프로젝트의 투명성과 신뢰성을 높이는 AI 시스템 구축과 가상사례

4.1. 의심의 '블랙박스'에서 신뢰의 '글래스박스'로

부동산 PF 프로젝트는 오랫동안 '블랙박스(Black Box)'와 같았다. 수많은 이해관계자들이 각자의 이익을 위해 정보를 숨기고, 의사결정 과정은 베일에 싸여 있으며, 문제가 터진 후에야 그 실체가 드러나는 경우가 비일비재했다.

투자자는 시행사를 믿지 못하고, 금융사는 시공사를 의심하며, 시행사는 또 다른 참여자를 경계하는 '불신의 악순환'이 바로 이 산업의 가장 큰 리스크였다. 그러나 인공지능(AI)은 이 불투명한 블랙박스를, 내부가 훤히 들여다보이는 '글래스박스(Glass Box)'로 바꾸고 있다.

이 절은 AI가 어떻게 기술을 통해 부동산 PF 생태계의 가장 중요한 사회적 자본, 즉 '신뢰'를 구축하는지에 대한 글이다. 5가지 인사이트를 통해 AI 시스템이 어떻게 프로젝트의 모든 과정을 투명하게 공개하고, 객관적인 데이터로 모두를 설득하며, 궁극적으로 참여자 간의 신뢰를 형성하는지를 분석하게 된다. 가상의 공공 프로젝트 사례는 이러한 투명성과 신뢰가 구현된 미래가 어떤 모습일지를 보여주는 생생한 청사진이 될 것이다.

4.2. 불신의 안개를 걷어내는 AI의 5가지 기술

AI는 데이터와 알고리즘, 그리고 새로운 기술과의 융합을 통해 과거에는 불가능했던 수준의 투명성과 신뢰를 PF 생태계에 구현한다.

- **인사이트 1: '단일 진실 공급원(SSoT)' - 모두가 같은 데이터를 보는 세상.**
  불신의 가장 큰 원인은 각자 다른 정보를 가지고 있기 때문이다. AI 시스템은 프로젝트와 관련된 모든 데이터(설계도, 계약서, 자금 흐름, 공정 현황, 인허가 서류 등)를 하나의 클라우드 기반 플랫폼에 통합하여 '단일 진실 공급원(Single Source of Truth)'을 만든다.
  시행사, 시공사, 금융사, 투자자 등 권한을 가진 모든 참여자는 언제 어디서든 동일한 최신 정보에 접근할 수 있다. 이는 "나는 몰랐다"거나 "보고가 잘못되었다"는 식의 변명을 원천적으로 차단하고, 모두가 같은 정보를 기반으로 소통하게 만드는 신뢰의 첫걸음이다.
- **인사이트 2: '실시간 디지털 트윈' - 눈앞에서 실시간으로 지어지는 가상 건물.**
  "공사가 계획대로 잘 진행되고 있습니까?" 라는 질문은 더 이상 필요 없다. 현실의 공사 현장을 가상 세계에 그대로 복제한 디지털 트

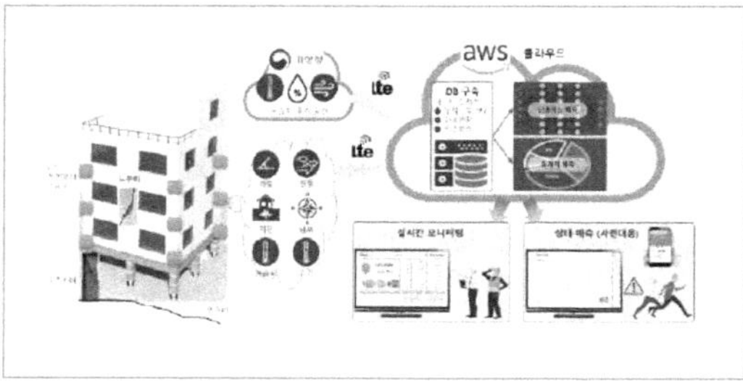

건축물 IoT 센서 데이터를 분석하여 인공지능을 활용 [https://www.koreascience.kr]

윈이 실시간으로 모든 것을 보여주기 때문이다. 드론이 촬영한 영상, IoT 센서가 측정한 데이터, 현장 작업일지 등이 실시간으로 디지털 트윈에 반영된다.

투자자는 자신의 집무실에 앉아서도, VR 기기를 통해 공사 현장을 둘러보고, 계획된 공정률과 실제 공정률의 차이를 1% 단위까지 확인할 수 있다. 이는 모든 과정을 '감시'가 아닌 '공유'의 대상으로 바꾸어 놓는다.

■ 인사이트 3: '객관적 데이터 기반 의사결정' - 인간의 편견과 이해관계를 배제하다.

프로젝트 진행 중 발생하는 수많은 의사결정은 종종 특정인의 주관이나 이해관계에 따라 왜곡될 수 있다. AI 시스템은 이러한 의사결정 과정을 데이터에 기반하여 객관 화한다.

예를 들어, 어떤 공법을 선택할지 결정할 때, AI는 각 공법의 비용, 기간, 안정성, 리스크 등을 계량적으로 분석하여 최적의 대안을 추천한다. 이는 특정 업체에 일감을 몰아주거나, 리스크를 알면서도 무리하게 사업을 강행하는 등의 인간적인 오류와 도덕적 해이를 방지하는 강력한 장치가 된다.

■ 인사이트 4: '블록체인' 기술의 융합 - 누구도 위조할 수 없는 거래 기록.

블록체인에 한번 기록된 내용은 그 누구도 임의로 수정하거나 삭제할 수 없다. PF 대출금이 언제, 누구에게, 얼마가, 어떤 목적으로 지급되었는지가 영구적으로 투명하게 기록되는 것이다.

이는 횡령이나 자금 유용과 같은 금융 사고의 가능성을 원천적으로 차단하고, 모든 거래 기록에 대한 절대적인 신뢰를 부여한다.

- 인사이트 5: '정보의 대중화' - 소액 투자자도 기관 투자자처럼.

과거에는 기관 투자자 들만이 접근할 수 있었던 고급 정보들이 AI 플랫폼을 통해 모든 투자자에게 평등하게 제공된다. AI가 분석한 상세한 리스크 분석 보고서, 실시간 공정 현황, 자금 집행 내역 등을 소액으로 투자한 일반 투자자도 스마트폰 앱을 통해 똑같이 확인할 수 있다.

이는 정보의 격차에서 비롯되는 불신과 불안을 해소하고, 모든 투자자가 동등한 위치에서 프로젝트의 성공을 응원하고 감시하는 건전한 생태계를 만드는 기반이 된다.

평가기준	전통적 PF ("블랙박스" 방식)	AI 기반 PF ("글래스박스" 방식)
데이터 관리	각 주체가 개별적으로 관리 (정보의 파편화)	단일 플랫폼을 통한 정보 통합 (SSoT)
진행 상황 보고	주간/월간 단위의 정기적인 서면 보고	디지털 트윈을 통한 실시간 시각적 모니터링
의사결정	소수 책임자의 주관적 판단 및 경험에 의존	AI의 객관적 데이터 분석에 기반한 합리적 판단
거래 기록	중앙 서버에 저장 (위변조 가능성 존재)	블록체인에 영구 기록 (위변조 불가능)
정보 접근성	기관 투자자에게만 고급 정보 제공 (정보 비대칭)	모든 투자자에게 동일한 정보 실시간 제공 (정보 민주화)

4.3. 가상 사례: 시민 모두가 감시자가 된 투명한 도시, '프로젝트 베리타스'

1) 2030년, 서울시는 상습 침수 구역인 A지구에 대규모 지하 빗물 저장 시설과 스마트 복합 문화 공간을 건설하는 민관협력(PPP) 프로

https://www.jaenung.net

젝트, '프로젝트 베리타스(Veritas)'를 발표했다. 과거의 대형 공공 프로젝트들이 비리와 예산 낭비 논란에 시달렸던 것을 교훈 삼아, AI에 맡겨 관리하도록 하였다.

2) **서울시는 이 프로젝트의 모든 과정을** AI 투명성 시스템 '아이리스(IRIS)'를 통해 관리하기로 했다.

3) **'아이리스'는 프로젝트의 모든 것을 기록하고 공개했다.** 사업자 선정 과정의 모든 평가 점수와 회의록이 공개되었고, 최종 계약서는 블록체인에 기록되어 누구나 열람할 수 있었다.

4) **프로젝트가 시작되자, 시민들은 '아이리스' 앱을 통해 실시간 디지털 트윈으로 공사 현장을 확인할 수 있었다.** 한 시민이 계획과 달리 특정 구간의 굴착이 지연되는 것을 발견하고 앱을 통해 문제를 제기하자, AI는 즉시 현장 데이터를 분석하여 "예상치 못한 암반 발견으로 공법 변경이 필요하며, 이로 인한 추가 비용과 기간은 OOO원, O일"이라는 분석 결과를 모든 참여자와 시민에게 투명하게 공개했다.(객관적 의사결정)

5) 특히, '프로젝트 베리타스'는 건설 비용의 일부를 시민 참여형 STO(증권형 토큰)로 조달했다. 단돈 10만 원을 투자한 시민도, 기관 투자자와 똑같이 '아이리스'를 통해 자금이 어떻게 집행되는지를 블록체인 위에서 1원 단위까지 확인할 수 있었다.(정보의 민주화)
어느 날, 한 하청업체가 계약과 다른 저품질 자재를 사용하려다 현장의 IoT 센서에 의해 적발되었다. 이 정보는 즉시 '아이리스' 시스템에 보고되었고, 모든 투자자에게 푸시 알림이 갔다. 비리는 발생 즉시 발각되고 공유된 것이다.

6) 결과 및 시사점: 결국 '프로젝트 베리타스'는 단 한 건의 비리나 예산 낭비 없이, 계획된 기간과 예산 안에 완벽하게 완공되었다. 이는 AI가 만든 절대적인 투명성이 모든 참여자의 도덕적 해이를 막고, 서로에 대한 신뢰를 구축하여 프로젝트를 성공으로 이끈 위대한 사회적 실험이었다. 시민들은 더 이상 세금이 낭비될 것을 의심하지 않았고, 프로젝트의 성공을 함께 응원하는 든든한 주주이자 감시자가 되었다.

5. 지속가능한 AI 부동산 PF 모델의 설계 원칙과 가상사례

5.1. 한번의 성공이 아닌, 영원한 성공을 향하여

지금까지 우리는 AI가 어떻게 더 빠르고, 더 정확하게, 더 수익성 높은 부동산 프로젝트를 만들어내는지를 탐험했다. 그러나 진정으로 위대한 모델은 단 한 번의 성공에 그치지 않고, 변화하는 세상 속에서 끊임없이 학습하고 적응하며, 이익을 넘어선 가치를 창출하는 모델이다. 즉, '지속가능성(Sustainability)'을 내장한 모델이어야만 한다. 일회성으로 타오르는 불꽃이 아니라, 스스로 빛을 내며 영원히 타오르는 항성을 만드는 것이 우리의 최종 목표가 되어야 한다.

이 절은 성공하는 AI 부동산 PF 모델의 궁극적인 지향점, 즉 지속가능성을 위한 5가지 핵심 설계 원칙을 제시하는 청사진이다. 우리는 어떻게 AI를 활용하여 환경적, 사회적 책임을 다하면서도 재무적 성공을 거둘 수 있는지, 그리고 어떻게 AI와 인간이 협력하여 끊임없이 진화하는 시스템을 만들 수 있는지를 살펴볼 것이다. 가상의 미래 도시 프로젝트는 이 모든 원칙이 통합되었을 때 얼마나 위대한 결과물이 탄생할 수 있는지를 보여주는 희망의 증거가 될 것이다.

5.2. 영속하는 시스템을 위한 5가지 설계 원칙

지속가능한 AI PF 모델은 단순히 똑똑한 것을 넘어, 지혜롭고, 책임감 있으며, 끊임없이 성장하도록 설계되어야 한다.

- 인사이트 1: '이익'을 넘어 '가치'를 최적화하다 - ESG 중심의 목표 설정.

  지속가능한 모델의 첫 번째 원칙은 목표 함수 자체를 재정의하는 것이다. 기존 모델의 목표가 오직 '수익률 극대화'였다면, 지속가능

환경, 사회, 지배구조! 지속 가능한 발전을 추구하는 ESG 경영 [https://openads.co.kr]

한 모델은 ESG(환경·사회·지배구조) 가치를 통합하여 최적화한다. AI는 친환경 자재 사용이 단기적으로는 비용을 증가시키지만, 장기적으로는 건물의 에너지 효율을 높이고 브랜드 가치를 상승시켜 최종 수익률에 긍정적 영향을 미친다는 사실을 계량적으로 증명한다. 지역사회를 위한 공공 공간 확보가 어떻게 유동인구를 늘리고 상업시설의 가치를 높이는지를 시뮬레이션 하는 것이다. 이는 AI의 목표를 '돈 잘 버는 기계'에서 '세상을 이롭게 하는 지혜로운 조력자'로 격상시키는 것이다.

■ 인사이트 2: 어제의 정답을 끊임없이 의심하고 진화하다 - 자기 학습의 원칙.

세상은 변하고 시장은 진화한다. 어제의 성공 공식이 내일의 실패 원인이 될 수 있다. 지속가능한 AI 모델은 한번 만들어지고 끝나는 것이 아니라, 끊임없이 스스로를 업데이트하고 진화하는 '자기 학습(Self-learning) 루프'를 내장해야 한다.

프로젝트가 끝날 때마다, AI는 자신의 예측과 실제 결과의 차이를 분석하여 무엇을 놓쳤는지를 학습한다. 그리고 이 교훈을 다음 프로젝트의 알고리즘에 반영하여 스스로를 더 똑똑하게 만든다. 이는 시스템이 시간이 지날수록 노후화되는 것이 아니라, 경험이 쌓일수록 더 현명해지는 것을 의미한다.

■ 인사이트 3: AI의 '계산'과 인간의 '지혜'를 결합하다 - 상호보완적 협업 원칙.

AI는 완벽하지 않다. 데이터에 없는 윤리적 문제나, 복잡한 이해관계자의 감정적인 측면을 이해하지 못한다. 지속가능한 모델은 AI가

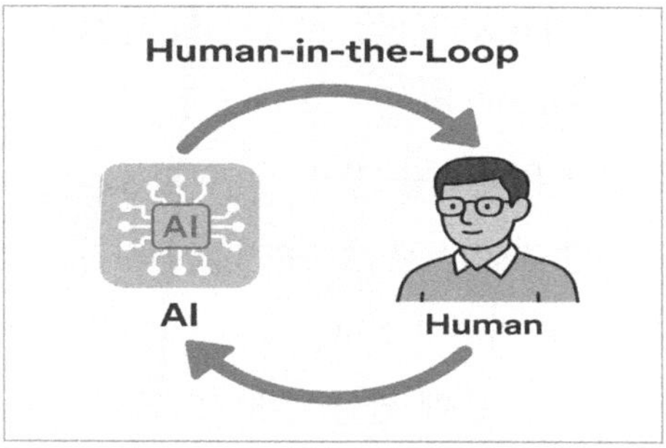

인간 참여형 시스템이 AI의 정확성, 공정성 및 신뢰를 향상시키는 방법
[https://ko.shaip.com]

모든 것을 결정하는 완전 자동화가 아니라, AI의 데이터 기반 제안을 인간 전문가가 검토하고 최종 결정하는 '인간 참여형(Human-in-the-Loop)' 협업 모델이어야 한다.

AI는 수백만 개의 시나리오를 분석하여 최적의 선택지들을 제시하는 '최고의 참모' 역할을, 인간은 그 제안들 속에서 최종적인 전략적, 윤리적 판단을 내리는 '지혜로운 지휘관' 역할을 수행하는 것이다.

■ 인사이트 4: 모든 과정을 투명하게 공개하여 '신뢰'를 구축하다 - 생태계의 원칙.

지속가능성은 투자자, 정부, 지역 사회 등 모든 이해관계자의 신뢰 위에서만 가능하다. 신뢰는 투명성에서 나온다. AI 모델은 블록체인 기술과 결합하여, 의사결정의 근거가 된 데이터부터 자금 집행 내역, ESG 성과 측정 결과까지 모든 과정을 투명하게 공개하고, 위변조가 불가능하도록 만들어야 한다.

이러한 투명성은 투자 유치를 용이하게 하고, 불필요한 사회적 갈등을 예방하며, 프로젝트 전체를 둘러싼 건전한 신뢰의 생태계를 조성하는 가장 강력한 기반이 된다.

■ 인사이트 5: '개발'에서 '운영'으로, 자산의 전 생애를 책임지다 - 스튜어드십(Stewardship) 원칙.

지속가능한 모델은 건물을 짓고 분양하면 끝나는 단기적인 시야에서 벗어나, 해당 자산의 전 생애주기를 책임지는 '스튜어드십(Stewardship)'의 관점을 가져야 한다.

AI는 디지털 트윈을 통해 완공 이후에도 건물의 에너지 소비, 설비 상태, 공간 활용도를 실시간으로 모니터링하고 최적화한다. AI는 건물이 최고의 가치를 유지하며 도시와 함께 숨 쉬고 성장할 수 있도록 돕는 평생의 자산 관리자가 되는 것이다.

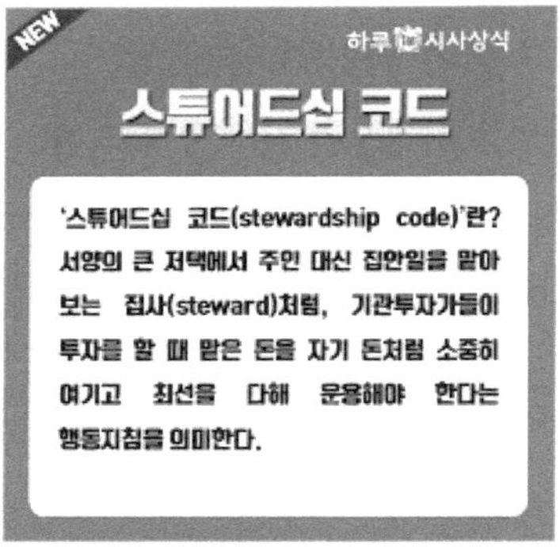

https://www.facebook.com

이는 개발의 패러다임을 '만들고 떠나는 것'에서 '함께 키워 나가는 것'으로 바꾸는 것이다.

설계 원칙	핵심 개념	AI의 핵심 역할	기대 효과(지속가능성)
ESG 중심	이익을 넘어 환경, 사회적 가치를 통합	ESG 요소를 계량화하고 장기적 가치를 최적화	재무적, 사회적 가치의 동반 상승
자기 학습	과거의 경험을 통해 스스로를 개선하고 진화	예측과 결과의 차이를 분석하여 알고리즘 업데이트	변화하는 시장에 대한 적응력 및 회복탄력성 확보

인간-AI 협업	AI의 분석과 인간의 최종 판단을 결합	데이터 기반의 최적 대안 제시(최고의 참모)	기술적 오류 및 윤리적 리스크 최소화
급진적 투명성	모든 과정과 데이터를 투명하게 공개	블록체인 기반의 데이터 기록 및 실시간 공유	이해관계자 신뢰 구축 및 사회적 자본 형성
전 생애주기 관리	개발을 넘어 운영까지 책임지는 스튜어드십	디지털 트윈을 통한 자산 운영 최적화	자산 가치의 장기적 우상향 및 안정성 확보

5.3. 가상 사례: AI '가이아'와 함께 성장하는 도시, '프로젝트 아고라'

1) 2035년, 한 다국적 컨소시엄은 과거 중금속으로 오염되었던 인천의 낡은 공장지대를 미래형 지속가능 커뮤니티로 재 탄생시키는 '프로젝트 아고라'를 시작했다.

2) 이 **프로젝트의 중심**에는 5가지 지속가능 원칙이 내장된 AI 플랫폼 '가이아(GAIA)'가 있었다.

- **첫째**, '가이아'의 목표는 돈이 아니었다. '가이아'는 수익률과 함께 탄소배출량, 지역 고용 창출 효과, 공공 녹지 면적까지 포함된 ESG 통합 점수를 최적화하도록 설계되었다. 그 결과, 초기 비용이 더 들더라도 토양 정화 기술에 투자하고, 건물 옥상 전체를 도시 농업 공간으로 할당하는 것이 장기적으로는 더 높은 가치를 창출한다는 결론을 도출했다.
- **둘째**, 투명성은 완벽했다. '가이아'의 모든 의사결정 과정은 블록체인에 기록되어 시민 누구나 열람할 수 있었다. 지역 주민들은 '인간-AI 협업'의 일환으로, '가이아'가 제안한 여러 공원 설계안에 대해 직접 투표했고, AI는 그 결과를 반영하여 최종 설계를 수정했다. 이는 과거 개발 사업에서 항상 문제가 되었던 주민 갈등을 원천적으로 차단했다.

Ai illustration [https://www.freepik.com]

- **셋째,** '가이아'는 자산을 평생 책임졌다. '아고라' 커뮤니티가 완공된 후, '가이아'는 도시의 에너지 관리 시스템이 되었다. 각 세대의 전력 사용 패턴을 예측하여 잉여 전력을 이웃과 거래하게 하고, 도시 전체의 폐기물 재활용률을 95%까지 끌어올렸다.

3) **결과 및 시사점:** 마지막으로, 2045년 현재, '프로젝트 아고라'는 세계에서 가장 살기 좋은 도시 중 하나로 꼽힌다. 그리고 '가이아'는 지난 10년간의 모든 운영 데이터를 학습하여, 현재 아프리카에서 진행 중인 제2의 아고라 프로젝트를 위한 더 현명한 조언을 해주고 있다. '프로젝트 아고라'의 성공은 AI가 단순히 이익을 극대화하는 도구를 넘어, 인간과 협력하여 더 나은 미래와 지속가능한 도시를 설계하는 위대한 파트너가 될 수 있음을 보여주는 강력한 증거이다.

제2부

성공하는 PF의 비밀, AI는 이렇게 일한다

제7장
[사업 부지 발굴] 노다지는 어디에? AI 기반 입지 분석

1. 유동인구, 상권, 교통 데이터와 AI로 '미래 가치'를 읽는 법과 가상사례

1.1. 도시의 혈액, 맥박, 그리고 신경망을 분석하다

만약 도시가 하나의 거대한 살아있는 유기체라면, 유동인구는 도시의 모든 세포에 산소와 영양분을 공급하는 '혈액'과 같다. 상권은 그 혈액이 모여 에너지를 폭발 시키는 '심장'이며, 교통은 이 모든 흐름을 관장하는 '신경망'이다.

과거의 부동산 투자가 건물의 뼈대와 외형만 보고 가치를 판단했다면, 이제 AI는 이 도시의 혈액, 맥박, 신경망의 흐름을 분석하여 보이지 않는 미래의 건강 상태와 성장 잠재력을 진단한다.

이 절은 도시의 생명 활동을 구성하는 세 가지 핵심 데이터를 AI가 어떻게 분석하고 융합하여 부동산의 '미래 가치'를 읽어내는지에 대한 정밀 진단서이다. 우리는 5가지 인사이트를 통해 데이터가 어떻게 도시의 미래를 속삭이는지를 엿들을 것이다. 가상의 투자 사례는 이 모든 분석이 어떻게 하나의 위대한 투자 성공 신화로 귀결되는지를 보여주는 생생한 임상 기록이 될 것이다.

1.2. 미래 가치를 여는 3개의 열쇠와 AI의 융합

유동인구, 상권, 교통 데이터는 각각 독립적으로도 중요하지만, AI를 통해 융합될 때 비로소 미래를 예측하는 강력한 시너지를 발휘한다.

■ 인사이트 1: '유동인구' 데이터 - 도시의 활력을 측정하는 혈류계.

유동인구 데이터는 단순히 얼마나 많은 사람이 지나다니는지를 넘어, '어떤 사람들'이, '언제', '어떤 목적'으로 그 공간을 채우는지를 보여준다. 통신사의 기지국 데이터를 기반으로 한 AI 분석은, 특정 지역의 주중/주말 유동인구, 시간대별 체류 시간, 성별/연령별 인구 구성의 변화를 10m 단위로 분석해낸다.

예를 들어, '과거에는 50대 남성 직장인이 대부분이었던 거리에, 최근 1년간 20대 여성의 주말 오후 체류 시간이 300% 급증했다'는 사실을 발견한다면, 이는 새로운 상권이 형성되고 있다는 강력한 신호가 된다.

■ 인사이트 2: '상권' 데이터 - 돈의 흐름을 보여주는 심박수 측정기.

상권 데이터는 도시의 심장, 즉 상업 활동의 활력을 측정한다. 카드사의 가맹점 매출 데이터, 배달 앱의 주문 데이터, 부동산 플랫폼의 공실률 데이터 등이 여기에 해당한다. AI는 이 데이터를 분석하여 특정 상권의 흥망성쇠를 실시간으로 추적한다.

똑똑해진 부동산 플랫폼 진화 뜨겁다 | 매거진한경 [https://magazine.hankyung.com]

'A 상권의 전체 매출은 정체 상태이지만, 특정 골목의 F&B 업종 월평균 객단가가 6개월 연속 상승하고 있다'거나, 'B 상권의 공실률은 높지만, 최근 3개월간 신규 창업 업종이 과거와 완전히 다른 종류(예: 와인바, 공방)로 채워지고 있다'는 패턴을 발견한다면, 이는 상권의 질적인 변화, 즉 고급화의 전조가 된다.

■ 인사이트 3: '교통' 데이터 - 도시의 잠재력을 연결하는 신경망 분석.

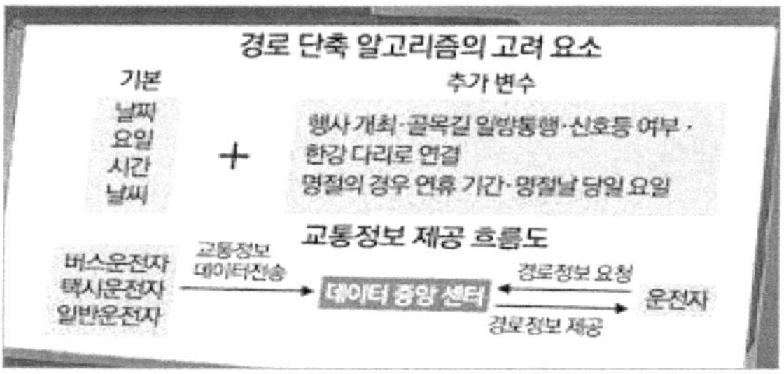

T맵은 이 길로 가라는데 김기사는 저 길 추천 왜? [https://www.sedaily.com]

교통 데이터는 도시의 미래 확장 가능성을 가늠하는 척도이다. 버스/지하철의 승하차 인원 데이터, 내비게이션의 경로 검색 데이터, 그리고 무엇보다 중요한 '미래 교통망 계획' 데이터가 핵심이다.

AI는 새로운 지하철 노선이나 도로가 생겼을 때, 사람들이 어떻게 더 빠르고 편리하게 특정 지역으로 접근하게 되는지를 시뮬레이션 한다. 그리고 과거 유사한 교통 개선 사례를 학습하여, 'GTX-A 노선 개통 시, A 지역의 접근성 개선 지수는 85점으로, 이는 5년 내 유동인구 30% 증가와 지가 20% 상승으로 이어질 확률이 90%' 라고 예측하는 것이다.

데이터 종류	핵심 원천 데이터	AI가 분석하는 대상	읽어낼 수 있는 미래 가치
유동인구	통신사 기지국 데이터, 대중교통 이용 기록	인구 구성의 변화, 체류 시간, 이동 패턴	새로운 수요층의 유입, 지역 활력의 변화
상권	카드사 매출 데이터, 배달 앱, 공실률 정보	업종별 매출 변화, 객단가, 창업/폐업 패턴	상권의 성장/쇠퇴, 젠트리피케이션의 전조
교통	대중교통 승하차 기록, 교통망 계획 데이터	접근성의 변화, 이동 시간 단축 효과	도시 확장성, 잠재적 인구 유입 가능성

- 인사이트 4: '데이터 융합' - 세 개의 렌즈를 합쳐 하나의 초점을 맞추다.

AI의 진정한 힘은 이 세 가지 데이터를 융합하여 하나의 통합된 인사이트를 도출하는 데 있다. 예를 들어,

① 새로운 지하철 노선이 계획되고(교통),

② 그로 인해 20~30대 직장인의 유입이 예상되며(유동인구),

③ 이들이 선호하는 F&B 업종이 아직 부족한(상권) 지역을 찾아낸다.

이 세 가지 데이터가 교차하는 지점 이야말로, 미래 가치가 폭발할 가능성이 가장 높은 '숨겨진 보석' 같은 땅이 되는 것이다.

AI는 이처럼 여러 개의 렌즈를 통해 들어온 빛을 하나의 초점으로 모아 미래를 선명하게 보여준다.

- 인사이트 5: '미래 가치 시뮬레이션' - 최적의 투자 대상과 컨셉을 역으로 설계하다.

데이터 융합 분석이 끝나면, AI는 이를 바탕으로 미래 가치를 시뮬레이션하고 최적의 투자 전략을 제안한다. 'A 지역은 1인 가구 직장인의 유입이 예상되므로, 대형 평수 아파트보다는 소형 오피스텔과 공유 오피스, 그리고 배달 전문 식당이 결합된 복합 시설을 개발해야 한다.

이 경우, 5년 후 예상 내부수익률(IRR)은 18%가 될 것이다' 와 같이 구체적인 컨셉과 예상 수익률까지 제시한다. 이는 단순히 좋은 땅을 찾는 것을 넘어, 그 땅의 가치를 극대화할 수 있는 최적의 '솔루션'을 설계하는 단계이다.

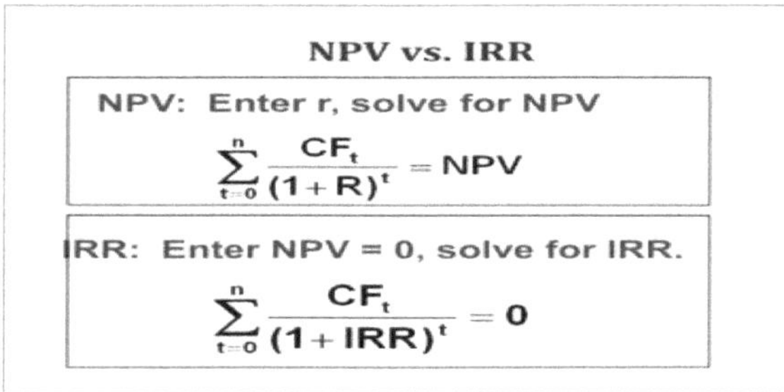

순현재가치법과 내부수익률법의 비교 [https://blog.naver.com]

1.3. 가상 사례: AI '노바'가 발견한 죽은 상권의 비밀

서울 동대문 닭한마리 골목 여행지 [https://korean.visitkorea.or.kr]

1) 2026년, 투자사 '퀀텀 애널리틱스'는 AI 분석 시스템 '노바(NOVA)'를 이용해 서울의 저평가된 상업용 부동산을 찾고 있었다. 인간 분석가들은 모두 강남이나 성수동의 데이터를 보고 있었다.

2) '노바'는 뜻밖에도 과거 '유령 상권'이라 불리던 동대문 인근의 한 뒷골목을 지목했다.

'노바'의 분석 보고서는 다음과 같았다.

- **교통 데이터 분석:** "현재는 교통이 불편하나, 2년 후 개통될 동북선 경전철의 A역 출구가 해당 골목에서 150m 거리에 신설될 예정이다. 이로 인한 잠재적 접근성 개선 효과는 서울시 내 미개발 지역 중 상위 5%에 해당한다."
- **유동인구 데이터 분석:** "A역 신설 시, 주된 이용객은 인근 B대학과 C대학의 20대 초반 학생들일 것으로 예측된다. 이들의 현재 이동 패턴을 분석한 결과, 하교 후 주로 인근이 아닌 홍대나 성수 지역으로 이동하여 문화를 소비하고 있다."
- **상권 데이터 분석:** "현재 해당 골목의 상권은 노후화된 봉제공장과 식당이 전부이다. 20대 학생들이 선호하는 저가형 카페, 편집샵, 스터디 공간 등은 전무한 상태로, 거대한 '수요-공급의 불일치'가 존재한다."
- **데이터 융합 및 최종 결론(미래 시뮬레이션):** "결론적으로, 2년 후 이곳은 "교통망 개선으로 새롭게 유입될 거대한 잠재 수요(대학

Create AI Illustration [https://cgdream.ai]

생)를 기존 상권이 전혀 흡수하지 못하는 '진공 상태'가 될 것이다. 지금 저렴한 가격으로 낡은 건물을 매입하여, 이들의 취향에 맞는 복합 문화 공간으로 리모델링할 경우, 3년 내 임대수익률 15% 이상을 달성할 확률이 92%이다."

3) **결과 및 시사점:** '퀀텀 애널리틱스'는 '노바'의 분석을 믿고 과감한 투자를 집행했다. 3년 후, 그곳은 대학생들을 위한 저렴하고 트렌디한 가게들로 가득 찬, '제2의 샤로수길'로 불리며 서울에서 가장 뜨거운 상권으로 떠올랐다. 결국 AI '노바'는 도시의 혈액(유동인구), 심장(상권), 신경망(교통) 데이터를 융합하여, 죽은 땅의 미래 심박수가 어떻게 다시 뛰게 될지를 정확히 예측해낸 것이다.

2. 숨겨진 규제와 리스크, AI 스캐너로 10분 만에 찾아내기와 가상사례

2.1. 보이지 않는 지뢰밭을 걷는 개발자들을 위한 안내서

부동산 개발 프로젝트는 화려한 청사진 아래, 수많은 보이지 않는 지뢰가 묻혀 있는 위험한 전쟁터와 같다. 토지이용계획, 건축법규, 문화재보호법 등 눈에 보이는 규제는 빙산의 일각일 뿐이다.

수면 아래에는 예측 불가능한 지방 조례, 까다로운 행정 지침, 잠재된 주민 민원, 땅속에 묻힌 역사적 유물이라는 거대한 빙산이 숨어있다. 인간 변호사와 컨설턴트가 수 주일에 걸쳐 찾아낼까 말까 한 이 숨겨진 리스크들을, 인공지능(AI)은 단 10분 만에 스캔하여 붉은 경고등을 켠다.

이 절은 AI가 어떻게 프로젝트 부지를 둘러싼 수백만 페이지의 법률, 기사, 지도 데이터를 샅샅이 훑어 치명적인 리스크를 찾아내는 'AI 리스크 스캐너'의 작동 원리를 해부하는 내용이다. 우리는 5가지 인사이트를 통해 AI가 어떻게 인간의 눈을 속이는 위험 요소를 식별하는지를 분석할 것이다. 가상의 프로젝트 사례는 이 AI 스캐너가 어떻게 수조 원의 재앙을 막고 프로젝트의 운명을 구원하는지를 보여주는 예시가 될 것이다.

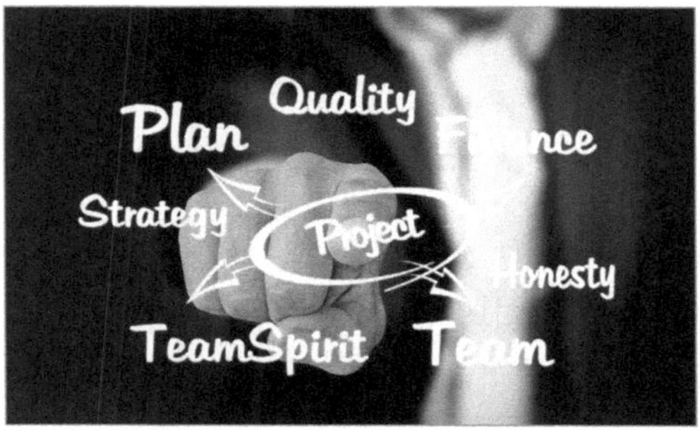

AI로 리스크를 관리하다 [https://brunch.co.kr]

2.2. 리스크를 찾아내는 AI 스캐너의 5단계 투시법

AI 리스크 스캐너는 각기 다른 종류의 데이터를 분석하는 여러 개의 렌즈를 동시에 사용하여, 인간이 볼 수 없는 다 차원적인 리스크를 식별한다.

- **인사이트 1: 법률 텍스트의 맥락을 읽는 '자연어 처리(NLP)' 해독기.**
  단순히 키워드를 검색하는 수준을 넘어, 'A 법률의 제3조 2항과 B 조례의 제5조 1항이 서로 상충할 가능성' 혹은 '최근 개정된 C 시행령이 해당 부지의 용적률에 미칠 영향'과 같이, 법률들 간의 복잡한 관계까지 분석해낸다.
  AI는 베테랑 변호사 수십 명이 며칠 밤을 새워야 할 일을 순식간에 해낸다.

■ 인사이트 2: 과거의 그림자, '비정형 데이터' 속 여론 탐지기.

자료 유형	설명
정형 데이터 (Structured Data)	Structured란 단어에서 알 수 있듯이, '틀이 잡혀있는', '체계화 된' 데이터로, 우리가 흔히 엑셀에 정리된 자료를 생각하면 된다. 이미 해당 자료 수집 목적에 맞게 정리된 데이터 이기에 데이터 분석에 용이한 자료 형태이다.
비정형 데이터 (Unstructured Data)	구조화 되지 않은 데이터로 텍스트, 그림, 비디오 등이 있으며, 추가적인 분석을 위해서는 구조화된 형태로 변환해야 된다.
반정형 데이터 (Semi-Structured Data)	HTML, JSON, Log 형태가 대표적으로 흔히 정형 데이터와 같은 구조의 정리된 데이터 모델을 준수하진 않지만 태그와 기타 마커 등을 통해 데이터 내의 레코드와 필드 계층이 구분된 데이터이다.

탐색적 자료 분석 EDA Part1. [데이터 유형]. 데이터(Data) [https://medium.com]

리스크는 공식적인 문서에만 있지 않다. AI는 지난 20년간의 지역 신문 기사, 시의회 회의록, 온라인 커뮤니티 게시글 등 비정형 텍스트 데이터를 분석하여, 해당 부지와 관련된 과거의 사건이나 주민들의 정서를 파악한다.

'10년 전, 해당 부지 인근에서 유사한 개발 사업이 주민들의 극심한 반대로 무산된 사례', 혹은 '특정 환경 문제에 대해 지역 주민들의 민감도가 매우 높음'과 같은 '사회적 리스크'의 징후를 발견하는 것이다.

■ 인사이트 3: 시공간을 꿰뚫는 'GIS' 중첩 분석기.

AI는 지리정보시스템(GIS)을 통해, 현재의 지적도 위에 과거의 고지도, 지질도, 문화재 분포도, 환경규제 구역도 등 수십 개의 서로 다른 시간과 공간의 지도를 투명하게 겹쳐본다.

인간의 눈에는 평범한 공장 부지이지만, 100년 전 고지도와 겹쳐보니 과거에 하천이 흘렀던 자리(연약 지반 가능성)이거나, 문화재 분포도와 겹쳐보니 성곽의 예상 경로 위에 위치(문화재 출토 가능성)하는 등의 치명적인 물리적, 역사적 리스크를 찾아낸다.

- **인사이트 4: 눈에 보이지 않는 땅속을 투시하는 '물리적 리스크' 투시경.**
  개발의 발목을 잡는 것은 종종 땅 위에 드러나지 않은 문제들이다. AI는 상하수도, 가스관, 통신선 등 복잡한 지하 매설 물 도면을 분석하여, 공사 시 발생할 수 있는 간섭 문제를 예측한다.
  또한, 주변 지역의 지반 침하(싱크 홀) 데이터, 과거 침수 이력 데이터 등을 분석하여, 해당 부지가 잠재적으로 가진 물리적 취약성을 과학적으로 진단한다.

- **인사이트 5: 모든 위험을 종합하여 '리스크 스코어'를 매기는 최종 진단서.**
  마지막으로, AI는 위에서 찾아낸 모든 종류의 리스크(법률적, 사회적, 역사적, 물리적)를 종합하여, 각각의 발생 확률과 예상 피해 규모를 계산한다. 그리고 최종적으로 해당 프로젝트의 '종합 리스크 스코어(Total Risk Score)'를 0점에서 100점 사이의 점수로 명확하게 제시한다.
  또한, 어떤 리스크가 가장 치명적인지를 순위별로 보여주고, 이를 해결하기 위한 법률적, 기술적 대응 방안까지 제안하는 최종 진단서를 발행한다.

분석 영역	전통적 방식 (인간 전문가)	AI 리스크 스캐너
법률 검토	수 주일 소요, 일부 법규 누락 가능성	수 분 내 완료, 전국 모든 법규의 상호관계 분석
여론/민원 파악	지역 탐문, 제한된 인터뷰	수십 년간의 뉴스, 회의록, 온라인 데이터 분석
역사/지리 검토	개별 지도 확인, 경험적 판단	수십 종의 지도를 중첩하여 숨겨진 패턴 발견
물리적 리스크	시추 조사 등 제한적 물리 탐사	지하 매설물, 재해 이력 등 종합 데이터 분석
결과물	수십 페이지의 정성적 서술 보고서	계량 화된 '종합 리스크 스코어' 및 시각 화된 지도

2.3. 가상 사례: AI '카산드라'의 경고, 1조 원의 재앙을 막다

교통·인프라 최상…도심 속 버려진 공장터의 천지개벽 [https://realty.chosun.com]

1) 2028년, 국내 굴지의 대기업 '유성그룹'은 서울 중심부의 마지막 남은 대규모 공장 부지를 매입하여, 높이 150층의 초고층 랜드마크 '프로젝트 제네시스'를 건설한다고 발표했다.

2) 최고의 로펌과 컨설팅사가 3개월에 걸쳐 법률 및 사업성 검토를 마쳤고, '아무런 문제가 없다'는 결론을 내렸다.

3) 착공을 불과 일주일 앞둔 어느 날, 그룹의 젊은 전략기획팀장이 AI 리스크 스캐너 '카산드라(Cassandra)'를 시험 삼아 가동시켰다.
단 10분 후, '카산드라'의 모니터에 섬뜩한 붉은 경고창이 떴다.

- **법률 리스크**: "국토계획법상 문제가 없으나, 2년 전 개정된 서울시 도시경관 조례 제17조에 따라, 해당 부지는 '역사문화축 보존지구'에 인접하여 최대 높이가 70층으로 제한될 가능성 85%."(인간 전문가들이 놓친 세부 조례 발견)
- **역사적 리스크**: "GIS 중첩 분석 결과, 해당 부지는 조선시대 왕실에 도자기를 공급하던 '사옹원 분원'의 가마터로 추정되는 위치와 92% 일치. 공사 시 대규모 유적 발굴로 인한 공사 중단 확률

98%."(고지도와 지적도의 결합 분석)

- **사회적 리스크:** "지난 5년간의 지역 온라인 커뮤니티 데이터를 분석한 결과, '고도 제한 완화'와 '역사 유적 보존'에 대한 주민들의 찬반 대립이 극심. 공사 강행 시 대규모 주민 소송 및 집단 민원 발생 확률 95%."

4) **최종 결론:** "프로젝트 제네시스의 종합 리스크 스코어: 92점(매우 위험). 현재 계획대로 추진 시, 예상 손실액 1조 2천억 원."

5) **결과 및 시사점:** '유성그룹'은 충격에 빠졌다. 즉시 정밀 재조사에 착수했고, '카산드라'의 예측은 모두 사실로 드러났다. 결국 '유성그룹'은 150층의 꿈을 접고, 역사 유적을 보존하는 저밀도 복합 문화 공간으로 계획을 전면 수정했다. AI '카산드라'는 단 10분 만에, 대한민국 최고의 전문가 집단이 3개월간 찾아내지 못한 치명적인 지뢰들을 모두 찾아내어, 1조 원이 넘는 재앙을 막아낸 것이다. 이는 AI 스캐너가 더 이상 선택이 아닌, 모든 부동산 PF 프로젝트의 생존을 위한 필수 장비임을 증명하는 사건이었다.

Artificial intelligence robot handshake [https://www.alamy.com]

3. AI 기반 경쟁 부동산 프로젝트 분석: 우리만 모르는 그들 프로젝트의 강점과 약점과 가상사례

3.1. 상대의 패를 읽는 AI, 보이지 않는 전쟁에서 승리하다

손자병법은 말한다. '나를 알고 적을 알면 백 번 싸워도 위태롭지 않다'. 부동산 PF라는 치열한 전쟁터에서 '적'은 바로 우리의 경쟁 프로젝트이다. 과거 우리는 경쟁 프로젝트를 분석하기 위해 모델하우스를 방문하고, 홍보 책자를 수집하며, 어깨너머로 들리는 소문에 의존해야 했다. 이는 마치 적의 성벽 외곽을 멀리서 관찰하는 수준에 불과했다. 그러나 AI는 우리에게 적의 성벽을 투시하는 'X선'과 적의 전략 회의를 엿듣는 '도청 장치'를 동시에 제공한다.

이 절은 AI가 어떻게 경쟁 프로젝트의 공개된 정보와 숨겨진 데이터를 엮어, 그들의 진짜 강점과 치명적인 약점을 파헤치는지에 대한 첩보 작전 보고서이다. 우리는 5가지 인사이트를 통해 AI가 상대방의 머릿속까지 들여다보는 듯한 놀라운 분석 과정을 추적할 것이다. 가상의 분석 사례는 이 보이지 않는 정보전에서 승리하는 것이 프로젝트의 성패를 어떻게 좌우하는지를 명백히 보여줄 것이다.

3.2. 경쟁자의 가면을 벗기는 AI의 5단계 역 추적 기법

AI는 단순히 경쟁사의 외형을 모방하는 것이 아니라, 그들의 전략적 의도와 숨겨진 취약점을 역으로 추적하여 우리의 필승 전략을 수립하게 돕는다.

■ 인사이트 1: '누구를 노리는가?' - 데이터로 경쟁사의 타겟 고객을 역설계하다.

경쟁 프로젝트의 분양 광고와 홍보 문구는 종종 모든 사람을 위한 것처럼 포장되어 있다. AI는 이러한 표면적인 정보 너머의 데이터를 분석하여, 그들이 진짜로 노리는 핵심 타겟 고객이 누구인지를 역 설계한다.

경쟁사의 온라인 광고가 어떤 인구통계학적 특성을 가진 집단에게 집중적으로 노출되는지, 모델하우스를 방문하는 차량의 종류와 연식은 어떤 지(주차장 영상 분석), 주변 상권에서 어떤 유형의 소비를 하는 사람들이 경쟁사 SNS에 '좋아요'를 누르는지를 분석하는 것이다.

이를 통해 우리는 경쟁사가 노리는 시장의 '빈틈'을 찾아낼 수 있다.

■ 인사이트 2: '돈은 벌고 있는가?' - 자금 흐름과 원가 구조를 추정하여 수익성을 해부하다.

경쟁 프로젝트의 정확한 원가나 수익성은 극비 정보이다. 그러나 AI는 공개된 정보의 파편들을 모아 그들의 재무 상태를 상당한 정확도로 추정해낸다.

AI는 등기부등본의 근저당 설정액을 통해 대출 규모를 추정하고, 건축 인허가 서류와 자재 시세 데이터를 통해 총공사비를 역산하며, 분양가와 주변 시세를 비교하여 예상 분양 수익을 계산한다.

이를 통해 '경쟁 프로젝트는 현재 예상보다 분양 실적이 저조하여, 곧 대대적인 할인 분양에 나설 가능성이 80%' 와 같은 치명적인 약점을 간파할 수 있다.

■ 인사이트 3: '시장의 평가는 어떠 한가?' - 온라인 여론을 분석하여 평판 리스크를 측정하다.

모델하우스 앞의 긴 줄이 반드시 성공을 의미하지는 않는다. AI는 부동산 커뮤니티, 블로그, SNS, 뉴스 기사의 댓글 등 온라인상의 모든 여론을 수집하여, 경쟁 프로젝트에 대한 대중의 진짜 평가를 분석한다.

단순한 긍정/부정 감성 분석을 넘어, '설계'에 대한 칭찬은 많지만 '마감재'와 '학군'에 대한 불만이 특정 패턴으로 반복된다는 점을 발견해낸다. 이는 우리가 어떤 강점을 부각하고, 경쟁사의 어떤 약점을 파고들어야 할지에 대한 명확한 방향을 제시한다.

■ 인사이트 4: '설계와 상품성은 뛰어 난가?' - 디지털 트윈으로 가상의 라이벌을 만들다.

경쟁 프로젝트의 설계 도면이나 내부 구조를 완벽히 알기는 어렵다. AI는 공개된 조감도, 평면도, 홍보 영상 등의 시각 자료를 분석하여, 경쟁 프로젝트의 디지털 트윈을 가상 공간에 구축한다.

그리고 이 가상 건물을 우리의 프로젝트와 동일한 조건 하에서 시뮬레이션 한다. 일조량, 조망권, 에너지 효율, 각 세대별 동선 효율성 등을 객관적인 수치로 비교 분석하는 것이다. 이를 통해 '경쟁 프로젝트는 외관은 화려하지만, 실제 일부 세대의 일조량이 심각하게 부족하다'는 등의 설계적 약점을 찾아낼 수 있다.

■ 인사이트 5: '그래서 우리는 어떻게 이길 것인가?' - SWOT 분석 및 필승 전략을 도출하다.

마지막으로, AI는 위에서 분석한 모든 정보(타겟 고객, 수익성, 평판,

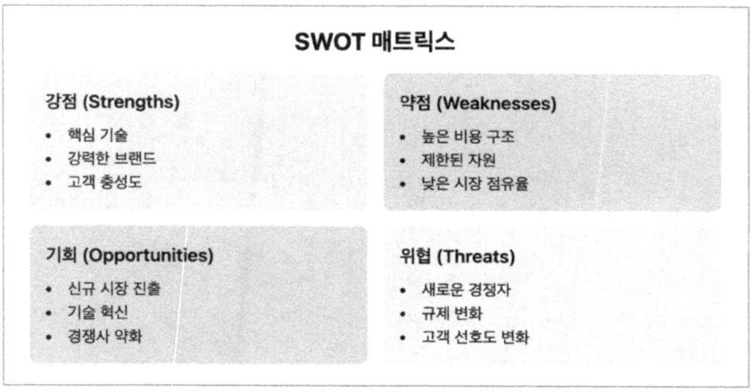

SWOT 분석이란? 비즈니스 성공을 위한 강력한 전략 도구 [https://allmeaning.tistory.com]

상품성)를 종합하여, 경쟁 프로젝트 대비 우리의 강점(Strength), 약점(Weakness), 기회(Opportunity), 위협(Threat)을 정리하는 SWOT 분석을 수행한다.

그리고 이를 바탕으로 "경쟁사는 고소득 층을 타겟으로 하지만, 정작 그들이 원하는 '프라이빗 커뮤니티 시설'이 부족하다는 평판 리스크가 있다. 따라서 우리는 커뮤니티 시설을 강화하고, '그들이 놓친 진짜 하이엔드'라는 메시지로 마케팅을 집중해야 한다." 와 같은 구체적인 필승 전략을 도출해준다.

분석 분야	전통적 방식 (피상적 관찰)	AI 기반 분석 (심층적 역설계)
타겟 고객	홍보 책자, 모델하우스 방문객 인상	온라인 광고 노출 데이터, 소비 패턴 분석을 통한 역 설계
수익성	분양가와 외형만 보고 추정	공개된 금융/건축 데이터를 통한 원가 및 현금흐름 추정
시장 평판	일부 언론 기사, 주변 소문	온라인상의 모든 여론을 분석하는 감성 분석 및 키워드 추출
상품성	평면도, 조감도 등 시각 자료 비교	디지털 트윈을 구축하여 일조량, 에너지 효율 등 정량적 비교
전략 수립	전문가의 주관적 판단에 의존	모든 데이터를 종합한 객관적 SWOT 분석 및 전략 제안

3.3. 가상 사례: AI '오딘'의 눈, 무결점 라이벌의 아킬레스건을 발견하다

광교 주거복합단지 '푸르지오 월드마크' [https://www.mk.co.kr]

1) 2029년, '네오 개발'은 광교 신도시에 최고급 주상복합 '팰라티움'을 준비하고 있었다.

2) 그러나 바로 옆 부지에 경쟁사인 '퍼스트 건설'이 거의 똑같은 컨셉의 '더 제니스'를 먼저 분양하며 위기에 봉착했다. '더 제니스'는 최고의 입지, 화려한 디자인, 공격적인 마케팅으로 시장을 싹쓸이하는 것처럼 보였다.

3) '네오 개발'의 전략팀은 AI 경쟁 분석 시스템 '오딘(ODIN)'을 가동했다. '오딘'은 '더 제니스'에 대한 모든 데이터를 흡수하기 시작했다.

- **1차 분석:** '오딘'은 '더 제니스'의 타겟 고객이 '자녀 교육에 관심이 많은 40대 전문직 부부'임을 정확히 역 설계했다.
- **2차 분석:** '오딘'은 '더 제니스'의 온라인 평판을 분석했다. 겉으로는 칭찬 일색이었지만, 특정 키워드, 즉 '초등학교', '횡단보도', '통학버스'에 대한 부정적 언급량이 미세하게 증가하는 패턴을 발견했다.

- **3차 분석:** '오딘'은 이 단서를 바탕으로 GIS 데이터와 로드뷰 영상, 그리고 지역 맘카페의 게시 글들을 딥 러닝으로 분석했다. 그리고 마침내 '더 제니스'의 치명적인 아킬레스건을 찾아냈다.

Artificial Intelligence Drawing Concept | Stable Diffusion
[https://stablediffusionweb.com]

4) **'오딘'의 최종 보고서:** "'더 제니스'는 완벽해 보이지만, 주 출입구에서 가장 가까운 초등학교까지 가려면, 신호등이 없는 8차선 도로를 반드시 건너야만 한다. 타겟 고객이 가장 중요하게 생각하는 '자녀의 안전한 통학'에 심각한 결점이 존재한다. 이는 아직 수면 위로 드러나지 않은, 그러나 언제 터질지 모르는 시한폭탄과 같다."
5) **보고서를 받은 '네오 개발'은 즉시 전략을 수정했다.** '팰라티움'의 모든 홍보 전략을 '안전'에 집중했다. 단지 내에 영어유치원과 스쿨버스 전용 승하차장을 만들고, '아이들이 단 한 걸음도 위험한 도로에 나가지 않는 아파트'라는 광고를 대대적으로 집행했다.
6) **결과 및 시사점:** 결과는 극적이었다. '더 제니스'의 잠재 계약자들이 '통학로 위험' 문제를 뒤늦게 인지하고 계약을 망설이기 시작했고, 그 수요는 모두 '팰라티움'으로 쏠렸다. 결국 '네오 개발'은 무결점의

거인처럼 보였던 경쟁자의 유일한 약점을 AI의 눈으로 정확히 꿰뚫어 봄으로써, 불가능해 보였던 전쟁에서 대역전승을 거둔 것이다.

4. 인구 구조 변화(1인 가구, 고령화)를 반영한 AI 기반 최적의 부지 찾기와 가상사례

4.1. 4인 가족 신화의 종말, 새로운 지도를 그리는 AI

대한민국 부동산 개발의 역사는 오랫동안 '4인 가족'이라는 단 하나의 표준 모델을 중심으로 쓰여왔다. 그러나 도시는 지금 '인구 지진'이라 불릴 만큼 거대한 구조적 변화를 겪고 있다.

전체 가구의 3분의 1을 넘어선 1인 가구의 폭발적 증가와, 초 고령 사회로 진입하는 거스를 수 없는 고령화의 물결이 바로 그것이다. 과거의 성공 공식이 새겨진 낡은 지도는 더 이상 아무런 쓸모가 없다.

이 절은 AI가 어떻게 이 거대한 인구 구조의 변화라는 안개속에서, 새로운 시대의 '보물섬'을 찾아내는 새로운 항해술이 되는지에 대한 탐험기이다. 우리는 5가지 인사이트를 통해 AI가 어떻게 이 새로운 수요층의 욕망과 니즈를 데이터로 읽어내고, 그들을 위한 최적의 공간을 찾아내는지를 분석할 것이다. 이는 단순히 땅을 찾는 기술을 넘어, 변화하는 사회와 호흡하며 새로운 기회를 창조하는 미래 예측의 과학이다.

4.2. 새로운 수요를 찾아내는 AI의 5단계 인구 탐사법

AI는 흩어진 인구 통계와 라이프스타일 데이터 속에서, 미래 수요의 지형도를 그려내는 정밀한 지도 제작자와 같다.

■ 인사이트 1: '1인 가구', '노인'이라는 단순한 꼬리표를 넘어 - 초개인화 페르소나 정의.

AI 분석의 첫 단계는 타겟 수요층을 단순하게 규정하지 않는 것이다. AI는 '1인 가구'를 '반려동물과 함께 사는 30대 여성 프리랜서', '야근이 잦은 20대 남성 개발자' 등으로 세분화하고, '고령층'을 '자산은 많지만 거동이 불편한 70대 독거노인', '은퇴 후에도 활발한 사회활동을 원하는 60대 부부' 등으로 구체화한다.

이처럼 라이프스타일과 자산 수준, 건강 상태까지 반영한 '초개인화된 페르소나(Persona)'를 정의하는 것이 모든 분석의 출발점이 된다.

■ 인사이트 2: 그들은 어디에 살고, 무엇을 소비하는가 - 디지털 발자국을 통한 현재 서식지 분석.

페르소나가 정의되면, AI는 그들이 현재 어디에 살고 움직이는지를 추적한다. 통신사의 기지국 데이터를 통해 이들의 주요 활동 반경을, 신용카드 데이터를 통해 이들의 소비 패턴(예: 편의점 도시락 소비, 병원비 결제)을, 배달 앱 데이터를 통해 이들의 식생활을 분석한다.

이 '디지털 발자국' 분석은 각 페르소나 그룹이 현재 어떤 지역에 밀집해 있고, 어떤 인프라를 중심으로 생활하는지에 대한 명확한 현황 지도를 그려준다.

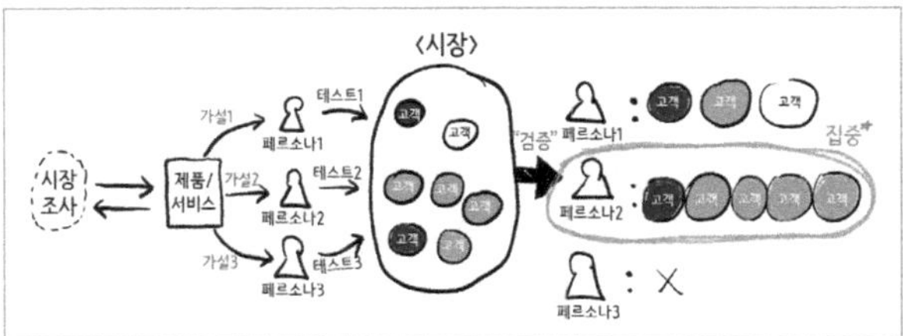

실전 사례로 보는 페르소나 설정 A to Z - PUBLY [https://publy.co]

- 인사이트 3: 그들은 어디로 이동할 것인가 - 미래 이주 경로 예측.

AI는 현재의 데이터를 기반으로 미래의 이동을 예측한다. 예를 들어, 특정 지역의 '소형 오피스텔 전세가율 상승 패턴'과 '공유 오피스 입주 율 증가 패턴'을 분석하여, 젊은 1인 가구의 다음 유입 지역을 예측한다.

또한, '대형 병원 인근 노인복지센터의 대기자 수 증가 패턴'과 '자녀 세대의 거주 지역 변화'를 분석하여, 고령층이 다음 거주지로 선호할 지역을 예측하는 것이다. 이는 수요가 발생하기 전에 한발 앞서 움직일 수 있는 결정적 단서가 된다.

- 인사이트 4: 그들에게 정말 필요한 것은 무엇인가 - 미시적 인프라 적합도 분석.

아무리 좋은 지역이라도, 타겟 페르소나에게 필요한 핵심 인프라가 없다면 소용없다. AI는 GIS(지리정보시스템)를 활용하여, 후보 부지 반경 500m, 즉 '도보 생활권' 내의 미시적 인프라를 분석한다.

1인 가구에게는 24시간 편의점, 코인세탁소, 피트니스센터, 배달 전문 음식점의 밀도가 중요하다. 반면 고령층에게는 종합병원, 약국, 공원, 재래시장까지의 '안전한 도보 경로' 확보 여부가 핵심적인 변수가 된다.

- 인사이트 5: 모든 데이터를 종합하여 최적의 부지와 상품을 동시 추천하다.

마지막으로 AI는 위에서 분석한 모든 데이터(페르소나, 현재 서식지, 미래 이주 경로, 미시 인프라)를 종합하여, 최종 결론을 도출한다.

단순히 'A 부지가 좋다'에서 그치는 것이 아니라, "A 부지는 3년 내

30대 1인 가구 개발자 유입이 예상되므로, 빌트인 스마트홈 시스템과 방음 시설을 갖춘 소형 오피스텔을 개발해야 한다. 예상 분양률 95%." 와 같이, 최적의 부지와 그곳에 지어야 할 최적의 상품 컨셉까지 동시에 제안하는 것이다.

구분	1인 가구 (Young & Single)	고령 가구 (Active Senior)
핵심 입지 요인	직장 접근성 (GIBD, CBD), 교통 편의성	의료 접근성 (종합병원), 자연환경 (공원, 산책로)
필수 편의시설	편의점, 카페, 피트니스센터, 코인세탁소	병원, 약국, 재래시장, 노인복지센터, 커뮤니티 공간
주요 소비 패턴	배달 음식, 온라인 쇼핑, 자기계발, 엔터테인먼트	건강식품, 의료/요양 서비스, 사교/취미 활동
선호 주거 형태	소형 오피스텔, 도시형생활 주택, 공유주택	중소형 아파트(안전), 실버타운, 도심형 요양시설

4.3. 가상 사례: AI '넥서스-D'가 찾아낸 회색 지대의 기적

1) **2027년, 개발사 '어반 인사이트'는** 차세대 주거 프로젝트를 위해 AI 분석 시스템 '넥서스-D(NEXUS-Demographics)'를 가동했다. '넥서스-D'의 임무는 '서울에서 1인 가구와 고령화라는 두 가지 트렌드에 동시에 부합하는 최적의 부지를 찾는 것'이었다.

2) **인간 분석가들은** 각각 '청년들을 위한 신림동'과 '노년층을 위한 강북구'를 제안했다.

3) **그러나 '넥서스-D'는 모두의 예상을 깨고,** 오래된 구도심과 신흥 업무지구 사이에 끼어 아무도 주목하지 않던 '성수동의 한 준공업 지역'을 지목했다.

'넥서스-D'의 분석은 충격적이었다.

- **이중 수요의 발견:** "이 지역은 두 개의 상반된 인구 이동 흐름이 교차하는 지점이다. 구도심 재개발로 인해 밀려난 토착 고령층이 비교적 저렴한 이곳으로 이동하는 패턴과, 신흥 업무지구의 비싼 집값을 감당하지 못하는 젊은 1인 가구가 이곳으로 유입되는 패턴이 동시에 발견된다."
- **숨겨진 인프라 가치:** "이 지역은 대형 종합병원과 전통시장이 도보 10분 거리에 있어 고령층의 필요를 충족시키며, 동시에 최근 급증하는 개성 있는 카페와 스튜디오가 젊은 층의 문화적 욕구를 만족시키는 독특한 인프라 중첩 현상이 나타나고 있다."
- **최적 상품 제안:** "따라서 이 부지에는 청년과 노년층을 분리하는 것이 아니라, 오히려 이들을 한 공간에 묶는 '세대 공존형 복합 주거 단지'를 건설해야 한다. 저층부에는 공용 헬스케어 센터와 북카페를, 중층부에는 노년층을 위한 유니버설 디자인 세대를, 고층부에는 젊은 층을 위한 소형 스튜디오 세대를 배치하고, 세대 간 교류를 위한 커뮤니티 프로그램을 운영해야 한다."

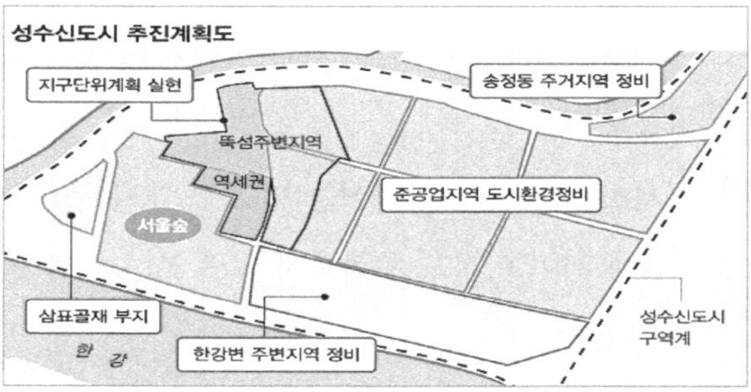

성수동 뚝섬 일대, 도심형 신도시로 조성 - 파이낸셜뉴스 [https://www.fnnews.com]

4) '어반 인사이트'는 이 파격적인 제안을 받아들였다. 2년 후, 완공된 단지는 대성공을 거두었다. 젊은 입주민들은 노인들에게 스마트폰 사용법을 알려주고, 노인들은 젊은이들에게 반찬을 나눠주는 새로운 공동체가 형성되었다.

5) 결과 및 시사점: 결국 AI '넥서스-D'는 흩어진 데이터 속에서 사회의 거대한 변화가 만들어내는 새로운 수요의 교차점을 정확히 읽어 냄으로써, 잊힌 회색 지대를 모든 세대가 어우러지는 활기찬 주거 모델의 발상지로 재 탄생시킨 것이다.

5. 데이터 분석으로 '유령 상권'을 '핫플레이스(Hot Place)'로 바꾸는 전략과 가상사례

5.1. 도시의 연금술, 데이터로 죽은 공간을 되살리다

도시 곳곳에는 화려한 과거를 뒤로한 채 텅 빈 유령처럼 남겨진 상권들이 존재한다. 막대한 자금을 쏟아부어 부활을 시도하지만, 대부분은 밑 빠진 독에 물 붓기처럼 실패로 끝난다. 그 이유는 무엇인가? 죽음의 원인을 정확히 진단하지 않고, 그저 과거의 영광을 재현하려는 막연한 시도만 반복하기 때문이다. 그러나 AI와 데이터 분석은 이 죽은 공간을 되살리는 현대판 '도시 연금술'의 비법을 우리에게 알려준다.

이 절은 데이터 분석이 어떻게 유령 상권의 사망 원인을 과학적으로 규명하고, 그곳에 숨겨진 새로운 잠재력을 발견하여 완전히 다른 생명을 불어넣는지를 보여주는 부활의 기록이다. 우리는 5가지 인사이트를 통해 데이터가 어떻게 최고의 도시 외과 의사이자 건축가 역할을 하는지를 분석할 것이다. 가상의 상권 재생 사례는 이 위대한 연금술이 현실에서 어떻게 구현되는지를 보여주는 생생한 증거가 될 것이다.

5.2. 유령 상권을 핫플레이스로 바꾸는 5단계 데이터 처방전

데이터 기반 상권 재생은 막연한 희망이 아닌, 정밀한 진단과 과학적 처방에 기반한 체계적인 프로세스이다.

- **인사이트 1: '사망 원인'의 규명 - 데이터로 상권의 과거를 점검하다.**
  부활의 첫걸음은 실패 원인에 대한 냉철한 진단이다. AI는 과거 해당 상권의 모든 데이터를 분석하여 '사망'에 이르게 된 핵심 원인을 규명한다.
  '주변 대기업의 이전으로 핵심 소비층이 사라졌다(유동인구 분석)', '획일화된 업종 구성이 변화하는 소비 트렌드를 따라가지 못했다(상권 분석)', '새로운 지하철 노선 개통으로 상권의 중심축이 이동했다(교통 분석)' 와 같이, 실패 원인을 데이터로 명확히 증명하는 것이다. 이는 다시는 같은 실수를 반복하지 않기 위한 필수적인 과정이다.

- **인사이트 2: '숨겨진 자산'의 발견 - 잿더미 속에서 진주를 찾아내다.**
  모든 유령 상권이 아무런 가치가 없는 것은 아니다. AI는 인간의 편견으로는 볼 수 없는 그 지역만의 '숨겨진 자산'을 데이터 속에서 발견한다.
  예를 들어, '공식적인 공원은 없지만, 위성사진 분석 결과 골목 곳곳에 녹지 공간의 비율이 의외로 높다', '낡은 공장 건물이지만, SNS 분석 결과 '#인더스트리얼' 감성을 찾는 사진작가들에게는 숨은 명소로 알려져 있다', '평일 유동인구는 적지만, 특정 취미(예: 낚시, 등산)를 가진 동호회 회원들이 주말 새벽에 집중적으로 모이는 패턴이 있다' 와 같은 것이다. 이것이 바로 부활의 씨앗이 된다.

■ 인사이트 3: '새로운 영혼'의 정의 - 미래의 방문객 페르소나를 창조하다.

과거의 방문객은 이미 떠났다. 이제 그 공간을 채울 '새로운 영혼', 즉 새로운 타겟 고객을 데이터에 기반하여 정의해야 한다.

AI는 앞서 발견한 숨겨진 자산과 도시 전체의 라이프스타일 트렌드를 결합하여, 가장 성공 확률이 높은 '타겟 페르소나(Persona)'를 창조한다. 예를 들어, '낡은 공장 건물의 인더스트리얼 감성을 선호하며, 주말 새벽에 활동하고, 특정 취미에 깊이 몰입하는 30대 남성'과 같이 매우 구체적인 모습으로 그려내는 것이다.

■ 인사이트 4: '맞춤형 공간 처방' - 페르소나를 위한 도시를 설계하다(Placemaking).

새로운 타겟이 정해지면, 이제 그들을 끌어들일 수 있는 맞춤형 공간, 즉 '장소 만들기(Placemaking)' 전략을 수립한다.

AI는 타겟 페르소나의 소비 패턴과 동선을 시뮬레이션 하여, 최적의 업종 구성(MD, Merchandising)과 공간 배치를 제안한다.

'낚시 동호회원을 위해서는 새벽부터 문을 여는 24시간 해장국집과 낚시용품 전문점을', '사진작가들을 위해서는 갤러리와 필름 현

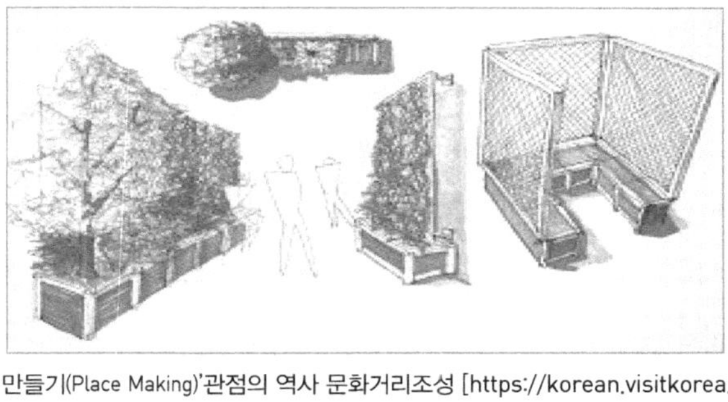

'장소 만들기(Place Making)'관점의 역사 문화거리조성 [https://korean.visitkorea.or.kr]

상소, 루프탑 카페를' 배치하는 식이다. 이는 상권을 단순히 건물로 채우는 것이 아니라, 특정 페르소나를 위한 '경험'으로 설계하는 과정이다.

- 인사이트 5: '부활 가능성'의 검증 - 데이터로 미래를 시뮬레이션 하다.
  모든 계획이 수립되면, 마지막으로 AI는 이 전략이 성공할지를 사전에 검증한다. AI는 새로운 상권 구성안을 가상으로 적용했을 때, 타겟 페르소나 그룹의 예상 방문자 수, 평균 체류 시간, 예상 소비 금액 등을 시뮬레이션 한다.
  그리고 최종적으로 '이 전략대로 상권을 부활시킬 경우, 3년 내 목표 임대수익률을 달성할 확률은 87%' 와 같이 성공 가능성을 확률적으로 제시한다. 이는 막대한 투자를 집행하기 전에 실패의 위험을 최소화하는 마지막 안전장치가 된다.

유령 상권의 증상 (Symptom)	데이터 기반 처방전 (Prescription for Hot Place)
정체성 없는 방문객, 낮은 체류 시간	명확한 타겟 페르소나를 설정하고, 그들의 라이프스타일을 반영
획일적이고 노후화된 업종 구성 (MD)	타겟 페르소나의 소비 패턴에 맞춘 '경험 중심'의 업종 재구성
부정적 이미지, 낮은 화제성	숨겨진 자산을 활용한 독특한 스토리텔링 및 정밀 타겟 마케팅
주변 지역과의 단절, 고립	새로운 교통 흐름 및 유동인구 패턴과 연계한 상권 활성화
높은 공실률, 낮은 임대수익	성공 확률 시뮬레이션을 통해 검증된, 지속가능한 수익 모델 구축

5.3. 가상 사례: AI '아스클레피오스'가 되살린 크롬 앨리의 기적

1) 2028년, 서울 문래동의 깊숙한 곳에는 한때 철강 공장들이 밀집했으

https://view.nate.com

나 지금은 녹슨 철과 먼지만 남은 '녹슨 철의 앨리'라는 거리가 있었다. 수차례 재개발 시도가 있었지만 모두 실패한, 서울의 대표적인 '유령 상권'이었다.

2) 도시재생 전문기업 '어반 리본'은 AI 진단 시스템 '아스클레피오스(Asclepius)'를 통해 이 상권의 부활 프로젝트에 착수했다.

- 진단(사망 원인): '아스클레피오스'는 과거 데이터를 분석했다. 실패 원인은 명확했다. 주변 아파트 주민들을 타겟으로 한 평범한 식당과 카페만 유치하려 했던, '잘못된 타겟 설정'이 문제였다.(인사이트 1)
- 발견(숨겨진 자산): 그러나 '아스클레피오스'는 잿더미 속에서 보물을 찾아냈다. SNS 데이터 분석 결과, 소수의 '수제 맥주'와 '커스텀 바이크' 매니아들이 이 골목의 낡은 공장 분위기를 '진짜'라며 비밀스럽게 찾아오고 있었다.(인사이트 2)
- 처방(새로운 영혼): 이를 바탕으로 '아스클레피오스'는 새로운 타겟 페르소나를 '기계적 감성과 장인정신을 사랑하는 30~40대 남성 매니아'로 정의했다.(인사이트 3)

- 설계(맞춤형 공간): '아스클레피오스'는 이들을 위한 맞춤형 MD를 제안했다. 수제 맥주 양조장, 바이크 커스텀 샵, LP바, 빈티지 가구점, 그리고 그들이 선호하는 아메리칸 바비큐 식당을 골목의 핵심 테넌트로 구성했다.(인사이트 4)

3) **미래 시뮬레이션:** 마지막으로, '아스클레피오스'는 이 계획이 성공할지를 시뮬레이션 했다. 결과는 놀라웠다. "초기 1년간은 적자가 예상되지만, 매니아층의 커뮤니티가 형성된 후에는 외부 방문객이 폭발적으로 증가하여, 2년 차부터는 기존 계획 대비 200%의 매출을 달성할 확률이 91%" 라는 예측이 나왔다.(인사이트 5)

4) **결과 및 시사점:** '어반 리본'은 이 처방전을 믿고 과감히 투자를 집행했다. 2년 후, '크롬 앨리'는 대한민국 최고의 매니아 성지가 되었다. 주말이면 전국에서 희귀한 바이크와 커스텀 카들이 골목을 가득 메웠고, 평범한 아파트 주민이 아닌 '진짜 고객'들로 넘쳐났다. 결국 AI '아스클레피오스'는 죽은 상권의 과거를 정확히 진단하고, 그곳의 DNA에 맞는 새로운 영혼을 불어넣음으로써, 아무도 상상하지 못했던 방식으로 기적적인 부활을 이뤄낸 것이다.

제8장
[사업성 분석] '될 부동산 물건'을 알아보는 AI의 눈

1. AI 기반 수요 예측: 이 지역 사람들은 정말 '이런 집'을 원할까? 와 가상사례

1.1. 거울에게 물어보는 시대에서, DNA를 분석하는 시대로

과거 부동산 개발자들은 마치 동화 속 왕비처럼, '이 지역아, 이 지역아, 세상에서 어떤 집을 가장 원하느냐'라고 시장이라는 거울에 묻고, 그 거울에 비친 자신의 경험과 직관이라는 모습을 보고 집을 지어왔다. 그러나 거울은 종종 왜곡된 상을 비추거나, 대답 없는 침묵으로 개발자를 혼란에 빠뜨렸다. 이제 인공지능(AI)은 우리에게 시장의 DNA 염기서열을 직접 분석하고, 그들의 숨겨진 욕망을 유전자 단위까지 읽어내는 혁명적인 도구를 제공한다.

이 장(章)은 AI가 어떻게 도시민들의 흩어진 데이터 조각들을 모아, 그들이 스스로도 명확히 알지 못했던 '꿈의 집'에 대한 청사진을 그려내는지에 대한 과학적 탐구이다. 우리는 5가지 인사이트를 통해 AI가 어떻게 잠재 수요자의 마음속을 들여다보고, 미래의 라이프스타일을 예측하며, 궁극적으로 '지으면 팔리는' 건물이 아닌 '팔릴 수밖에 없는' 건물을 설계하게 하는지를 분석할 것이다. 가상의 아파트 개발 사례는 이 DNA 분석 기술이 얼마나 놀라운 결과를 낳는지를 보여주는 생생한 증거가 될 것이다.

1.2. 잠재 수요의 DNA를 해독하는 AI의 5단계 분석법

AI 수요 예측은 단순히 인구를 세는 것이 아니라, 그들의 라이프스타일, 가치관, 그리고 미래의 욕망까지 예측하는 고도의 심리 분석 과정이다.

- 인사이트 1: '누가 살 것인가?' - 인구통계를 넘어선 '페르소나'의 창조.

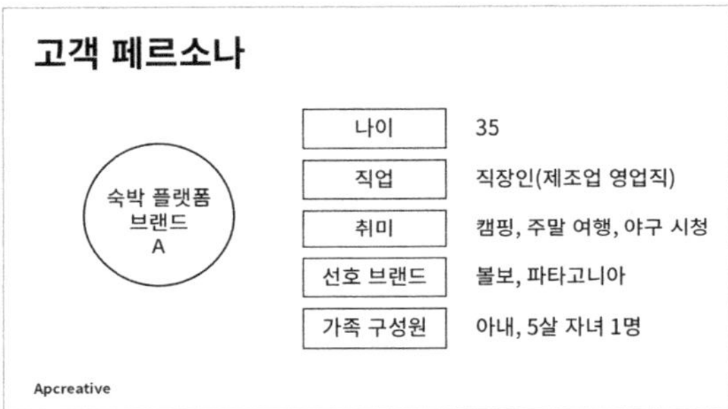

고객 페르소나: 어떤 타겟에 집중해야 할까? [https://apcreative.kr/persona]

AI 수요 예측의 첫걸음은 '30대 기혼 남성'과 같은 뭉뚱그려진 인구통계에서 벗어나는 것이다. (1) AI는 소셜 미디어, 소비 패턴, 관심사 데이터를 결합하여 훨씬 더 구체적이고 살아있는 '페르소나(Persona)'를 창조한다.

예를 들어, "강아지를 키우며 재택근무를 하는 30대 여성 디자이너로, 주말에는 양재천에서 조깅을 즐기고, 비건 베이커리와 독립서점에 주로 소비하며, 환경 문제에 관심이 많은 사람" 과 같이, 마치 한 명의 사람처럼 구체적인 가상 고객을 정의하는 것이다.

- 인사이트 2: '어떻게 살고 있는가?' - 디지털 발자국을 통한 라이프스타일 분석.

페르소나가 정의되면, AI는 그들이 도시 곳곳에 남긴 '디지털 발자국(Digital Footprints)'을 추적하여 그들의 실제 라이프스타일을 분석한다. 통신사의 유동인구 데이터로 이들의 출퇴근 경로와 주말 활동 반경을 파악하고, 내비게이션 데이터로 자주 가는 장소를 확인하며, 카드 매출 데이터로 이들의 소비 성향을 분석한다.

디지털 발자국 아이콘 디자인 [https://depositphotos.com]

이를 통해 '해당 페르소나는 대중교통보다는 자가용을 선호하며, 대형마트보다는 소규모 유기농 매장을 이용하고, 월평균 소득의 15%를 반려동물 관련 용품에 지출한다'는 식의 구체적인 행동 패턴을 도출한다.

- 인사이트 3: '무엇을 원하는가?' - 텍스트 마이닝을 통한 잠재 욕망의 발견.

사람들은 온라인 공간에 자신의 불편함과 욕망을 끊임없이 쏟아낸다. AI는 부동산 커뮤니티, 지역 맘카페, 블로그 등의 게시글과 댓글을 텍스트 마이닝(Text Mining) 기술로 분석하여, 정량적 데이터로는 알 수 없는 잠재 수요를 발견한다.

예를 들어, 특정 지역의 게시 글에서 '주차 공간 부족', '층간 소음', '반려동물 산책 공간 부족'이라는 키워드가 반복적으로 함께 언급되는 패턴을 발견한다면, 이는 '주차 걱정 없는 펫 프렌들리 아파트'에 대한 강력한 잠재 수요가 존재함을 의미하는 것이다.

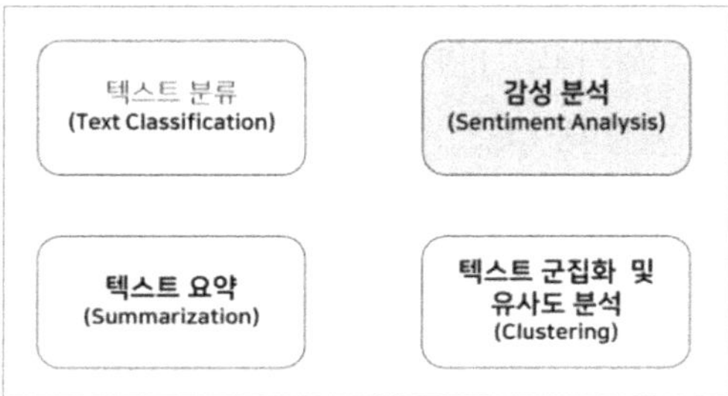

Machine Learning - #12 텍스트 마이닝(Text Mining) [https://velog.io]

■ 인사이트 4: '가상의 집에 살아보게 하라' - 디지털 트윈을 활용한 수요 검증.

AI는 분석된 페르소나의 욕망을 반영하여, 여러 가지 타입의 가상 주택 모델을 디지털 트윈으로 구현한다. 그리고 이 가상 주택을 잠재 고객 그룹에게 제시하고, 그들의 반응을 데이터로 수집하여 A/B 테스트를 진행한다.

'넓은 드레스룸을 가진 A타입'과 '홈 오피스 공간을 특화한 B타입' 중 어떤 타입의 선호도가 더 높은지, '세대별 창고를 제공하는 옵션'에 얼마의 추가 비용을 지불할 의사가 있는지 등을 사전에 검증하는 것이다. 이는 수천억 원의 돈을 들이기 전에, 가장 성공 확률이 높은 상품 구성을 과학적으로 찾아내는 과정이다.

■ 인사이트 5: '최적의 집을 역 설계하다' - 수요 데이터 기반의 건축 기획.

마지막으로, AI는 위에서 검증된 모든 수요 분석 데이터를 종합하여, 해당 부지에 지어져야 할 최적의 건축 계획을 역으로 설계한다. '이 지역의 핵심 페르소나는 재택근무 비중이 높으므로, 일반 아파트보다 방음 시설이 강화된 홈 오피스 공간을 2평 더 넓게 설계해야 한다.

또한, 이들은 차량 소유 비율이 높고 반려동물을 키우므로, 세대당 주차 대수는 1.5대로 늘리고 단지 내에 펫 파크를 반드시 조성해야 한다' 와 같이, 수요 데이터가 건축 설계의 근거가 되는 것이다.

구분	전통적 공급자 중심 개발	AI 기반 수요 예측 중심 개발
시장 조사	인구통계, 주변 아파트 시세 등 과거 데이터 분석	페르소나 정의, 라이프스타일 등 실시간 잠재 수요 분석
상품 기획	건설사의 기존 평면, 최신 유행을 공급자가 판단하여 적용	가상 모델 수요 검증을 통해 수요자가 원하는 평면과 옵션 구성
핵심 가치	입지, 브랜드, 대단지 등 하드웨어적 가치 중심	커뮤니티, 편의시설, 라이프스타일 등 소프트웨어적 가치 중심
마케팅	불특정 다수를 향한 매스 마케팅	정의된 페르소나를 겨냥한 핀포인트 마케팅
결과	'짓고 나서 파는' 공급 중심의 불확실한 사업	'팔릴 것을 미리 알고 짓는' 수요 중심의 최적화된 사업

1.3. 가상 사례: AI '에코'가 밝혀낸 위장된 욕망, '포레스트 캠퍼스'의 탄생

1) 2027년, '프라임 건설'은 목동의 오래된 아파트 단지 재건축을 추진했다. 인간 전문가로 구성된 기획팀은 당연히 '명문 학군'의 명성을 이어갈, 최고급 대형 평수의 '프리미엄 학군 아파트'를 짓기로 결정했다.

목동 재건축 불붙었다…최고 49층 8500가구로 탈바꿈 [https://www.mk.co.kr]

2) 그러나 착공 전, 마지막 검증을 위해 AI 수요 예측 시스템 '에코(ECHO)'를 가동했다. '에코'는 목동 지역 주민들의 온라인 데이터를 3개월간 심층 분석했고, 경영진을 충격에 빠뜨리는 보고서를 제출했다.

3) '에코'의 보고서: "목동 주민들의 표면적인 욕구는 '교육'이 맞다. 그러나 텍스트 마이닝 결과, '교육'이라는 키워드는 '스트레스', '환경오염', '자연'이라는 키워드와 함께 언급되는 빈도가 지난 5년간 700% 증가했다. 이는 이들이 '치열한 교육 환경 속에서 아이들이 자연과 함께하며 쉴 수 있는 공간'에 대한 거대한 잠재적 갈증을 느끼고 있음을 의미한다."

   '에코'는 더 나아가, 잠재 입주민들의 소비 패턴을 분석한 결과, 고가의 학원비 지출만큼이나 주말 농장, 친환경 식재료, 캠핑 용품에 대한 지출이 급격히 늘고 있음을 발견했다.

4) '에코'의 최종 제안: "따라서 이 부지에는 단순히 크고 화려한 아파트가 아니라, '도심 속 학습-휴양 융합 캠퍼스'를 건설해야 한다. 단지 내에 입주민 전용 도서관과 스터디 카페를 짓되, 그 옆에는 아이

https://www.edweek.org

들이 직접 텃밭을 가꾸는 '커뮤니티 팜'과 맨발로 흙을 밟을 수 있는 '중앙 공원'을 조성해야 한다. 아파트 이름도 '캐슬'이 아닌, '포레스트 캠퍼스'가 되어야 한다."

5) 경영진은 고민 끝에 AI의 제안을 받아들였다. 2년 후, '목동 포레스트 캠퍼스'는 분양을 시작하자마자, '강남 부럽지 않은 학군에서 아이를 자연과 함께 키우고 싶었던' 부모들에게 폭발적인 반응을 얻으며 완판 신화를 기록했다.

6) 시사점: 결국 AI '에코'는 시장의 피상적인 거울에 비친 '학군'이라는 욕망 너머, 데이터의 DNA 속에 숨겨져 있던 '자연과 휴식'이라는 진정한 욕망을 읽어 냄으로써, 모두가 놓칠 뻔했던 성공의 열쇠를 찾아낸 것이다.

2. AI 기반 최적의 분양가 산정: 높게 받아도 완판 되는 가격의 비밀과 가상사례

2.1. AI 기반 최적의 분양가 산정: 높게 받아도 완판 되는 가격의 비밀

전통적인 부동산 분양가 산정은 과거의 거래 사례, 인근 시세, 그리고 담당자의 경험적 직관에 크게 의존해왔다. 이는 마치 안개 속에서 나침반과 지도만으로 항해하는 것과 같아서, 예상치 못한 시장의 파도에 흔들리기 쉬운 방식이다.

그러나 AI는 위성항법장치(GPS)와 실시간 해양 데이터를 결합하여 최적의 항로를 제시하듯, 분양가 산정에 혁명적인 변화를 가져오고 있다. AI는 단순히 '비싼 가격'이 아닌, 시장이 기꺼이 수용하고, 프로젝트의 수익을 극대화하며, 단기 완판(완전판매)을 이끌어내는 '최적의 가격'을 찾아내는 것을 목표로 한다. 본 절에서는 AI가 어떻게 마법 같은 분양가를 산정하는지, 그 핵심적인 5가지 인사이트와 가상 사례를 통해 심층적으로 탐구하고자 한다.

2.2. AI 분양가 산정의 5가지 핵심 인사이트

- **인사이트 1: 초 세분화된 동적 데이터 분석**(Hyper-local & Dynamic Data Analysis)

  전통적 방식이 'A아파트 평당 시세'라는 정적인 '점(dot)' 데이터에 의존했다면, AI는 교통량 변화, 유동인구의 소비 패턴, 소셜미디어의 지역 평판, 학군 선호도 변화와 같은 동적인 '선(line)'과 '면(plane)'의 데이터를 분석한다.

  예를 들어, 특정 지역의 주중 저녁 시간대 배달 음식 주문량, 주말의 문화시설 이용 빈도, 온라인 커뮤니티에서 언급되는 공원 만족도 등과 같은 비정형 데이터를 실시간으로 분석하여 잠재 수요층의 라이프스타일을 구체적으로 파악한다.

  이를 통해 '조용한 주거 환경을 선호하는 30대 전문직 부부'와 같은 특정 페르소나를 타겟으로 한 미세조정 가격 책정이 가능해지는 것이다.

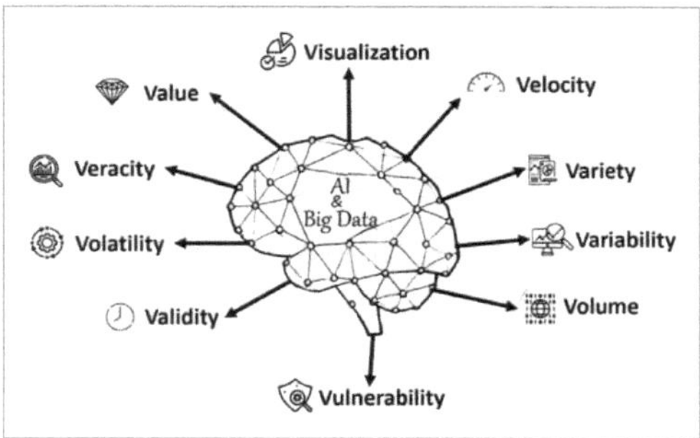

The AI-Powered Evolution of Big Data [https://www.mdpi.com]

■ 인사이트 2: 잠재된 미래가치의 현재가치화(Present Value of Future Potential)

부동산의 가치는 현재에만 머무르지 않는다. AI는 발표된 정부의 교통망 확충 계획, 기업의 투자 유치 뉴스, 인근 지역의 개발 계획 등 미래의 호재들이 실제 가치에 반영되는 시점과 그 영향의 강도를 예측한다.

수천 개의 변수를 고려한 시뮬레이션을 통해 '3년 후 지하철역 개통으로 인한 가치 상승분 중 40%를 현재 분양가에 선 반영'하는 식의 정량적 근거를 제시한다. 이는 더 이상 '기대감'이라는 추상적 개념이 아닌, 데이터에 기반한 '예측된 미래가치'를 가격에 논리적으로 내재화 시키는 과정이다.

■ 인사이트 3: 수요자의 '지불 의향 가격(WTP)' 예측

AI는 지역 소득 수준, 금융 데이터, 소비 성향, 유사 부동산에 대한 온라인 검색량 및 검색 키워드 분석 등을 통해 목표 고객 그룹의 '지불 의향 가격(Willingness to Pay, WTP)'의 최대치를 정밀하게 예측한다.

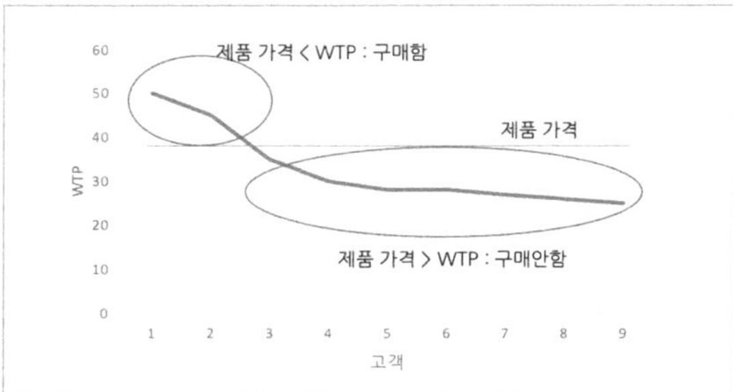

가격결정 어떻게 할까? [https://brunch.co.kr]

가격은 공급자가 정하지만, 최종 결정은 수요자가 한다. AI는 지역 소득 수준, 금융 데이터, 소비 성향, 유사 부동산에 대한 온라인 검색량 및 검색 키워드 분석 등을 통해 목표 고객 그룹의 '지불 의향 가격(Willingness to Pay, WTP)'의 최대치를 정밀하게 예측한다.

예를 들어, 동일 평형이라도 특정 타입(Type)에 대한 검색 량이 폭증하고 긍정적인 온라인 반응이 많다면, AI는 해당 타입의 분양가를 다른 타입보다 전략적으로 높게 책정하도록 제안한다. 이는 수요자의 심리적 저항선 바로 아래에서 가격을 설정하여, '비싸지만 갖고 싶다'는 욕구를 자극하는 최적점을 찾는 과정이다.

구분	전통적 분양가 산정	AI 기반 최적 분양가 산정
분석 데이터	과거 거래 사례, 인근 시세(정적 데이터)	실시간 교통, 상권, 소셜 데이터, 미래 개발 계획 (동적/비정형 데이터)
가격 결정 기준	공급자 중심의 원가 및 목표이익	수요자 중심의 지불 의향 가격(WTP) 예측
미래가치 반영	추상적 기대감, 경험적 판단	데이터 기반 정량적 예측 및 현재가치화
리스크 관리	과거 사례 기반의 보수적 접근	수천 번의 시뮬레이션을 통한 확률적 리스크 분석
가격 전략	단일/단계적 가격 책정	실시간 시장 반응에 따른 적응형/동적 가격 조정

■ 인사이트 4: 리스크 통합형 몬테카를로 시뮬레이션(Risk-integrated Monte Carlo Simulation)

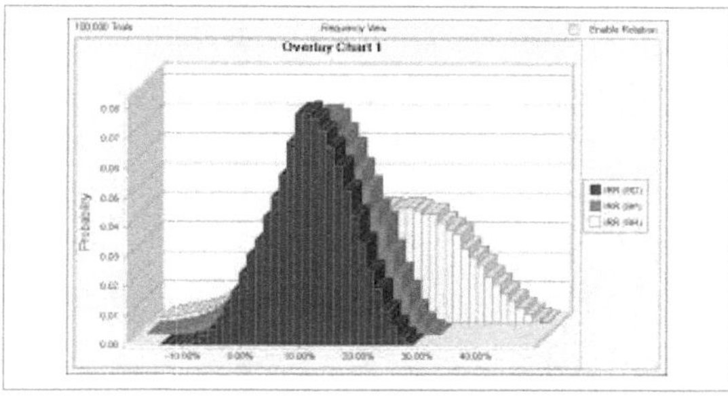

몬테카를로 시뮬레이션을 이용한 부동산 투자의 리스크 평가 [https://www.google.com]

부동산 PF의 가장 큰 적은 불확실성이다. AI는 금리 인상, 정부 정책 변화, 경쟁 단지의 출현, 원자재 가격 변동 등 발생 가능한 모든 리스크 시나리오를 변수로 설정하고, 수만 번의 가상 시뮬레이션을 실행한다.

이를 통해 단순히 가장 높은 수익을 내는 가격이 아니라, '어떠한 시장 충격에도 95% 이상의 확률로 완판될 수 있는 가장 안정적인 고수익 가격'을 도출해낸다. 이는 마치 수많은 평행우주를 미리 경험해보고 가장 성공적인 미래를 선택하는 것과 같은 의사결정 방식이다.

■ 인사이트 5: 실시간 피드백 기반의 적응형 가격 조정(Adaptive Pricing)

분양가는 한번 정해지면 끝나는 것이 아니다. AI는 분양 개시 이후 모델하우스 방문객 수, 홈페이지 트래픽, 초기 계약률, 계약자 데이터 분석 등 실시간으로 쏟아지는 시장의 피드백을 학습한다.

만약 초기 계약률이 예상보다 20% 높고, 특정 평형에 수요가 몰린다면 남은 물량의 가격을 소폭 상향 조정하도록 즉각적으로 제안한다.

반대의 경우, 추가적인 프로모션이나 가격 조정의 최적 시점과 폭을 추천한다. 이는 시장의 맥박에 맞춰 끊임없이 최적의 상태를 유지하는 살아있는 유기체와 같은 가격 전략인 것이다.

2.3. 가상 사례: 판교 테크노밸리 '프로젝트: 퀀텀(Quantum)'

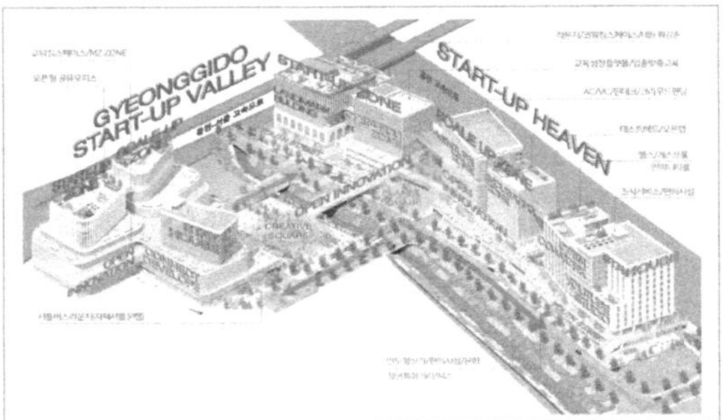

제3판교 자족기능 강화 위해 '판교 스타트업 플래닛' 추진 [https://www.enetnews.co.kr]

1) 상황: 2025년, 대한민국 IT의 심장부인 판교 테크노밸리 인근에 고급 주상복합 '프로젝트: 퀀텀'이 분양을 앞두고 있었다. 시행사는 높은 토지 매입비와 건축비로 인해 주변 시세보다 최소 15% 높은 분양가를 책정해야만 수익성을 확보할 수 있는 상황이었다. 기존의 시장 분석팀은 "무리한 고분양가는 미분양 리스크를 키울 뿐"이라며 보수적인 가격을 주장했지만, 프로젝트 금융을 주선한 투자사는 AI 기반의 가격 산정 모델 도입을 강력히 제안했다.

2) AI의 분석 및 제안:

- 데이터 분석: AI는 판교 테크노밸리 내 IT 기업 직장인들의 소득 데이터, 신용카드 사용 내역, 주말 활동 반경, 온라인 커뮤니티(블라인드, 맘스카페 등)의 키워드를 분석했다. 그 결과, 타겟 수요

층이 '시간 가치'를 매우 중시하며, '스마트홈 기술', '컨시어지 서비스', '전기차 충전 편의성'에 대한 지불 의향이 매우 높다는 점을 발견했다.

- 미래가치 산정: AI는 2년 내 개통 예정인 신규 지하철 노선과 글로벌 빅테크 기업의 R&D 센터 착공 계획을 변수에 포함시켰다. 시뮬레이션 결과, 이 두 가지 호재가 '프로젝트: 퀀텀'의 미래가치를 약 12% 상승시킬 것으로 예측하고, 이 중 5%를 현재 분양가에 선 반영할 것을 제안했다.
- 최적 가격 도출: AI는 수만 번의 몬테카를로 시뮬레이션을 통해, 시장 분석팀이 제안한 가격보다 18% 높은 가격을 최종 분양가로 제시했다. 놀랍게도, 이 가격에서 완판 확률은 98.5%로, 오히려 보수적인 가격에서의 완판 확률(85%)보다 높게 나타났다. AI는 높은 가격에 대한 심리적 저항을 상쇄할 수 있는 '개인별 맞춤형 금융 컨설팅'과 '스마트홈 구독 서비스 2년 제공'이라는 프로모션을 함께 제안했다.

구분	시장 분석팀 제안 (A안)	AI 모델 제안 (B안)
기준 분양가	주변 시세 + 10%	주변 시세 + 18%
예상 완판율	85% (6개월 내)	98.5% (3개월 내)
핵심 근거	과거 거래 사례, 경쟁 단지 가격	잠재 수요층 WTP, 미래가치 선반영, 리스크 시뮬레이션
부가 전략	일반적인 중도금 무이자 혜택	타겟 맞춤형 금융 컨설팅 및 스마트홈 구독 서비스

3) 결과: 시행사는 반신반의하며 AI의 제안을 따랐다. 결과는 놀라웠다. '프로젝트: 퀀텀'은 높은 분양가에도 불구하고 청약 경쟁률 수백 대 일을 기록하며 단 1개월 만에 100% 완판되었다. 특히 AI가 타겟

했던 고소득 IT 직장인들의 계약 비율이 70%에 달했으며, 이들은 높은 가격보다 AI가 제안한 부가 서비스와 미래가치에 더 큰 매력을 느꼈다고 답했다.

4) 시사점: '프로젝트: 퀀텀'의 성공은 AI가 단순히 숫자를 계산하는 도구가 아니라, 시장의 숨겨진 욕망을 읽어내고 미래의 가치를 현재로 가져와, 리스크를 최소화하며 수익을 극대화하는 전략적 파트너임을 증명한 결정적인 사례가 된 것이다. 이는 성공하는 AI 부동산 PF가 무엇이 다른 지를 명확히 보여주는 이정표이다.

3. AI 시뮬레이션: 수천 가지 시나리오로 찾아내는 최상의 사업 계획과 가상사례

3.1. AI 시뮬레이션: 수천 가지 시나리오로 찾아내는 최상의 사업 계획

부동산 개발 사업은 마치 한 번도 가본 적 없는 미지의 바다를 항해하는 것과 같다. 노련한 선장(사업자)의 경험과 직관에 의존하여 항로를 결정하지만, 예기치 못한 암초나 폭풍(시장 리스크)을 만나 좌초될 위험은 언제나 존재한다. 과거에는 제한된 데이터와 엑셀 시트에 의존해 몇 가지 가능한 경로를 그려보는 것이 전부였다. 그

그러나 AI 시뮬레이션은 수천, 수만 개의 가상 미래를 동시에 항해해 보고, 그중 가장 안전하고 수익성 높은 최적의 항로를 찾아내는 '미래 예측 시뮬레이터'와 같다. 이는 더 이상 감의 영역이 아닌, 압도적인 데이터와 계산을 통한 과학적 의사결정의 시작을 의미한다. 본 절에서는 AI 시뮬레이션이 어떻게 최상의 사업 계획을 빚어내는지, 그 혁신적인 5가지 인사이트와 가상 사례를 통해 상세히 설명하고자 한다.

3.2. AI 시뮬레이션의 5가지 핵심 인사이트

- **인사이트 1: 다변수 상호작용 분석(Multi-variable Interaction Analysis)**

  전통적인 사업성 검토는 금리, 공사비, 분양가 등 핵심 변수를 개별적으로 조정하며 수익성의 변화를 살펴보는 단선적인 방식이었다. 그러나 AI 시뮬레이션은 이러한 변수들이 서로 어떻게 영향을 주고받는지를 입체적으로 분석한다.

  예를 들어, '금리가 1% 인상'되는 시나리오와 '주변 경쟁 단지가 예상보다 3개월 먼저 분양'하는 시나리오가 동시에 발생했을 때의 파급 효과를 계산해낸다. 이처럼 수십, 수백 개의 변수들이 복잡한 그물망처럼 얽혔을 때 발생하는 '나비 효과'까지 예측하여, 단일 변수 분석에서는 결코 발견할 수 없는 잠재적 리스크와 기회 요인을 찾아내는 것이다.

- **인사이트 2: 꼬리 리스크(Tail Risk)의 정량화**

  사업 계획에서 가장 무서운 것은 '설마 그럴 리가'라고 생각했던, 발생 확률은 낮지만 한번 터지면 사업 전체를 파멸로 이끄는 '블랙 스완(Black Swan)' 이벤트이다. AI 시뮬레이션은 바로 이 '꼬리 리스크'를 정량적으로 측정한다.

  예를 들어, 특정 원자재의 국제가가 300% 폭등할 확률(예: 0.5%)과 그로 인한 공사비 증가 및 사업 수익률 하락폭을 수치로 명확하게 보여준다. 이를 통해 사업자는 막연한 불안감을 넘어, '0.5%의 파산 리스크를 방지하기 위해 헷지(Hedge) 비용으로 사업비의 0.1%를 지출하는 것이 합리적인가'를 데이터에 기반하여 판단할 수 있게 된다.

■ 인사이트 3: 최적 사업구조 탐색(Optimal Business Structure Search)

AI는 주어진 대지 안에서 무한에 가까운 사업 계획 조합을 스스로 생성하고 평가한다. 아파트와 오피스텔, 상가의 면적 비율을 어떻게 조합할지, 주차대수는 법정 기준보다 얼마나 더 확보해야 할지, 어떤 커뮤니티 시설을 넣었을 때 분양가 상승 기여도가 가장 높은지 등 수많은 조합을 시뮬레이션 한다

최상의 사업 계획은 단 하나의 정답이 아니다. AI는 주어진 대지 안에서 무한에 가까운 사업 계획 조합을 스스로 생성하고 평가한다. 아파트와 오피스텔, 상가의 면적 비율을 어떻게 조합할지, 주차대수는 법정 기준보다 얼마나 더 확보해야 할지, 어떤 커뮤니티 시설을 넣었을 때 분양가 상승 기여도가 가장 높은 지 등 수많은 조합을 시뮬레이션 한다.

이 과정을 통해 '수익성은 5% 높아지지만, 공사 기간은 2개월 단축되며, 초기 분양률은 10% 더 빠르게 달성할 수 있는' 최적의 사업 구조 포트폴리오를 발견해내는 것이다.

구분	전통적 사업성 검토	AI 시뮬레이션 기반 사업 계획
분석 범위	몇 개의 핵심 변수에 대한 제한적 시나리오	수백 개 변수의 상호작용을 고려한 수만 개 시나리오
리스크 관리	과거 경험에 기반한 정성적 판단	꼬리 리스크(Tail Risk) 등 극단적 상황의 확률적 계산
사업 구조	표준화된 모델, 제한된 대안 검토	수익/비용/기간을 종합적으로 고려한 최적 조합 탐색
의사결정	경험과 직관 중심	데이터 기반 확률적 최적안(Optimal Plan) 도출
계획의 유연성	고정된 계획 (Plan A, Plan B)	상황 변화에 따른 동적 경로 수정 (Contingency Plan 내재)

■ **인사이트 4: 동적 경로 최적화(Dynamic Path Optimization)**

사업은 살아있는 생물과 같아서, 계획대로만 진행되지 않는다. AI 시뮬레이션은 사업 진행 중 발생할 수 있는 다양한 변수(예: 초기 분양률 저조, 인허가 지연, 시공사와의 분쟁 등)에 대응하는 여러 갈래의 '컨틴전시 플랜(Contingency Plan)'을 미리 수립한다.

만약 초기 분양률이 목표치의 70%에 미달할 경우, (A) 분양가를 5% 할인하는 경로, (B) 마케팅 비용을 20% 증액하는 경로, (C) 특정 타입의 옵션을 무상 제공하는 경로 각각의 최종 수익률과 성공 확률을 미리 계산해 둔다. 이를 통해 사업자는 위기 상황에서 당황하지 않고, 이미 시뮬레이션으로 검증된 최상의 대응책을 즉시 실행할 수 있다.

■ **인사이트 5: 인간의 인지 편향 제거(Elimination of Human Cognitive Bias)**

가장 노련한 전문가조차도 성공 경험에 기댄 '확증 편향'이나 손실을 회피하려는 '손실 회피 편향'에서 자유로울 수 없다. AI 시뮬레이션은 오직 데이터와 확률에 기반하여 냉정하게 결과를 제시함으로써 이러한 인간의 인지적 오류를 배제한다.

개발자가 특정 디자인이나 설계에 대해 가지고 있는 비합리적인 애착이나 시장에 대한 막연한 낙관론을 객관적인 숫자로 반박하며, 때로는 불편하지만 가장 합리적인 결정을 내리도록 돕는 '객관적인 조언자' 역할을 수행하는 것이다.

3.3. 가상 사례: 성수동 '프로젝트: 네뷸라(Nebula)'

1) **상황:** 2026년, 서울의 가장 역동적인 지역인 성수동의 낡은 공장 부지를 매입한 한 신생 개발사는 복합 문화 공간 개발 사업인 '프로젝

트: 네뷸라'를 추진하고 있었다. 이사회 앞에는 두 가지 사업 계획이 놓여 있었다.

- **A안(안정성 추구)**: 사업 리스크를 최소화하기 위해 부지 전체를 요즘 유행하는 고급 오피스텔로만 채우는, 검증되었지만 수익률은 평범한 계획.
- **B안(혁신성 추구)**: 오피스텔 비중을 줄이는 대신, 미디어 아트 전시장, 유명 셰프의 레스토랑, 공유 오피스, 루프탑 바(Bar) 등을 결합하여 지역의 랜드마크를 만들겠다는 야심 차지만, 각 시설의 임차인을 구하고 수익성을 맞추기 매우 어려운 고위험 고수익(High-risk High-return) 계획.

격렬한 토론에도 결론이 나지 않자, 프로젝트의 PF를 담당한 금융사는 AI 시뮬레이션 모델 'DEEP-PLAN'의 도입을 제안했다.

2) AI의 시뮬레이션 및 제안:

- **데이터 통합**: 'DEEP-PLAN'은 기본적인 금융 데이터는 물론, 성수동 지역의 유동인구 데이터, 소셜미디어 상의 '성수동 핫플' 키워드 변화 추이, 인근 팝업스토어의 시간대별 매출 데이터, 잠재 입주 기업들의 공유 오피스 선호 사양 등 수백 종의 데이터를 학습했다.
- **시뮬레이션 실행**: AI는 A안과 B안을 기반으로 가능한 모든 변수(공사 기간, 임대료 수준, 금리 변동, 경쟁 시설 출현 등)를 조합하여 5만 가지가 넘는 미래 시나리오를 생성하고 각각의 사업 결과를 예측했다.
- **예상 밖의 결과 도출**: 시뮬레이션 결과, B안은 성공 시 A안보다 3배의 수익이 기대되었지만, 2년 내 공실률 30%를 넘기며 프로젝트가 좌초될 '파산 확률'이 15%에 달하는 것으로 나타났다. 반면,

A안은 안정적이지만, 급변하는 성수동의 트렌드를 따라가지 못해 3년 뒤 자산 가치가 정체될 확률이 60%로 예측되었다.

- **최적의 C안 제시:** AI는 단순히 A안과 B안 중 하나를 선택하지 않았다. 5만 개의 시나리오 분석을 통해 전혀 새로운 C안을 제시했다. C안은 오피스텔과 상업시설을 결합하되, 1층 전체를 '팝업 전용 공간'으로 비워두고, 특정 기간에만 단기 임대하여 항상 새로운 콘텐츠로 채우는 전략을 제안했다. 또한, 루프탑 바 대신 '반려동물과 함께하는 루프탑 공원'을 조성할 것을 추천했다. 이는 소셜 데이터 분석 결과, 성수동 방문객들의 '반려동물 동반' 관련 검색량이 폭증하고 있었기 때문이다.

구분	A안 (안정형)	B안 (혁신형)	C안 (AI 제안 최적형)
주요 시설	오피스텔 100%	오피스텔 40%, 상업시설 60%	오피스텔 70%, 팝업 공간 15%, 반려동물 공원 등 15%
예상 수익률	8%	25%	17%
파산 확률	1% 미만	15%	0.5% 미만
핵심 전략	빠른 분양, 리스크 최소화	랜드마크화, 고수익 추구	데이터 기반 트렌드 반영, 리스크 분산 및 자산가치 극대화

3) **결과 및 시사점:** 개발사는 AI가 제시한 C안을 채택했다.' '프로젝트: 네뷸라는 완공 후, 끊임없이 새로운 브랜드가 들어서는 1층 팝업 공간과 반려동물 친화적인 루프탑 덕분에 성수동의 새로운 아이콘으로 떠올랐다. 안정적인 오피스텔 임대 수익과 더불어, 팝업 공간의 높은 회전율과 집객 효과로 인해 자산 가치는 예상을 뛰어넘어 폭등했다.

이 사례는 AI 시뮬레이션이 단순히 기존의 계획을 평가하는 것을 넘어, 데이터 속에서 인간이 발견하지 못한 기회를 찾아내고, 리스크를 과학적으로 제어하여 완전히 새로운 차원의 성공적인 사업 계획을 창조해낼 수 있음을 보여주는 것이다. 이것이 바로 미래의 부동산 PF가 나아갈 길이다.

4. '건축 인허가 가능성, AI는 미리 알고 있다'와 가상사례

4.1. 건축 인허가 가능성, AI는 미리 알고 있다

부동산 개발 프로젝트에서 가장 예측 불가능하고 사업 기간을 좀먹는 암초를 꼽으라면 단연 '건축 인허가' 과정일 것이다. 수백, 수천 페이지에 달하는 복잡한 법규, 명문화되어 있지 않은 심의위원의 성향, 시시각각 변하는 지역 사회의 민원과 여론 등은 아무리 노련한 전문가라도 완벽히 예측하기 어려운 미지의 영역이었다.

이는 마치 안개 낀 밤바다를 등대 불빛 하나에 의지해 건너는 것과 같았다. 그러나 AI는 수십 년간 축적된 방대한 데이터를 학습하여, 안개를 걷어내고 인허가라는 바다의 숨겨진 해류와 암초의 위치를 알려주는 '디지털 예언자'의 역할을 수행하기 시작했다.

AI는 더 이상 '될 것 같다'는 기대를 넘어, '성공 확률 85%'와 같은 통계적 근거를 제시하며 프로젝트의 운명을 미리 내다본다. 본 절에서는 AI가 어떻게 인허가의 불확실성을 과학의 영역으로 가져오는지, 그 놀라운 5가지 인사이트와 가상 사례를 통해 집중적으로 조명하고자 한다.

4.2. AI 인허가 예측의 5가지 핵심 인사이트

- **인사이트 1: 법규의 의미 분석**(Semantic Analysis of Legal Texts)

  건축법, 도시계획 조례 등 인허가 관련 법규는 단순한 키워드 검색만으로는 그 의도를 파악하기 어려운 복잡한 문장으로 이루어져 있다.

  AI는 자연어 처리(NLP) 기술을 통해 법률 텍스트의 미묘한 뉘앙스와 문맥적 의미를 분석한다. 예를 들어, '지역 경관과의 조화' 또는 '공공 기여의 적정성'과 같이 해석의 여지가 많은 추상적인 조항에 대해, 과거 수십 년간 해당 조항이 어떻게 적용되었는지 모든 관보와 회의록, 판례를 분석하여 가장 확률 높은 해석의 방향을 도출한다. 이는 법전을 글자 그대로 읽는 것을 넘어, 법의 '숨겨진 의도'를 읽어내는 것과 같다.

- **인사이트 2: 심의 패턴 및 결정자 성향 분석**(Precedent & Decision-maker Analysis)

  인허가의 최종 관문인 건축 심의는 결국 사람이 결정하는 영역이다. AI는 과거 특정 지역의 건축위원회 심의 회의록, 위원들의 이전 발언, 학술적 배경, 과거 참여했던 프로젝트의 특징 등을 모두 데이터 화하여 분석한다.

  이를 통해 'A위원은 일조권 관련 이슈에 민감하고, B위원은 입면 디자인의 혁신성을 중시한다'는 식의 잠재적 패턴을 파악한다. 그 결과, 이번 프로젝트의 심의위원 구성에 맞춰 어떤 부분을 강조하고 어떤 부분을 보완해야 할지, 즉 '맞춤형 인허가 전략'을 수립할 수 있는 강력한 근거를 제공하는 것이다.

■ 인사이트 3: 사회·정치적 맥락 및 여론 분석(Socio-political Context & Public Opinion Analysis)

때로는 법규보다 무서운 것이 지역 여론과 민원이다. AI는 뉴스 기사, 지역 커뮤니티 게시글, 소셜미디어 데이터 등을 실시간으로 분석하여 특정 개발 사업에 대한 지역 사회의 여론 동향과 핵심 민원 사항을 조기에 감지한다.

예를 들어, 특정 지역에서 '초등학교 통학로 안전'에 대한 우려가 급증하고 있다면, AI는 건축 계획안에 '차량 출입구 위치 변경'이나 '보행로 추가 확보' 등의 선제적 대책을 포함할 것을 강력히 권고한다. 이는 기술적 문제를 넘어 사회적 수용성을 높여 인허가 과정의 암초를 미리 제거하는 효과를 가져온다.

구분	전통적 인허가 검토 방식	AI 기반 인허가 예측 시스템
법규 분석	전문가의 경험적, 정성적 해석	과거 사례 기반 법규의 의미망 분석 및 정량적 해석
심의 대응	인맥과 관행에 의존한 예측	심의위원 데이터 분석을 통한 패턴 기반 맞춤 전략 수립
민원/여론	문제 발생 후 사후 대응	소셜 데이터 분석을 통한 잠재적 민원 예측 및 선제적 대응
설계 대안	소수의 대안에 대한 수동적 검토	수천 개 설계 변수를 조합한 최적 대안 자동 생성 및 시뮬레이션
예측 결과	'가능/불가능'의 이분법적 판단	'성공 확률(%)', '주요 리스크', '보완 기간' 등 확률적 예측

■ 인사이트 4: 생성형 AI를 통한 최적 설계안 시뮬레이션(Generative Design Simulation)

AI는 단순히 기존 설계안의 인허가 가능성만 판단하는 데 그치지 않는다. 한발 더 나아가 인허가 통과 확률을 극대화하는 최적의 설계안을 스스로 생성해낸다.

주어진 대지 조건과 법규의 제약 안에서 용적률, 건폐율, 높이, 배치, 조경 면적 등 수천, 수만 개의 설계 변수를 조합하여 수백 개의 대안을 만들고, 각각의 인허가 통과 확률을 시뮬레이션 한다. 이 과정을 통해 '용적률은 0.5%만 손해 보지만, 인허가 통과 확률은 30% 높이고, 예상 심의 기간을 2개월 단축시키는' 최적의 절충안을 찾아낼 수 있다.

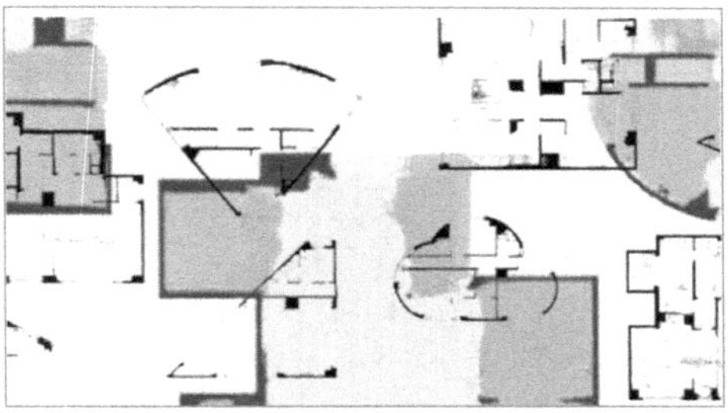

AI Architecture Generative Design Housing [https://www.bricsys.com/ko-kr]

- **인사이트 5: 숨겨진 거부 요인(Deal-breaker) 식별**

수많은 인허가 반려 사례들을 분석한 AI는, 서류상으로는 완벽해 보이지만 특정 조건이 결합되었을 때 반복적으로 반려를 유발하는 '숨겨진 패턴'을 발견한다.

예를 들어, '특정 소방도로 규정과 접한 대지에서 지하층을 3층 이상 계획할 경우', 비록 개별 법규는 모두 충족하더라도 복합적인 안전 문제로 인해 반려될 확률이 90%에 달한다는 사실을 밝혀낼 수 있다. 이는 베테랑 건축사조차 경험하지 못했을 수 있는 치명적인 '딜 브레이커(Deal-breaker)'를 사업 초기에 발견하여 막대한 시간과 비용 낭비를 막아주는 것이다.

4.3. 가상 사례: 사대문 안 '프로젝트: 헤리티지(Heritage)'

1) **상황:** 2027년, 한 자산운용사는 서울 사대문 안, 역사 보존 지구에 인접한 낡은 상업용 건물을 매입하여 최첨단 오피스와 복합 문화 공간으로 재개발하는 '프로젝트: 헤리티지'를 기획했다. 국내 최고의 건축 설계사와 법무법인을 고용해 1년간 공들여 만든 건축 계획안은 모든 법규를 칼같이 준수했다. 그러나 관할 구청과 문화재청은 '역사적 맥락과의 부조화'라는 모호한 이유를 들며 3차례에 걸쳐 심의를 보류시켰다. 프로젝트는 좌초 위기에 놓였다.

AI generated building Design [https://www.vecteezy.com]

2) **AI의 등장과 해결:**
PF 대주단은 최후의 수단으로 인허가 예측 AI '아키-프리딕터(Archi-Predictor)'를 투입했다.

3) **데이터 분석:** '아키-프리딕터'는 지난 30년간 서울 사대문 안에서 진행된 모든 건축 심의 회의록, 관련 뉴스, 문화재 위원들의 논문과 인터뷰, 심지어는 통과된 건물들의 옛 항공사진과 현재의 위성사진까지 수백만 건의 데이터를 학습했다.

- **핵심 패턴 발견:** AI는 놀라운 사실을 발견했다. 심의위원들이 '역사적 맥락'을 언급할 때, 단순히 건물의 외관 디자인만을 보는 것이 아니었다. AI 분석 결과, 통과된 사례들은 공통적으로 '옛 골목길의 흐름을 단절시키지 않고, 현대 건축물 안으로 자연스럽게 연결'했다는 패턴을 가지고 있었다. 기존 설계안은 옛 골목길을 건물 부지 앞에서 '끊어버리는' 형태였고, 이것이 바로 숨겨진 거부 요인이었던 것이다.
- **최적 대안 제시:** '아키-프리딕터'는 기존 설계안의 용적률을 거의 희생하지 않으면서, 1층을 필로티 구조로 띄우고 옛 골목길의 동선을 건물 내부 아트리움으로 끌어들이는 새로운 설계안을 생성했다. 또한, 과거 심의에서 한 위원이 '기와'의 현대적 재해석을 긍정적으로 평가했던 발언에 착안하여, 건물 상층부 마감재로 전통 기와의 질감을 살린 신소재를 사용할 것을 제안했다.

4) **결과 및 시사점:** AI가 제안한 수정 설계안은 다음 심의에서 만장일치로 통과되었다. 심의위원들은 "과거와 현재를 잇는 창의적인 해법"이라며 극찬했다. '프로젝트: 헤리티지'는 AI 덕분에 1년 넘게 지체되던 사업을 재개할 수 있었을 뿐만 아니라, 서울의 역사와 기술

1층 필로티 구조로 설계해 공원으로 꾸며 | 한국경제 [https://www.hankyung.com]

이 공존하는 새로운 랜드마크로 탄생하게 되었다.

이 사례는 AI가 단순한 법규 검토기를 넘어, '데이터 속에 숨겨진 도시의 역사와 사람들의 암묵적 합의까지 읽어내어 창의적인 해결책을 제시하는 '전략가'임을 명확히 보여준다. 성공하는 AI 부동산 PF는 이처럼 보이지 않는 리스크마저 과학적으로 예측하고 관리하는 데서 그 차별점이 시작되는 것이다.

5. '장밋빛 보고서'는 이제 그만, 데이터 기반의 냉정한 수익성 검증과 가상사례

5.1. '장밋빛 보고서'는 이제 그만, AI는 데이터 기반의 냉정한 수익성 검증

부동산 개발 사업의 성패는 사업 초기에 작성되는 '사업 타당성 보고서' 한 권에 달려있다고 해도 과언이 아니다. 그러나 이 보고서는 종종 프로젝트를 반드시 성공시켜야만 하는 사업 주체의 강한 열망과 긍정적 편향이 뒤섞인 '장밋빛 소설'이 되기 쉽다. 미래 시장에 대한 막연한 낙관론, 의도적으로 축소된 잠재 비용, 부풀려진 예상 수익 등은 투자자들을 현혹하는 사막의 신기루와 같다.

하지만 AI는 이러한 인간의 희망 회로를 차단하고, 수십억 개의 데이터를 기반으로 한 렌즈를 통해 사업의 민 낯을 비추는 '냉정한 현실 검증관'으로 등장했다. AI는 감정과 편견이 배제된 객관적인 숫자로, 장밋빛 전망 뒤에 숨겨진 회색 빛 진실을 드러낸다. 본 절에서는 AI가 어떻게 사업의 수익성을 냉철하게 해부하고 검증하는지, 그 핵심적인 5가지 인사이트와 가상 사례를 통해 심도 있게 파헤쳐 보고자 한다.

5.2. AI 수익성 검증의 5가지 핵심 인사이트

■ **인사이트 1: 확증 편향의 제거와 객관적 시장 예측**(Bias Elimination & Objective Market Forecasting)

인간은 자신의 주장을 뒷받침하는 정보만 선택적으로 받아들이는 '확증 편향(Confirmation Bias)'에 빠지기 쉽다. 사업 보고서 역시 '이 지역은 뜰 수밖에 없다'는 전제하에 긍정적인 데이터만 취사선택하여 구성될 위험이 크다.

AI는 이러한 확증 편향을 원천적으로 차단한다. 해당 지역의 인구 순유출 데이터, 경쟁 상권의 부상, 잠재 수요층의 소득 감소 추세 등 부정적인 시그널까지 가중치를 두어 공정하게 분석한다.

이를 통해 '3년 후 시장이 10% 성장할 것'이라는 희망 섞인 예측이 아닌, '모든 변수를 고려했을 때, 3년 후 시장의 기대 성장률은 4.5%이며, 2% 이하로 하락할 확률도 15% 존재한다'는 식의 확률 기반 예측을 제시하는 것이다.

■ **인사이트 2: 숨겨진 비용의 탐지와 예산 현실화**(Hidden Cost Detection & Budget Realization)

사업비 예산은 종종 눈에 보이는 직접 공사비 위주로 책정되며, 예측하기 어려운 간접 비용이나 미래에 발생할 비용은 누락되기 쉽다. AI는 과거 유사 프로젝트 수천 건의 전체 사업비 집행 데이터를 학습하여, 보고서에 빠져 있을 가능성이 높은 '숨겨진 비용' 항목들을 찾아낸다.

예를 들어, 특정 지질 구조에서 예상치 못하게 발생했던 추가 토목 공사비, 사업 지연으로 인한 금융비용 증가 패턴, 준공 후 초기 4년

간의 평균 하자 보수 비용 등을 통계적으로 예측하여 예산안에 반영하도록 요구한다. 이는 장밋빛 예산을 현실적인 예산으로 교정하는 과정이다.

- **인사이트 3: 현금흐름 스트레스 테스트(Cash Flow Stress Testing)**

총수익이 흑자라도, 중간에 현금 흐름이 막히면 프로젝트는 부도에 이른다. AI는 금리 급등, 초기 임대율 저조, 공사 기간 연장, 원자재 가격 폭등 등 프로젝트의 숨통을 조일 수 있는 최악의 시나리오들을 조합하여 수만 번의 스트레스 테스트를 실행한다.

이를 통해 '미국 연준이 기준금리를 0.5%만 올려도, 우리 프로젝트의 현금 흐름은 6개월 후 마이너스로 전환되며, 이를 버티기 위해서는 OOO억 원의 예비 자금이 추가로 필요하다'는 구체적인 재무적 압박점을 사전에 식별해낸다. 이는 사업의 가장 약한 고리를 미리 찾아내 보강하는 과정이다.

평가 항목	전통적 타당성 보고서 (인간 중심)	AI 기반 수익성 검증 (데이터 중심)
시장 전망	긍정적 시나리오 중심의 정성적 예측	긍/부정 데이터를 모두 반영한 확률 기반 예측
비용 산정	직접비 위주, 과거 경험에 의존	과거 빅데이터 분석을 통한 숨겨진 비용(Hidden Cost) 예측
리스크 분석	주요 리스크 항목에 대한 정성적 기술	최악의 시나리오 조합을 통한 현금흐름 스트레스 테스트
수익률(IRR) 계산	단일/고정된 예상 수익률(Target IRR) 제시	시뮬레이션을 통한 수익률 분포(VaR) 및 기대수익률 제시
최종 결론	사업의 당위성과 성공 가능성 강조 (주관적)	투자 결정에 필요한 객관적 수치와 확률 제시 (객관적)

■ 인사이트 4: 가치평가의 교차 검증(Cross-validation of Valuation)

부동산의 가치를 평가하는 방식에는 여러 가지가 있다. 사업 보고서는 그중 가장 유리한 평가 방식(예: 미래의 개발 호재를 모두 반영한 수익환원법)을 선택하여 가치를 부풀릴 수 있다.

AI는 특정 자산에 대해 가능한 모든 가치평가 모델(거래사례비교법, 원가법, 수익환원법 등)을 동시에 적용하고, 각 모델의 장단점과 현재 시장 상황과의 적합성을 분석하여 종합적인 가치 범위를 제시한다. 또한, 온라인 부동산 플랫폼의 실시간 호가, 위성사진을 통한 인근 지역 개발 밀도 변화 등 비정형 데이터를 활용하여 전통적인 평가 모델의 허점을 보완하는 교차 검증을 수행한다.

■ 인사이트 5: 위험조정수익률(VaR) 기반의 합리적 의사결정

최종적으로 AI는 '이 사업의 예상 수익률은 15%'라는 단 하나의 숫자를 제시하지 않는다. 대신 '이 사업의 기대수익률은 12%이며, 95% 신뢰수준 하에서 발생 가능한 최대 손실(Value at Risk, VaR)은 총사업비의 8%이다' 와 같이 수익과 위험을 함께 보여준다.

이는 투자자에게 '12%의 수익을 기대할 수 있지만, 최악의 경우(5% 확률로) 8%의 손실을 감수해야 한다'는 명확한 정보를 제공한다. 이를 통해 투자자는 막연한 기대감이 아닌, 자신이 감당할 수 있는 위험의 수준을 정확히 인지하고 합리적인 투자 결정을 내릴 수 있게 되는 것이다.

5.3. 가상 사례: 을지로 '프로젝트 캔버스(Canvas)'

1) **상황**: 2028년, 낡은 인쇄소와 공구 상가가 밀집한 서울 을지로의 한 블록을 통째로 매입한 신생 개발사는, 이 지역을 '뉴트로(New-tro)'

을지로 3가, 인쇄소 골목과 노가리 골목서 '보물찾기' | 비즈한국 [https://www.bizhankook.com]

감성의 복합 문화 공간 '프로젝트 캔버스'로 탈바꿈 시키겠다는 야심 찬 사업 계획을 발표했다. 그들이 투자자들에게 제출한 사업 타당성 보고서는 화려했다. SNS상의 을지로 언급량 급증 데이터, 젊은 층의 유입 증가, 인근 유사 프로젝트의 성공 사례 등을 근거로 연 20%라는 경이로운 목표 수익률을 제시했다. 보고서는 그야말로 완벽한 '장밋빛 그림'이었다.

2) AI의 냉정한 붓터치:

프로젝트의 메인 투자자로 참여를 검토하던 한 연기금은, 최종 결정을 앞두고 AI 수익성 검증 시스템 '베리타스(VERITAS)'에 해당 보고서의 검증을 의뢰했다.

AI vs Human Creativity: Which One Will Win? https://aicontentfy.com]

- 신기루 걷어내기: '베리타스'는 먼저 SNS 데이터를 교차 검증했다. 그 결과, 을지로의 트래픽은 주말 저녁에 집중된 '단기 방문객'이 85% 이상이었고, 이들의 평균 소비액은 보고서의 예상치보다 40% 낮았다. AI는 이를 근거로, 보고서가 책정한 높은 상가 임대료는 공실 리스크를 급격히 높일 것이라 경고하고, 현실적인 임대 수익을 적용하자 예상 수익률은 13%로 급락했다.
- 숨겨진 비용 발견: AI는 서울시의 과거 도심 재개발 사례 500건을 분석, 낡은 도심지의 경우 상하수도, 전력망 등 노후화된 지하 인프라를 교체하는 데 평균적으로 총공사비의 5%에 해당하는 추가 비용이 발생했음을 발견했다. 개발사의 보고서에는 이 비용이 완전히 누락되어 있었다. 이 비용을 반영하자 수익률은 11%까지 떨어졌다.
- 스트레스 테스트: '베리타스'는 '2년 내 경쟁 상권인 성수동에 대규모 복합몰이 들어서고, 기준금리가 1% 인상되는' 시나리오로 현금흐름을 시뮬레이션 했다. 결과는 충격적이었다. 프로젝트는 준공 1년 만에 운영 자금이 고갈되어 추가 자금 조달이나 자산 매각이 불가피한, 즉 부도 직전 상태에 빠지는 것으로 나타났다.

3) 결과: AI의 냉정한 보고서를 받아 든 연기금은 투자를 전면 보류했다. 대신 AI가 제시한 대안, 즉 트렌디한 상업시설 비중을 줄이고 안정적인 임대 수익을 창출할 수 있는 소규모 '스마트 오피스'와 '작가 레지던시'를 결합하는 사업 구조 변경을 조건으로 재협상을 제안했다. 개발사는 결국 이를 받아들였고, '프로젝트 캔버스'는 화려함은 덜하지만 훨씬 더 안정적이고 내실 있는 프로젝트로 재탄생하게 되었다.

4) **시사점:** 이 사례는 AI가 단순히 보고서의 오류를 찾아내는 비평가를 넘어, 장밋빛 환상에 가려 보이지 않던 리스크를 수면 위로 끌어올리고, 가장 현실적이고 지속 가능한 성공의 길을 제시하는 '전략적 네비게이터'임을 증명한다. 성공적인 AI 부동산 PF는 이처럼 데이터라는 냉정한 거울을 통해 사업의 본질을 직시하는 것에서부터 시작되는 것이다.

제9장
[리스크 관리] 예측하고 피하고 대비하라

1. 부동산 프로젝트 PF의 주요 리스크 유형과 AI 진단 방법과 가상사례

1.1. 부동산 프로젝트 PF의 주요 리스크 유형과 AI 진단 방법

부동산 프로젝트 파이낸싱(PF)이라는 거대한 항해는 언제나 수많은 암초와 폭풍, 즉 리스크(Risk)를 동반한다. 사업의 성패는 이 보이지 않는 위험들을 얼마나 정교하게 식별하고, 진단하며, 대비하는지에 달려있다. 과거에는 숙련된 항해사(전문가)가 자신의 경험과 감으로 날씨를 예측하고 항로를 잡는 것이 최선이었다.

인공지능(AI)은 MRI나 CT 스캔처럼, 사업의 가장 깊숙한 곳에 숨어있는 잠재적 위험까지 샅샅이 스캔하고 데이터로 명확히 보여주는 '첨단 리스크 진단 장비'로 진화하고 있다. AI는 막연한 '우려'를 측정 가능한 '확률'로 바꾸어, PF라는 항해의 안전성을 전례 없는 수준으로 끌어올린다. 본 절에서는 PF의 5대 핵심 리스크와 이를 진단하는 AI의 혁신적인 방법론을 가상 사례와 함께 심층적으로 분석하고자 한다.

1.2. PF 5대 리스크와 AI의 진단 솔루션

■ **인사이트 1: 시장 리스크(Market Risk) - 미래 수요와 공급의 불일치**

시장 리스크는 분양이나 임대가 예상대로 되지 않아 프로젝트의 현금흐름이 악화되는 위험이다. 전통적 분석은 과거의 평균적인 시장 성장률에 기대는 경향이 있다.

그러나 AI는 거시경제 지표(GDP, 금리 등)는 물론, 특정 지역의 인구 이동 패턴, 가계부채 수준, 소셜미디어의 관심도 변화, 주변 경쟁 프로젝트의 진행 상황 등 수백 개의 변수를 실시간으로 분석하여 미래 시장의 '수요-공급 곡선' 자체를 예측한다.

이를 통해 '2년 후 준공 시점에는 공급 과잉으로 인해 현재 예상 분양가보다 15% 하락할 확률이 40%'라는 식의 구체적인 경고를 보내, 사업 계획의 선제적인 수정을 유도하는 것이다.

■ **인사이트 2: 시공 리스크(Construction Risk) - 예산 초과와 공기 지연**

시공 리스크는 예측 못한 변수로 공사 기간이 길어지거나 비용이 예산을 초과하는 위험이다. 과거에는 시공사의 역량과 과거 경험에 의존해 관리했다.

AI는 과거 수만 건의 유사 공사 데이터를 학습하여, 현재 프로젝트의 설계 도면, 지질 데이터, 자재 수급 계획 등을 분석하고 잠재적인 리스크 요인을 찾아낸다. 또한, 드론과 IoT 센서를 활용하여 공사 현장을 실시간으로 모니터링하며, 미세한 공정 지연이나 이상 징후가 감지되면 즉시 경고를 보낸다.

AI는 '현재의 공정 속도로는 최종 준공일이 45일 지연될 확률이 75%이며, 이를 만회하기 위한 최적의 공정 재조정 방안은 OOO' 이라고 진단한다.

■ 인사이트 3: 인허가 리스크(Permit Risk) - 행정 절차의 불확실성

인허가 리스크는 건축 허가, 환경영향평가 등 복잡한 행정 절차가 지연되거나 반려되어 사업이 중단되는 위험이다. 이는 대표적인 비계량적 리스크로 여겨졌다.

AI는 자연어 처리(NLP) 기술로 관련 법규, 조례, 과거 심의 회의록 전체를 분석하여 인허가 담당 기관이나 심의위원회의 암묵적인 선호나 기피 패턴을 발견한다. 이를 통해 '현 설계안은 최근 강화된 환경 규제 조항에 저촉될 가능성이 60%이며, 통과를 위해서는 조경 면적을 5% 상향 조정하는 것이 가장 효과적'이라는 식의 전략적 대안을 제시한다.

리스크 유형	전통적 진단 방식 (경험 기반)	AI 기반 진단 방식 (데이터 기반)
시장 리스크	과거 추세 분석, 전문가 직관	미래 수요/공급 예측 모델링, 실시간 변수 분석
시공 리스크	시공사 실적 평가, 현장 감리	과거 데이터 기반 리스크 패턴 분석, IoT 실시간 모니터링
인허가 리스크	인맥, 관행, 법률 자문	법규/회의록 NLP 분석, 심의 패턴 예측
자금조달 리스크	고정된 금융 조건 분석	금리 변동 시뮬레이션, 금융 조건 최적화
엑시트 리스크	목표 매각가 설정	미래 매수자 그룹 분석, 최적 매각 시점 예측

■ 인사이트 4: 자금조달 리스크(Financing Risk) - 금융 조건의 변동

자금조달 리스크는 예상치 못한 금리 인상이나 금융 시장의 경색으로 이자 부담이 커지거나 추가 자금 조달이 어려워지는 위험이다.

AI는 글로벌 금융 시장의 각종 지표를 분석하여 미래의 금리 변동

경로를 수만 가지 시나리오로 시뮬레이션 한다. 이를 통해 '금리가 1%p 인상될 경우, 프로젝트의 총 금융비용은 OO억 원 증가하며, 이로 인해 대주단이 요구하는 부채상환계수(DSCR)의 최소 기준을 충족하지 못할 확률이 35%' 라는 구체적인 재무적 취약점을 진단하고, 고정금리와 변동금리의 최적 비율과 같은 맞춤형 금융 구조를 추천한다.

- **인사이트 5: 엑시트 리스크(Exit Risk) - 자산 매각의 어려움**

엑시트 리스크는 준공된 자산을 원하는 시점에 원하는 가격으로 매각하지 못하여 최종 수익률이 저하되는 위험이다.

AI는 수년 후 자산 매각 시점의 시장 상황을 예측하고, 해당 자산을 매입할 잠재적 매수자 그룹(기관 투자자, 법인, 개인 등)의 특성과 투자 여력까지 분석한다.

이를 통해 '5년 후, 본 자산의 주된 매수자는 연기금이 될 것이며, 그들은 안정적인 임대수익률(5% 이상)과 ESG 등급을 중시하므로, 현 단계에서 친환경 설비를 보강하는 것이 매각 가치를 8% 높이는 효과가 있다'는 장기적 관점의 진단을 제공한다.

1.3. 가상 사례: 해상 신도시 '프로젝트 포세이돈(Poseidon)'

1) **상황**: 2029년, 한 대형 건설사 컨소시엄은 남해안에 인공섬을 만들어 주거, 상업, 레저 기능이 결합된 미래형 해상 신도시 '프로젝트 포세이돈'을 건설하는 야심 찬 계획을 발표했다. 총사업비 5조 원에 달하는 이 거대 프로젝트의 리스크 보고서는 국내 최고의 전문가들이 작성하여 완벽해 보였다.

섬 잇고, 바다 뚫어… '남해안 관광지도' 새로 그린다 [https://www.munhwa.com]

2) AI 진단 시스템 'RISK-SCAN'의 경고:

그러나 PF에 참여하는 글로벌 투자자들은 자체 AI 리스크 진단 시스템인 'RISK-SCAN'을 통해 프로젝트를 재 검증했다. AI는 인간 전문가들이 개별적으로는 인지했지만, 그 상호 연관성은 놓쳤던 치명적인 '리스크 연쇄 반응(Risk Chain Reaction)' 시나리오를 발견했다.

- 1단계(시공 리스크): AI는 과거 20년간의 전 세계 해상 공사 데이터를 분석, 해당 지역의 예측 불가능한 해류 변화로 인해 기초 공사가 '평균 3개월 지연될 확률이 80%'임을 발견했다. 이는 인간 전문가들이 예측한 '최대 1개월'을 훨씬 뛰어넘는 수치였다.
- 2단계(자금조달 리스크): AI는 PF 대출 약정서를 분석, '공사가 2개월 이상 지연될 경우, 연체 이자가 가산되고 대주단이 추가 자금 지원을 중단할 수 있다'는 독소 조항을 찾아냈다. 1단계의 3개월 지연은 이 조항을 발동시킬 것이 확실했다.
- 3단계(시장 리스크): AI는 공사 지연이 발생하는 시점의 거시 경제를 시뮬레이션 했다. 그 결과, 해당 시점은 '글로벌 긴축 정책으로 부동산 시장이 일시적 침체기에 접어들 확률이 65%로 예측되었다.

3) AI의 최종 진단 - '퍼펙트 스톰' 시나리오: 'RISK-SCAN'은 이 세 가지 리스크가 연쇄적으로 터지는 '퍼펙트 스톰' 시나리오를 제시했다. "해상 공사 지연(시공 리스크) → 추가 자금 조달 실패(자금조달 리스크) → 하필 그때 닥친 시장 침체(시장 리스크)로 인해 프로젝트는 유동성 위기에 빠지고, 결국 사업 전체가 중단될 '복합 부도 확률'이 12%'에 달한다."

4) 결과: 인간 전문가들은 12%라는 구체적인 수치에 충격을 받았다. 컨소시엄은 AI의 진단을 기반으로 리스크 관리 계획을 전면 수정했다. ①예측 불가능한 해류에 대비한 신기술 공법을 도입하고, ②공사 지연에 대비한 2,000억 원의 예비비를 추가로 확보했으며, ③대주단과 협상하여 공기 지연에 대한 패널티 조항을 완화했다.

5) 시사점: 결과적으로 '프로젝트 포세이돈'은 AI의 예측대로 실제 공사가 약 70일 지연되었지만, 미리 준비된 대응책 덕분에 위기 없이 프로젝트를 성공적으로 완수할 수 있었다. 이 사례는 AI가 단순히 개별 리스크를 나열하는 것을 넘어, 리스크들이 서로 어떻게 영향을 주고받으며 거대한 재앙으로 증폭되는지를 과학적으로 시뮬레이션하고, 이를 막을 최적의 방패를 제시함을 보여주는 것이다. 이것이 바로 데이터가 운명을 바꾸는 AI 기반 리스크 관리의 힘이다.

2. 미분양의 저주, AI는 어떻게 예측하는가?(지역별/평형별 분석)와 가상사례

2.1. 미분양의 저주, AI는 어떻게 예측하는가?(지역별/평형별 분석)

부동산 개발 사업에서 '미분양'이라는 세 글자는 사업의 존폐를 위협하는 저주 와도 같다. 아무리 훌륭한 건물을 지어도 주인을 찾지 못하면, 그 건물은 막대한 자금을 빨아들이는 거대한 흉물이 될 뿐이다. 과거에는 과거의 성공 공식과 시장의 '분위기'에 의존하여 공급 물량을 결정했다. 이는 마치 수많은 별자리 중 몇 개만 보고 날씨를 점치는 고대 점성술과 같아서, 갑작스러운 비바람을 예측하기 어려웠다.

하지만 인공지능(AI)은 수백만 개의 별(데이터)의 미세한 움직임을 모두 계산하여 내일의 날씨를 정확히 예보하는 현대 천문학과 같다. AI는 지역별, 그리고 더 나아가 아파트 평형별로 시장의 미세한 수요와 공급의 흐름을 읽어내어, 미분양이라는 저주를 과학적으로 예측하고 피해 갈 길을 제시한다. 본 절에서는 AI가 어떻게 미분양의 그림자를 미리 발견하는지, 그 예리한 5가지 인사이트와 가상 사례를 통해 낱낱이 파헤쳐 보고자 한다.

2.2. AI 미분양 예측의 5가지 핵심 인사이트

- **인사이트 1: 초세분화 시장 수요 예측**(Micro-market Demand Forecasting)

  과거의 수요 예측이 'OO시'나 'XX구' 같은 넓은 행정구역 단위의 거시적 분석에 머물렀다면, AI는 'ㅁㅁ동 1블록'과 같이 훨씬 더 세분화된 마이크로 시장의 수요를 현미경처럼 들여다본다.

  이를 위해 아파트 거래 데이터뿐만 아니라, 특정 지역의 신용카드 사용 패턴(외식, 학원비 지출 등), 초등학교의 학급 수 변화, 특정 평형에 대한 온라인 검색량 변화, 배달 앱 주문 데이터, 출퇴근 교통량 데이터 등 과거에는 상상할 수 없었던 '대안 데이터(Alternative Data)'를 활용한다.

이를 통해 '30대 부부의 유입이 많은 이 지역에서는 국공립 어린이집과 가까운 25평형(59㎡)의 잠재 수요가 폭발 직전' 이라는 식의 족집게 같은 예측이 가능해지는 것이다.

■ **인사이트 2: 상품 경쟁력의 정량적 분석**(Quantitative Analysis of Product Competitiveness)

미분양은 결국 공급된 상품이 수요자의 눈높이를 맞추지 못할 때 발생한다. AI는 특정 프로젝트의 각 평형별 설계(평면도, 구조), 커뮤니티 시설, 마감재 수준, 분양가 등을 주변의 모든 기존 아파트 및 향후 공급될 경쟁 아파트와 객관적으로 비교하여 '상품 경쟁력 지수'를 산출한다.

예를 들어, 'A타입 34평형(84㎡)은 혁신적인 평면 설계로 경쟁 아파트 대비 15%의 우위를 가지지만, 분양가가 20% 높아 최종 경쟁력 지수는 -5%로 미분양 위험이 존재한다'고 정량적으로 평가한다. 이는 개발자의 주관적 자신감을 배제하고, 시장에서의 상대적 매력도를 냉정하게 측정하는 과정이다.

■ **인사이트 3: 잠재 매수자 풀(Pool) 시뮬레이션**(Potential Buyer Pool Simulation)

AI는 특정 지역의 소득 데이터, 가구 구성 데이터, 주택담보대출(LTV, DSR) 규제 등을 모두 고려하여, 특정 평형과 분양가의 아파트를 실제로 구매할 여력이 있는 '유효 수요층'이 몇 가구나 되는지를 시뮬레이션 한다.

아무리 좋은 집이라도 그것을 살 수 있는 사람이 없다면 무용지물이다. AI는 특정 지역의 소득 데이터, 가구 구성 데이터, 주택담보

대출(LTV, DSR) 규제 등을 모두 고려하여, 특정 평형과 분양가의 아파트를 실제로 구매할 여력이 있는 '유효 수요층'이 몇 가구나 되는지를 시뮬레이션 한다.

'분양가를 5억 원으로 책정할 경우, 이 지역의 유효 수요층은 3,000가구이지만, 5억 5천만 원으로 올리면 대출 규제로 인해 1,200가구로 급감한다'는 식의 분석은, 분양가와 공급 물량 사이의 아슬아슬한 균형점을 찾는 데 결정적인 단서를 제공한다.

분석 요소	전통적 시장 분석	AI 기반 미분양 예측
지역 단위	시/구 단위의 거시적 분석	동/블록 단위의 초세분화(Micro) 분석
수요 예측	과거 거래량, 인구 통계	대안 데이터(카드, 교통 등) 활용, 실시간 수요 변화 감지
상품 평가	전문가의 정성적, 주관적 판단	경쟁 상품과 비교한 정량적 '경쟁력 지수' 산출
구매력 분석	평균 소득 수준 고려	소득, 대출 규제를 결합한 '잠재 매수자 풀' 시뮬레이션
예측 결과	미분양 가능성 '높음/낮음'	평형별 예상 미분양률(%)과 적정 공급량 제시

- 인사이트 4: 미래 공급 충격 예측(Future Supply Shock Prediction)

현재 시장이 아무리 좋아도, 2~3년 후 입주 시점에 주변에 대규모 아파트가 동시에 들어선다면 미분양을 피하기 어렵다.

AI는 현재 인허가가 진행 중이거나 아직 발표되지 않은 잠재적 개발 프로젝트 정보까지 분석하여 미래의 '공급 충격'을 예측한다.

위성사진 분석을 통해 대규모 부지 정리 작업을 감지하거나, 지자체 회의록 데이터 분석을 통해 신규 택지지구 논의를 포착하는 식이다. 이를 통해 '3년 후 반경 5km 이내에 총 5,000세대의 신규 공급이 예정되어 있으므로, 본 프로젝트의 중대형 평형 공급은 30% 축소해야 한다'는 선제적 대응 전략을 수립하게 한다.

- **인사이트 5: 심리적 전염 효과 모델링**(Psychological Contagion Modeling)

미분양은 종종 '심리적 전염병'처럼 번져 나간다. 인근 단지의 미분양 소식은 잠재 수요자들의 구매 심리를 급격히 위축시키고, 이는 다시 주변 단지의 미분양으로 이어진다.

AI는 소셜미디어와 뉴스 데이터를 실시간으로 분석하여 부동산 관련 부정적 여론의 확산 속도와 강도를 측정하고, 이것이 특정 지역과 평형의 미분양 리스크에 미치는 영향을 모델링한다.

이는 시장의 비이성적 공포가 프로젝트에 미칠 영향을 예측하고, 이에 대응하기 위한 마케팅 전략이나 분양 시기 조절의 필요성을 제기하는 근거가 된다.

2.3. 가상 사례: 신도시 '프로젝트 솔라리스(Solaris)'

1) **상황**: 2028년, 수도권 신도시 '솔라리스 지구'에 대규모 아파트 단지를 계획한 H건설은, 과거 신도시 성공 공식에 따라 국민 평형인 34평형(84㎡) 60%, 25평형(59㎡) 40%로 총 2,000세대를 공급하기로

1기 신도시 [https://www.yna.co.kr]

결정했다. 최근 몇 년간 두 평형 모두 없어서 못 팔 정도로 인기가 높았기에, 임원진 누구도 이 결정에 의문을 제기하지 않았다.

2) **AI 예측 시스템 'DEMAND-SCOPE'의 적색경보:**

그러나 프로젝트의 자금조달을 검토하던 투자사는 AI 미분양 예측 시스템 'DEMAND-SCOPE'를 통해 사업 계획을 검증했다. 며칠 후, AI는 모두의 예상을 뒤엎는 '적색경보'를 보냈다.

- **예측 1(34평형):** AI는 34평형의 수요는 여전히 견고하다고 분석했다. 인근 산업단지의 고소득 직장인 데이터를 분석한 결과, 34평형 1,200세대는 99%의 완판 확률을 보였다.
- **예측 2(25평형):** 문제는 25평형이었다. AI는 이 지역의 잠재적 25평형 매수자 풀(신혼부부, 1인 가구)의 소득 수준과 강화된 대출 규제를 시뮬레이션한 결과, H건설이 책정한 분양가를 감당할 수 있는 유효 수요는 약 450가구에 불과하다고 분석했다.
- **결정적 예측(공급 충격):** 더 나아가, AI는 인허가 데이터를 분석하여 반경 3km 내 경쟁사들이 향후 1년 안에 유사한 분양가의 25평형 아파트를 약 1,500세대나 공급할 것이라는 '숨겨진 공급 충격'을 발견했다.

3) **AI의 최종 결론:** "현재 계획대로 25평형 800세대를 공급할 경우, 유효 수요 부족과 경쟁 심화로 인해 초기 미분양률은 60%에 육박할 것이며, 이는 프로젝트 전체의 현금흐름을 위협하는 치명타가 될 것이다."

구분	H건설 초기 계획	AI의 수정 제안
34평형 (84㎡)	1,200세대	1,200세대 (유지)
25평형 (59㎡)	800세대	400세대 (축소)
17평형 (42㎡)	0세대	400세대 (신설)
예상 미분양률	전체 24% (25평형 리스크 집중)	전체 2% 미만
수정 근거	과거 성공 공식 답습	잠재 매수자 풀 시뮬레이션 및 미래 공급 충격 예측

4) **결과 및 시사점:** AI는 25평형 공급을 절반인 400세대로 줄이는 대신, 1인 가구 및 신혼부부의 초기 자금 부담을 획기적으로 낮춘 17평형(42㎡) 소형 평형 400세대를 새롭게 구성할 것을 제안했다. H건설은 격론 끝에 AI의 제안을 수용했다. 1년 후, '프로젝트 솔라리스'는 분양을 시작했고, 34평형과 25평형은 물론, 시장의 허를 찌른 17평형이 폭발적인 인기를 끌며 단 2개월 만에 전 세대 완판이라는 신화를 기록했다. 경쟁사들의 25평형 아파트들은 대규모 미분양으로 고전했다.

이 사례는 AI가 단순한 예측 도구를 넘어, "데이터 속에서 시장의 보이지 않는 욕망과 공포를 읽어내고, 미분양이라는 저주를 피해 가장 확실한 성공의 항로로 이끄는 '전략가'"임을 명백히 보여주는 것이다. 성공적인 PF는 바로 이처럼 과학적인 예측 위에서 비로소 시작된다.

3. 공사비 폭등과 지연, AI 조기 경보 시스템과 가상사례

3.1. 공사비 폭등과 지연, AI 조기 경보시스템이 알려준다

부동산 개발 프로젝트라는 거대한 교향곡에서, 시공은 가장 복잡하고 변수가 많은 악장이다. 수많은 자재와 인력, 장비가 정교하게 맞물려 돌아가야 하지만, 예상치 못한 불협화음, 즉 '공사비 폭등'과 '공기 지연'은 언젠가처럼 발생하여 프로젝트 전체를 위협한다. 이는 마치 건강검진 없이는 언제 발병할지 모르는 만성질환과 같았다.

하지만 인공지능(AI)은 24시간 심박수와 혈압을 체크하여 질병의 징후를 미리 알려주는 '웨어러블 헬스케어 기기'처럼, 공사 현장의 수많은 데이터를 실시간으로 분석하여 위기의 신호를 사전에 포착하는 조기 경보 시스템의 역할을 한다. AI는 더 이상 문제가 터진 뒤에 수습하는 것이 아니라, 문제가 잉태되는 순간을 포착하여 선제적으로 대응하게 만든다. 본 절에서는 AI가 어떻게 공사비와 공기를 지켜내는지, 그 놀라운 5가지 인사이트와 가상 사례를 통해 생생하게 보여주고자 한다.

3.2. AI 조기 경보 시스템의 5가지 핵심 인사이트

- 인사이트 1: 글로벌 공급망 이상 징후 감지(Global Supply Chain Anomaly Detection)

  건설 자재는 전 세계적인 공급망에 얽혀 있다. 과거에는 철근이나 시멘트 가격이 오른 뒤 에야 뒤늦게 대책을 세워야 했다.

  AI는 원자재 생산국의 정치적 불안, 주요 항만의 물류 데이터, 원자재 선물 가격 변동, 심지어는 특정 지역의 기상 이변 뉴스까지 분석하여 수개월 후의 자재 가격 변동을 예측한다.

예를 들어, '브라질 철광석 광산의 파업 뉴스와 주요 해상 운송로의 컨테이너선 운임 지수 상승을 분석한 결과, 3개월 후 국내 철근 가격이 15% 상승할 확률이 80%'라는 경보를 보낸다. 이를 통해 프로젝트팀은 가격이 오르기 전에 미리 자재를 확보하거나 대체 공급처를 찾는 등 선제적인 대응이 가능해진다.

- **인사이트 2: 예측적 노무비 모델링**(Predictive Labor Cost Modeling)

공사비의 상당 부분을 차지하는 노무비 역시 변동성이 크다. AI는 주변 대형 프로젝트들의 공사 일정, 계절적 요인에 따른 인력 수요 변화, 관련 노조의 과거 협상 패턴, 지역별 인구 통계 변화 등을 종합 분석하여 미래의 인력 수급과 임금 상승률을 예측한다.

'3개월 후 인근 반도체 공장 건설로 인해 용접공과 같은 특정 기술 인력의 품귀 현상이 예상되며, 이로 인해 노무비가 예상보다 7% 추가 상승할 것'이라는 구체적인 예측은, 공정 계획을 미리 조정하거나 인력을 선점하는 전략적 의사결정을 가능하게 한다.

- **인사이트 3: 실시간 공정 이탈 분석**(Real-time Progress Deviation Analysis)

아무리 훌륭한 계획도 실행 과정에서 틀어지기 마련이다. AI는 드론이 촬영한 항공 사진, BIM(빌딩 정보 모델링) 3D 설계도, 현장 곳곳에 설치된 IoT 센서 데이터를 실시간으로 비교 분석하여, 계획 대비 실제 공정의 미세한 차이를 즉각적으로 발견한다.

예를 들어, '35층 철골 공사가 계획보다 0.5% 느리게 진행 중이며, 이 속도가 유지될 경우 전체 공기는 1주일 지연될 것'이라는 경고를 보낸다. 이는 사소해 보이는 초기의 작은 편차가 나중에 걷잡을 수 없는 지연으로 번지는 것을 막아주는 역할을 한다.

감지 영역	전통적 현장 관리	AI 조기 경보 시스템
자재 리스크	가격 변동 후 사후 대응	글로벌 공급망 분석을 통한 수개월 전 예측
인력 리스크	인력 부족 발생 시 임시 고용	주변 프로젝트, 계절 요인 분석을 통한 선제적 인력 확보
공정 리스크	주간/월간 보고서를 통한 확인	드론/IoT 센서를 통한 실시간 이탈 감지 및 경고
기후 리스크	일기예보에 따른 단기 대응	장기 기후 모델 분석, 시뮬레이션을 통한 공정 계획 최적화
협력사 리스크	재무제표 등 정적 정보 의존	실시간 데이터 분석을 통한 부실 징후 조기 포착

- **인사이트 4: 기상·기후 영향 시뮬레이션(Weather & Climate Impact Simulation)**

건설 현장은 날씨의 영향을 직접적으로 받는다. AI는 단기적인 일기예보를 넘어, 장기 기후 모델과 과거 수십 년 간의 기상 데이터를 분석하여 프로젝트에 미칠 영향을 시뮬레이션 한다.

'올여름은 엘니뇨 현상으로 인해 예년보다 장마 기간이 길고, 집중호우 일수가 5일 더 많을 확률이 70%'라고 예측하고, 이로 인해 야외 공정이 불가능한 날을 계산하여 전체 공정 계획에 '기후 버퍼(buffer)'를 반영하도록 제안한다.

이는 막연히 '비 오는 날'을 제외하는 수준을 넘어, 기후 변화라는 거대한 변수를 과학적으로 공정 관리에 통합하는 것이다.

- **인사이트 5: 협력업체 리스크 프로파일링(Subcontractor Risk Profiling)**

핵심 공정을 담당하는 협력업체의 부실은 프로젝트 전체의 위기로 이어진다. AI는 협력업체의 재무 상태, 과거 프로젝트 수행 이력, 기술 인력 보유 현황과 같은 정적인 정보 뿐만 아니라, 해당 업체의 뉴스, 소셜미디어 평판, 최근의 자재 대금 결제 패턴 등 실시간 동적 데이터를 분석하여 '부실 위험 지수'를 산정한다.

만약 특정 업체의 위험 지수가 갑자기 높아지면, 이는 해당 업체에 재무적 또는 운영상의 문제가 발생했다는 강력한 신호이며, 프로젝트팀은 즉시 대체 업체를 알아보는 등의 비상 계획을 가동할 수 있다.

3.3. 가상 사례: 첨단 R&D센터 '프로젝트 넥서스 타워(Nexus Tower)'

상암DMC에 'IT 컨트롤타워' 만든다 | 연합뉴스 [https://www.yna.co.kr]

1) **상황**: 2027년, 서울 상암 DMC에 차세대 IT 기술의 허브가 될 '프로젝트 넥서스 타워'의 건설이 한창이었다. 최첨단 공법이 총동원된 이 프로젝트의 현장 소장은 업계 최고의 베테랑이었고, 매주 작성되는 공정 보고서는 항상 '계획대로 순조롭게 진행 중(On Track)'이라고 보고했다.

2) **AI '컨스트럭트-가드(Construct-Guard)'의 불길한 경고**:

그러나 PF 대주단이 운영하는 AI 조기 경보 시스템 '컨스트럭트-가드'는 현장의 낙관론과는 다른, 불길한 신호들을 포착하기 시작했다.

- **신호 1**: AI는 핵심 외장재를 공급하는 독일 협력사의 현지 뉴스에서 '에너지 비용 급등으로 인한 생산 차질 우려' 기사를 포착, 이

로 인해 '자재 입고가 2주 지연될 확률이 55%'라고 경고했다.(협력사 리스크)

- **신호 2:** AI는 장기 기후 모델을 분석, 건물 외부 유리 설치가 예정된 2개월 뒤에 '예년보다 강한 돌풍을 동반한 저기압이 한반도를 통과할 확률이 60%'임을 예측했다. 이 경우, 안전 문제로 타워크레인 작업이 최소 5일간 중단될 수 있었다.(기후 리스크)
- **신호 3:** AI는 BIM 모델과 드론 촬영 영상을 비교, 내부 전기 배선 공사가 계획보다 0.8% 지연되고 있음을 발견했다. 이는 눈에 띄지 않는 사소한 차이였다.(공정 리스크)

AI가 건설을 혁신하다: 적용 사례 분석 [https://seo.goover.ai]

3) **AI의 종합 진단 – 연쇄 폭발(Cascade Effect) 시뮬레이션:** 인간인 현장 소장은 이 세 가지를 각각 별개의 사소한 문제로 치부했다. 하지만 AI는 이들이 결합되었을 때의 '연쇄 폭발 효과'를 시뮬레이션 했다. "①외장재 입고 지연 → ②악천후로 인한 작업 중단과 결합 → ③전체 외부 공사 3주 지연 → ④이로 인해 후속 공정인 내부 전기 배선 공사의 병목 현상 심화 → ⑤결과적으로 총공기는 50일 지연되고, 공기 지연에 따른 간접비와 추가 노무비로 총공사비는 70억 원 초과"

4) **결과:** AI의 구체적인 시뮬레이션 결과에 충격을 받은 프로젝트팀은 즉시 비상 대응에 착수했다. 독일 협력사에 급히 인력을 파견하여 생산을 독려하는 한편, 일부 물량은 항공 운송으로 전환했다. 또한, 악천후 기간을 피해 내부 공정을 먼저 진행하도록 공사 순서를 전격적으로 조정했다. 결과적으로, '프로젝트 넥서스 타워'는 AI의 조기 경보 덕분에 예상됐던 50일의 지연을 5일로 단축하고, 70억 원의 손실을 10억 원 수준으로 막아낼 수 있었다.

5) **시사점:** 이 사례는 AI가 단순히 문제점을 찾아내는 것을 넘어, '별개의 작은 신호들이 어떻게 거대한 위기로 번져 나가는지를 과학적으로 증명하고, 최악의 미래를 피할 수 있는 최적의 경로를 제시하는 '프로젝트의 수호자'임을 명확히 보여주는 것이다. 이것이 바로 데이터로 현장을 지휘하는 AI 건설 관리의 진정한 힘이다.

4. AI 기반 실시간 리스크 모니터링 대시보드 구성과 가상사례

4.1. AI 기반 실시간 리스크 모니터링 대시보드가 말해준다.

부동산 프로젝트 파이낸싱(PF)의 성공은 복잡하게 얽힌 리스크를 얼마나 효과적으로 관리하는가에 달려있다. 과거에는 전문가의 경험과 직관에 의존해 리스크를 판단했지만, 이제 AI는 데이터 기반의 객관적이고 신속한 의사결정을 가능하게 하는 강력한 도구가 되었다.

특히 AI 기반 실시간 리스크 모니터링 대시보드는 마치 첨단 항공기의 조종석처럼, PF 사업의 모든 과정을 한눈에 파악하고 잠재적 위험을 즉각적으로 알려주는 핵심적인 역할을 수행한다. 본 절에서는 성공적인 AI 부동산 PF를 위해 이 대시보드가 어떻게 구성되고, 어떠한 인사이트를 제공하는지 5가지 측면에서 심층적으로 살펴보고자 한다.

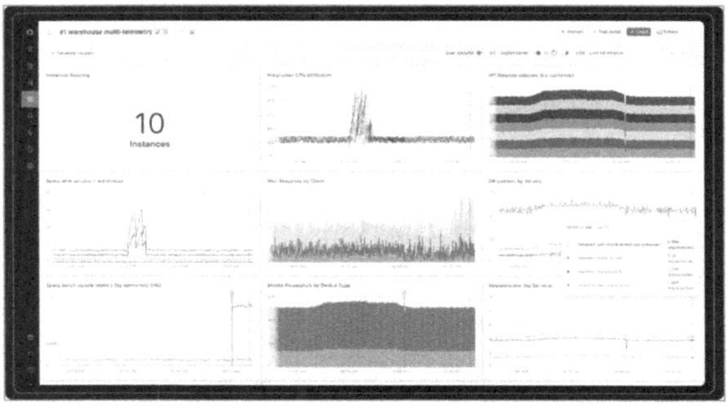

통합 대시보드 - ServiceNow [https://www.servicenow.com]

■ 인사이트1: 다차원적 데이터 통합 및 시각화: 리스크의 맥락을 읽다

AI 리스크 모니터링 대시보드의 첫번째 특징은 방대하고 이질적인 데이터를 통합하여 다 차원적인 시각화를 제공하는 데 있다. 단순히 재무 데이터나 공정률 같은 정형 데이터에만 의존하는 것이 아니라, 거시 경제 지표, 정책 변화, 소셜 미디어 동향, 지역 상권 데이터 등 비정형 데이터까지 실시간으로 수집하고 분석하여 리스크의 '맥락'을 파악하는 것이다.

예를 들어, 금리 변동이라는 단일 정보만으로는 PF 사업에 미치는 영향을 정확히 예측하기 어렵다. 하지만 AI 대시보드는 금리 변동이 지역별 주택담보대출 이자율, 잠재 구매자의 소셜 미디어 관심도 변화, 경쟁 분양 단지의 가격 정책 변화 등과 어떻게 상호작용하는지를 종합적으로 분석하여 시각적인 그래프와 히트맵으로 보여준다.

이를 통해 의사결정자는 특정 리스크 요인이 다른 변수들과 어떻게 연관되어 있는지를 직관적으로 이해하고, 복합적인 상황에 대한 통찰력을 얻게 된다.

데이터 유형	수집 항목 예시	분석 인사이트
정형 데이터	금리, 환율, 주가지수, 분양가, 공정률, 현금흐름	거시경제 변동에 따른 사업 수익성 민감도 분석
비정형 데이터	뉴스 기사, 소셜 미디어 게시글, 지역 커뮤니티 여론, 정부 정책 발표	잠재적 정책 리스크 및 시장 평판 변화 감지
위치 기반 데이터	유동인구, 주변 상권 변화, 교통망 확충 계획, 경쟁 단지 위치	입지 경쟁력 및 미래 가치 변동성 예측

■ 인사이트2: 예측적 분석 기반의 조기 경보 시스템: 미래의 위험을 현재에 대비하다

두 번째 핵심은 과거 데이터와 현재 동향을 학습하여 미래에 발생 가능한 리스크를 예측하고 사전에 경고하는 예측적 분석(Predictive Analytics) 기능이다. 이는 마치 기상 예보 시스템이 태풍의 경로를 미리 예측하여 대비할 시간을 주는 것과 같다.

AI 모델은 과거 PF 부실 사례의 패턴을 학습하고, 현재 진행 중인 프로젝트의 데이터와 비교 분석하여 미분양 가능성, 공사 지연 확률, 예상치 못한 비용 증가 등의 리스크 발생 확률을 계량화하여 제시한다. 예를 들어, 특정 지역의 아파트 공급량이 수요를 초과할 것으로 예측되거나, 주요 건설 자재의 가격 급등이 예상될 경우, 대시보드는 즉각적으로 경고 알림을 보낸다. 이를 통해 사업 주체는 분양가 조정, 마케팅 전략 변경, 대체 자재 확보 등 선제적인 대응 조치를 취함으로써 실제 손실 발생을 최소화할 수 있다.

■ 인사이트3: 시나리오 기반 스트레스 테스트: 위기 상황의 내성을 검증하다

세 번째 인사이트는 다양한 가상 위기 상황을 설정하고, 해당 시나리오가 프로젝트에 미치는 영향을 시뮬레이션 하는 스트레스 테스

트(Stress Test) 기능이다. 이는 단순히 미래를 예측하는 것을 넘어, 예상치 못한 충격에 우리 프로젝트가 얼마나 잘 견딜 수 있는지 '맷집'을 테스트하는 과정이다.

AI 대시보드는 사용자가 직접 금리 급등, 부동산 시장 급랭, 주요 시공사 부도 등과 같은 극한의 시나리오 변수를 입력하면, 해당 상황이 프로젝트의 현금흐름, 수익률, 대출 상환 능력(LTV, DSR) 등에 미치는 영향을 실시간으로 시뮬레이션 하여 보여준다. 이러한 가상 훈련을 통해 사업의 취약점을 미리 파악하고, 위기 상황에서도 사업을 안정적으로 유지할 수 있는 비상 계획(Contingency Plan)을 수립할 수 있게 된다.

■ 인사이트4: 동적 자금조달 최적화: 자금의 흐름을 지능적으로 관리하다

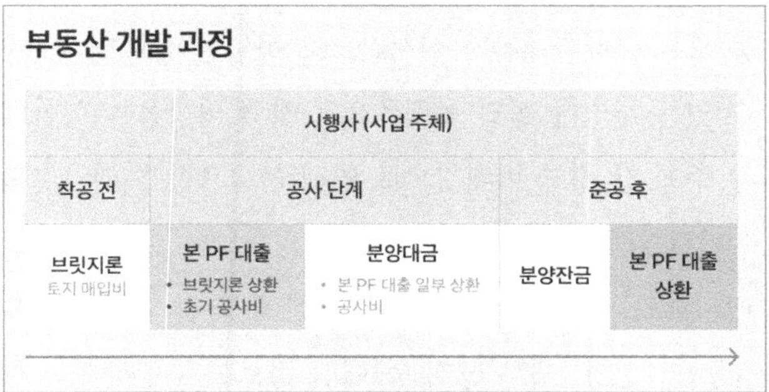

토스뱅크 | 부동산 PF 대출이 무엇인가요? [https://www.tossbank.com]

네 번째 특징은 리스크 분석 결과를 자금조달 전략과 실시간으로 연동하여 최적의 금융 구조를 추천하는 기능이다. 자금조달은 PF 사업의 혈액과도 같기에, 시장 상황과 리스크 변화에 맞춰 자금의 흐름을 유연하게 조절하는 것이 매우 중요하다.

AI 대시보드는 프로젝트의 예상 현금흐름과 리스크 수준 변화를 실시간으로 분석하여, 가장 유리한 조건의 대출 상품, 투자자 유치 전략, 자금 인출 시점 등을 동적으로 추천한다.

예를 들어, 시장 금리가 하락할 것으로 예측되면 기존 대출의 리파이낸싱(refinancing)을 제안하고, 특정 공정 단계에서 리스크가 감소하면 추가적인 투자 유치를 통해 금융 비용을 절감할 수 있는 방안을 제시하는 식이다. 이는 마치 숙련된 자금 관리 전문가가 24시간 내내 프로젝트의 재무 상태를 감독하고 최적의 솔루션을 제공하는 것과 같다.

■ 인사이트5: 투명한 정보 공유 및 협업 플랫폼: 모든 이해관계자를 연결하다

마지막으로, 성공적인 대시보드는 시행사, 건설사, 금융기관, 투자자 등 모든 이해관계자가 실시간으로 동일한 정보를 공유하고 소통할 수 있는 투명한 협업 플랫폼으로 서의 역할을 수행한다. 과거에는 각 주체 간 정보 비대칭으로 인해 불필요한 오해와 갈등이 발생하고 의사결정이 지연되는 경우가 많았다.

AI 대시보드는 각 이해관계자의 권한에 맞춰 프로젝트의 진행 상황, 리스크 현황, 재무 상태 등 핵심 정보를 투명하게 공개한다. 건설사는 공정 현황을 실시간으로 업데이트하고, 금융기관은 대출 심사 및 자금 집행 현황을 공유하며, 투자자는 자신의 투자금이 어떻게 운용되고 있는지 실시간으로 확인할 수 있다. 이러한 투명한 정보 공유는 이해관계자 간의 신뢰를 높이고, 잠재적 문제 발생 시 신속하고 유기적인 공동 대응을 가능하게 하는 기반이 된다.

4.2. 가상 사례: AI 네비게이터 '프로젝트 오디세이'

대규모 복합개발…도시 얼굴을 바꾼다 [https://www.hankyung.com]

1) 2025년, 유망한 스타트업 '메트로폴리스 개발'은 서울 근교에 대규모 복합단지를 개발하는 '프로젝트 오디세이'를 시작했다. 과거의 방식대로라면 수많은 엑셀 시트와 보고서, 그리고 임원들의 회의에 의존해야 했겠지만,

2) **그들은 달랐다.** 프로젝트의 심장부에는 AI 기반 실시간 리스크 모니터링 대시보드 '아테나(ATHENA)'가 있었다.
프로젝트 초기, '아테나'는 주변 상권의 유동인구 데이터와 소셜 미디어 버즈량을 분석하여, 상업시설 분양의 핵심 성공 요인이 '체험형 콘텐츠'에 있음을 도출했다. 이에 메트로폴리스 개발은 설계 단계에서부터 VR 체험존과 유명 셰프의 쿠킹 클래스 공간을 대폭 확대했고, 이는 향후 상가 분양에서 '신의 한 수'가 되었다.

3) **어느 날 새벽, '아테나'의 대시보드에 주황색 경고등이 켜졌다.** 주요 철근 공급처인 동남아시아 지역에 발생한 국지적 분쟁으로 인해 원자재 수급 불안정성 지수가 급등한 것이다. 과거 같았으면 언론 보도를 통해 뒤늦게 사실을 파악하고 대책 마련에 허둥댔을 것이다.

하지만 '아테나'는 분쟁 발생 가능성을 사전에 예측하고, 즉각적으로 대체 공급망 시뮬레이션 결과를 제시했다. 덕분에 담당자는 즉시 국내 2, 3위 공급업체와 선제적으로 접촉하여 안정적인 물량을 확보함으로써 공사 지연이라는 최악의 시나리오를 피할 수 있었다.

4) **프로젝트 중반, 글로벌 경제의 불확실성으로 중앙은행이 기준금리를 예상보다 빠르게 인상하자 시장의 불안감이 커졌다.** 이때 '아테나'의 스트레스 테스트 기능이 빛을 발했다. 메트로폴리스 개발팀은 '아테나'를 통해 금리가 2%p 추가 상승하는 최악의 시나리오에서도 프로젝트의 수익성을 방어할 수 있는 자금 상환 계획과 분양가 마지노선을 미리 설정해 두었다. 이는 불안에 떠는 투자자들에게 객관적인 데이터에 기반한 확신을 심어주었고, 안정적인 자금 흐름을 유지하는 결정적 계기가 되었다.

5) **결과 및 시사점:** 결국 '프로젝트 오디세이'는 '아테나'라는 강력한 AI 네비게이터 덕분에 예측 불가능한 암초들을 모두 피해 성공적으로 완수될 수 있었다. 이는 더 이상 인간의 직관만이 아닌, 데이터와 AI의 통찰력이 어떻게 환상적인 성공을 이끌어내는지를 보여주는 생생한 증거인 것이다.

5. 정부 규제의 파도, AI로 항해하기(정책 변화 영향도 분석)와 가상사례

5.1. 정부 규제의 파도, AI로 넘어가자

부동산 프로젝트 파이낸싱(PF) 사업은 거대한 자본이 투입되는 만큼, 정부의 정책 변화라는 파도에 크게 흔들리는 배와 같다. 대출규제 강화, 세제 개편, 용적률 변경 등 예측하기 어려운 규제의 파도는 때로는 사업을 순항하게 하는 순풍이 되기도 하지만, 때로는 좌초 시키는 거대한 암초가 되기도 한다.

과거에는 정책 변화의 영향을 분석하기 위해 전문가들이 법률 문서를 밤새워 분석하고 과거 사례를 뒤적여야 했다. 하지만 이제 인공지능(AI)은 이 거대한 규제의 파도를 미리 예측하고, 그 파급효과를 정밀하게 분석하여 가장 안전하고 효율적인 항로를 제시하는 첨단 항해사가 되었다.

본 절에서는 성공적인 AI 부동산 PF가 어떻게 정부 규제라는 변수를 상수처럼 관리하는지, AI를 활용한 정책 변화 영향도 분석의 5가지 핵심 인사이트를 통해 심층적으로 탐구해 보고자 한다.

- 인사이트1: 정책 데이터 실시간 수집 및 의미 분석: 규제의 '신호'를 가장 먼저 포착하다

  가장 중요한 첫 번째 단계는 정부 부처의 보도자료, 입법예고, 국회 회의록 등 흩어져 있는 정책 관련 텍스트 데이터를 AI가 실시간으로 수집하고 그 의미를 분석하는 것이다. 이는 마치 망망대해에서 가장 먼저 수평선 너머의 기상 변화를 감지하는 레이더와 같다.

  AI는 자연어 처리(NLP, Natural Language Processing) 기술을 통해 단순한 키워드 검색을 넘어, 법률 용어와 정책적 맥락을 이해한다. 예를 들어, 'LTV(주택담보대출비율) 규제 강화'라는 문장이 발표되었을 때, AI는 이 정책이 어떤 유형의 부동산에, 언제부터, 어느 정도의 강도로 적용되는지를 자동으로 분석하고 핵심 내용을 요약한다.

  더 나아가 과거 유사 정책이 발표되었을 때 시장이 어떻게 반응했는지 데이터와 비교하여, 이번 정책의 예상 파급력을 초기 단계에서부터 가늠할 수 있게 해준다.

분석 단계	AI 기술	역할 및 기능
데이터 수집	웹 크롤링 (Web Crawling)	정부 부처 웹사이트, 뉴스 포털, 국회 의사록 시스템 등에서 정책 관련 텍스트 실시간 수집
텍스트 전처리	형태소 분석	문장을 의미 있는 최소 단위(형태소)로 분해하여 AI가 이해할 수 있는 형태로 변환
핵심 정보 추출	개체명 인식 (NER)	정책의 주체, 대상, 시기, 규제 내용 등 핵심 요소를 자동으로 식별 및 추출
의미/감성 분석	자연어 이해 (NLU)	정책 발표의 긍정/부정 뉘앙스, 규제 강도, 시장에 미칠 감성적 영향 등을 분석

■ 인사이트 2. 정책 시뮬레이션 및 사업성 영향도 예측: 가상의 파도를 미리 경험하다

두 번째 인사이트는 새로운 규제가 도입되었을 때, 우리 프로젝트의 사업성에 미치는 영향을 다각도로 시뮬레이션 하는 것이다. 이는 마치 선박 설계 시 다양한 파도 높이와 풍속을 가정하여 안정성을 테스트하는 것과 같다.

예를 들어, 정부가 '분양가 상한제'를 특정 지역에 확대 적용한다고 발표했을 경우, AI 시뮬레이터는 예상 분양가를 강제로 낮추고, 그에 따라 예상 수익률(IRR), 프로젝트 총이익, 자금 회수 기간 등이 어떻게 변하는지를 즉각적으로 계산하여 보여준다.

여기서 더 나아가, 낮아진 수익성을 만회하기 위해 용적률 인센티브를 추가로 확보하거나, 금융 비용을 절감하는 등 여러 대안 시나리오를 동시에 비교 분석하여 최적의 대응 전략을 찾도록 돕는다. 이를 통해 의사결정자는 막연한 불안감에서 벗어나 데이터에 기반한 정량적인 분석을 통해 가장 합리적인 선택을 할 수 있다.

■ 인사이트3. 규제 연관 네트워크 분석: 숨겨진 '나비효과'를 찾아내다

세 번째 핵심은 하나의 정책 변화가 다른 정책이나 시장 요소에 미치는 연쇄적인 파급효과, 즉 '나비효과'를 네트워크 분석을 통해 규명하는 것이다. 부동산 정책은 서로 복잡하게 얽혀 있어, 하나의 변화가 예상치 못한 곳에서 큰 영향을 미치기도 한다.

AI는 수많은 법률, 시행령, 조례 등을 하나의 거대한 네트워크로 구성하여 분석한다. 예를 들어, '재건축 초과이익 환수제' 완화라는 정책이 '안전진단 기준' 완화, '조합원 지위 양도' 규제와 어떻게 연결되어 있으며, 이 변화가 최종적으로 특정 지역의 주택 공급량과 가격에 어떤 연쇄 반응을 일으킬지를 시각적인 맵으로 보여준다. 이를 통해 단순한 1차원적 영향 분석을 넘어, 규제 생태계 전체를 조망하며 숨겨진 리스크와 새로운 기회를 동시에 포착하는 통찰력을 얻게 된다.

■ 인사이트4: AI 기반 법규 준수(컴플라이언스) 자동화: 규제의 덫을 피하는 자동항법장치

네 번째 특징은 복잡하고 방대한 건축법, 주택법, 세법 등의 규제를 AI가 자동으로 체크하여 프로젝트가 법을 위반할 가능성을 원천적으로 차단하는 것이다. 이는 수많은 규정이라는 암초 지대를 통과할 때, 단 하나의 실수도 없이 안전하게 길을 안내하는 자동항법장치와 같다.

설계 도면, 계약서, 자금 집행 내역 등 프로젝트의 모든 데이터를 AI 시스템에 입력하면, AI는 관련 법규 조항을 실시간으로 대조하여 규정에 맞지 않는 부분을 자동으로 찾아내 경고한다. 예를 들어, 설계

도면의 일조권이나 건폐율이 법적 기준을 미세하게 초과하거나, 세금계산서 발행 시점이 법규에 맞지 않을 경우 즉시 담당자에게 알림을 보낸다. 이를 통해 사소한 실수로 인해 사업 전체가 중단되거나 막대한 과징금을 부과받는 치명적인 리스크를 사전에 예방할 수 있다.

■ 인사이트5: 규제 변화 속 기회 요인 포착 및 신사업 모델 제안: 파도를 역이용하여 전진하다

마지막으로, AI는 단순히 규제를 방어적으로 피하는 것을 넘어, 새로운 규제 환경 속에서 오히려 새로운 사업 기회를 포착하고 혁신적인 사업 모델을 제안하는 창의적인 전략가 역할을 수행한다. 위기는 곧 기회라는 말을 현실로 만드는 것이다.

예를 들어, 정부가 '친환경 건축물 인증'에 대한 용적률 인센티브를 대폭 강화하는 정책을 발표했다고 가정해 보자. AI는 해당 정책이 프로젝트에 미치는 재무적 효과(추가 건축 비용 대비 분양 수익 증가)를 정밀하게 분석하고, 가장 비용 효율적인 친환경 기술 조합을 추천한다. 더 나아가, '탄소배출권 거래'와 연계한 새로운 수익 모델을 설계하여 제시하기도 한다. 이처럼 AI는 규제의 변화를 비용 증가 요인이 아닌, 새로운 가치를 창출하고 시장을 선도할 수 있는 기회로 전환시키는 능동적인 역할을 수행한다.

5.2. 가상 사례: AI 변호사 '솔로몬'과 용산 개발 프로젝트

1) **2028년, 대한민국 정부는 도심 고밀도 개발을 촉진하기 위해 '역세권 복합개발 특별법'을 깜짝 발표했다.** 법안 내용은 파격적이었지만, 수백 페이지에 달하는 조문과 수십 개의 연관 법규로 인해 대부분의 건설사는 어디서부터 분석해야 할지 막막해 했다.

현대건설, AI 건축자동설계 솔루션 스타트업에 투자 [https://www.hdec.kr]

2) **하지만 'H개발'의 상황은 달랐다.** 그들에게는 AI 정책분석 시스템 '솔로몬(SOLOMON)'이 있었다. 특별법이 발표된 지 단 30분 만에, '솔로몬'은 전체 법안의 핵심 요지를 요약하고, H개발이 보유한 용산 부지에 적용될 경우 예상되는 용적률 상향 범위, 기부채납 비율, 세금 감면 혜택 등을 계량화된 보고서로 제출했다.

3) **압권은 '솔로몬'의 시뮬레이션 기능이었다.** H개발의 기획팀은 '솔로몬'에 접속해, 법안에서 허용하는 최대 용적률을 적용하는 시나리오, 공공임대주택 비율을 높여 추가 인센티브를 받는 시나리오, 상업시설과 주거시설의 비율을 조정하는 시나리오 등 수십 가지 경우의 수를 입력했다. '솔로몬'은 각 시나리오별 예상 총 사업비, 분양 수익, 그리고 최종 수익률을 실시간으로 계산하여 최적의 조합을 시각적인 그래프로 제시했다.

4) **특히 '솔로몬'은 누구도 주목하지 않았던 조항, '스마트시티 기술 도입 시 추가 용적률 부여'라는 항목을 발견했다.** 그리고는 H개발이 최근 투자한 자율주행 주차 시스템 기술을 적용할 경우, 약 1.2%의 추가 수익률 개선이 가능하다는 분석 결과를 내놓았다.

5) 결과 및 시사점: 이 분석을 토대로 H개발은 정부 발표 단 일주일 만에, 'AI 기반 자율주행 특화 단지'라는 혁신적인 컨셉을 더한 용산 부지 개발 계획안을 가장 먼저 관할 구청에 제출했다. 다른 건설사들이 여전히 법규 해석에 골머리를 앓고 있을 때, H개발은 AI '솔로몬'과 함께 규제라는 새로운 파도의 가장 높은 파도에 올라타 누구보다 멀리 나아갈 수 있었던 것이다. 이는 AI가 어떻게 복잡한 규제의 안개를 걷어내고 성공으로 가는 명확한 길을 비추는 등대가 되는지를 보여주는 상징적인 사례이다.

6. 금리 인상 쇼크, AI 기반 부동산 프로젝트 자금 스트레스 테스트와 가상사례

6.1. 금리 인상 쇼크, AI로 충격파를 정확하게 예측하자

부동산 프로젝트 파이낸싱(PF)에서 금리는 사업의 성패를 좌우하는 가장 치명적인 변수다. 마치 고요한 바다를 항해하던 배가 예고 없이 거대한 쓰나미를 만나는 것처럼, 급격한 금리 인상 쇼크는 막대한 금융 비용 부담을 초래하여 잘 진행되던 프로젝트를 순식간에 침몰 시킬 수 있다.

과거에는 몇 가지 단순한 시나리오를 가정하여 금리 변화에 따른 영향을 어림짐작하는 수준에 그쳤다. 하지만 이제 인공지능(AI)은 수만 가지의 가능한 미래를 시뮬레이션 하여 금리 인상이라는 거대한 파도의 높이와 속도, 그리고 그 충격파를 정밀하게 예측하는 '금융 스트레스 테스트'의 패러다임을 바꾸고 있다.

본 절에서는 AI가 어떻게 금리 인상이라는 최악의 상황 속에서 프로젝트의 생존력을 극대화하는지, AI 기반 자금 스트레스 테스트의 5가지 핵심 인사이트를 통해 그 비밀을 파헤쳐 보고자 한다.

■ 인사이트1: 동적 시나리오 생성: 단순 가정을 넘어 '가능한 모든 미래'를 그리다

첫 번째 핵심은 과거 금리 변동 패턴, 거시 경제 지표, 중앙은행의 정책 발표 뉘앙스까지 학습한 AI가 수천, 수만 개의 현실적인 미래 금리 시나리오를 동적으로 생성하는 것이다. 이는 단순히 '금리가 1% 오르면?'과 같은 단편적인 가정을 넘어, '3개월 후 인플레이션이 꺾이지 않아 중앙은행이 자이언트 스텝(0.75%p 인상)을 단행하고, 이후 6개월간 완만한 상승세가 이어질 확률'과 같은 복합적이고 구체적인 시나리오를 무수히 만들어내는 것과 같다.

AI는 몬테카를로 시뮬레이션(Monte Carlo Simulation)과 같은 고급 통계 기법을 활용하여, 각 시나리오가 발생할 확률까지 계산한다. 이를 통해 의사결정자는 최선, 보통, 최악의 상황 뿐만 아니라, 발생 확률은 낮지만 한번 발생하면 치명적인 '블랙스완(Black Swan)' 시나리오까지 포함한 전체 위험 분포를 한눈에 파악할 수 있다.

시나리오 유형	특징	AI 분석 방법
기준 시나리오	가장 발생 확률이 높은 일반적인 금리 변동 경로	시계열 분석, 과거 데이터 기반 추세 예측
스트레스 시나리오	급격한 금리 인상, 장기 고금리 유지 등 부정적 상황	과거 금융 위기 데이터 학습, 거시경제 모델링
역-스트레스 시나리오	프로젝트가 부실에 빠지게 되는 최악의 금리 임계점 탐색	최적화 알고리즘, 민감도 분석
복합 시나리오	금리 인상과 함께 원자재 가격 급등, 미분양 증가 등이 동시에 발생하는 상황	다변량 분석, 변수 간 상관관계 모델링

■ 인사이트 2: 프로젝트 현금흐름 정밀 시뮬레이션: 자금의 '혈관'이 막히는 지점을 찾다

두 번째 인사이트는 생성된 각 금리 시나리오가 프로젝트의 현금흐름(Cash Flow)에 어떤 충격을 주는지 월별, 분기별로 정밀하게 시뮬레이션 하는 것이다. 프로젝트의 현금흐름은 생명체의 혈액과 같아서, 어느 한 곳이라도 막히면 전체가 위험에 빠지게 된다.

AI 시뮬레이터는 금리가 오를 때마다 대출 이자 비용이 얼마나 증가하고, 그로 인해 사업비 지출 계정에서 얼마의 자금이 더 빠져나가는지를 자동으로 계산한다. 동시에 금리 인상으로 인한 주택 시장 위축이 분양 수입금에 미칠 영향까지 예측하여, 미래 특정 시점에 현금이 부족해지는 '자금 경색' 발생 가능성을 정확히 예측한다. 이를 통해 사업 주체는 자금이 마르기 전에 미리 브릿지론(Bridge Loan)을 준비하거나, 지출 계획을 조정하는 등 선제적인 '혈관 확장' 조치를 취할 수 있다.

■ 인사이트3. 대출 약정 위반(Covenant Breach) 가능성 조기 경보: 금융의 '레드라인'을 지키다

세 번째는 스트레스 테스트 결과를 금융기관과의 대출 약정(Loan Covenant) 조건과 실시간으로 비교 분석하여, 약정 위반 가능성이 발생할 경우 즉시 경보를 울리는 기능이다. 대출 약정은 금융기관이 설정한 '넘지 말아야 할 선(Redline)'으로, 이를 위반할 경우 기한이익상실(EOD, Event of Default)로 이어져 프로젝트 자체가 중단될 수 있다.

AI 시스템은 이자보상배율(ICR), 부채비율(D/E) 등 핵심 재무 지표를 실시간으로 모니터링한다. 예를 들어, '이자보상배율 1.2배 이상

유지'라는 약정 조건이 있을 때, AI 시뮬레이션 결과 특정 금리 인상 시나리오에서 3분기 예상 이자보상배율이 1.15배로 떨어질 것으로 예측되면, 즉시 담당자에게 경고 알림을 보낸다. 이를 통해 사전에 금융기관과 협의하여 약정 조건을 일시적으로 완화하거나, 자본을 확충하는 등의 대응을 통해 최악의 상황을 미연에 방지할 수 있다.

- **인사이트4. 최적 헤징(Hedging) 전략 포트폴리오 추천: 위험의 파도를 막는 방파제를 쌓다**

네 번째 특징은 금리 인상 리스크를 단순히 감내하는 것을 넘어, 이를 적극적으로 방어할 수 있는 최적의 금융 파생상품 조합, 즉 헤징(Hedging) 전략 포트폴리오를 AI가 추천하는 것이다. 이는 다가올 파도에 맞춰 가장 효과적인 높이와 형태의 방파제를 설계하는 것과 같다.

예를 들어, '변동금리 대출의 70%를 고정금리로 전환하는 이자율 스와프'와 '금리 상한선을 5%로 설정하는 캡 상품 가입' 중 어떤 전략이 현재 프로젝트의 현금흐름과 리스크 감내 수준에 더 적합한지를 비교 분석하여 최적의 대안을 제시한다. 이를 통해 최소의 비용으로 최대의 위험 관리 효과를 얻는 합리적인 의사결정이 가능해진다.

- **인사이트5. 투자자 신뢰 확보를 위한 동적 보고서 생성: 위기 속에서 '믿음'을 이끌어내다**

마지막으로, AI는 스트레스 테스트의 모든 과정을 투자자들이 이해하기 쉬운 시각적 데이터와 객관적인 분석이 담긴 보고서로 자동 생성하여 투명한 소통의 기반을 마련한다. 위기 상황일수록 투자자들의 신뢰를 확보하는 것이 무엇보다 중요하다.

과거에는 복잡한 숫자만 나열된 보고서로는 투자자들의 불안감을 해소하기 어려웠다. 하지만 AI는 다양한 금리 인상 시나리오별 재무 상태 변화, 대응 전략의 효과, 예상되는 최악의 손실 규모 등을 직관적인 그래프와 인포그래픽으로 시각 화하여 보여준다. '우리는 이 정도의 금리 인상까지 감당할 수 있으며, 만약 그 이상의 위기가 닥치더라도 이러한 비상 계획을 가동할 것입니다'라는 데이터 기반의 자신감 있는 소통은 투자자들에게 막연한 불안감 대신 굳건한 신뢰를 심어주는 핵심 열쇠가 된다.

6.2. 가상 사례: AI '카산드라'의 예언과 판교 데이터센터 프로젝트

다우기술, 글로벌 데이터센터 사업자 SC ZEUS와 사업 파트너십 체결

1) 2027년, IT 기업 '넥서스 데이터'는 판교에 초대형 데이터센터를 건설하는 '프로젝트 제우스'를 시작했다. 당시 시장은 저금리 기조가 이어질 것이라는 낙관론이 팽배했지만, 넥서스 데이터의 금융팀은 AI 스트레스 테스트 시스템 '카산드라(Cassandra)'를 가동했다.

2) '카산드라'는 시장의 예측과 달리, 미세한 인플레이션 압력과 지정학적 리스크 데이터를 분석하여 '6개월 내 2%p 이상의 급격한 금리 인

상'이라는, 발생 확률 15%의 '꼬리 위험(Tail Risk)' 시나리오를 경영진에게 보고했다. 대부분의 임원은 '지나친 기우'라며 무시했지만, 프로젝트 총괄 책임자(PM)는 '카산드라'의 경고를 무겁게 받아들였다.

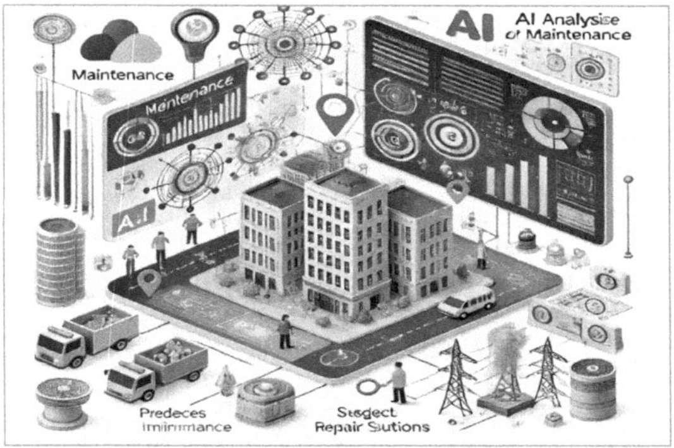

Chat GPT와 건축 [https://www.a-news.kr]

3) 그는 '카산드라'가 제안한 대로 전체 PF 대출금의 50%를 변동금리에서 고정금리로 전환하는 이자율 스와프 계약을 체결했다. 당시에는 불필요한 비용이라는 비판도 있었지만, 이는 미래를 위한 보험이었다.

4) 그리고 정확히 5개월 후, 예기치 못한 국제 분쟁으로 유가가 급등하자 인플레이션이 폭발했고, 중앙은행은 시장의 예상을 깨고 두 차례의 빅스텝(0.5%p 인상)을 연달아 단행했다. 순식간에 금리가 2.5%p 치솟자, 다른 PF 사업장들은 비명으로 가득 찼다. 급증한 이자 비용을 감당하지 못해 공사가 중단되는 곳이 속출했다.

5) 결과와 시사점: 하지만 '프로젝트 제우스'는 달랐다. 금리 인상 쇼크에도 불구하고, '카산드라'의 예언에 따라 미리 체결해 둔 이자율 스와프 덕분에 이자 비용은 안정적으로 유지되었다. 오히려 경쟁 프

로젝트들이 위기에 빠지면서 우량 건설사와 자재를 더 저렴한 가격에 확보하는 반사이익까지 얻게 되었다.

결국 '프로젝트 제우스'는 유일하게 공사 기간을 준수하며 성공적으로 완공되었다. 이는 AI의 데이터 기반 예측이 어떻게 시장의 근거 없는 낙관론을 이기고, 최악의 금융 위기 속에서 프로젝트를 지켜내는 '현대판 카산드라의 예언'이 될 수 있는지를 증명한 환상적인 사건이었다.

7. AI 기반 다 변수 리스크 분석 및 시나리오 플래닝(Scenario Planning) 기법과 가상사례

7.1. AI 기반 다변수 리스크 분석 및 시나리오 플래닝으로 위기에 대비하자

부동산 프로젝트 파이낸싱(PF)의 리스크는 결코 단독으로 발생하지 않는다. 금리 인상, 원자재 가격 급등, 미분양 증가, 정부 규제 강화 등 여러 리스크 요인들은 서로 꼬리를 물고 연쇄 반응을 일으키며 거대한 '퍼펙트 스톰(Perfect Storm)'으로 발전한다.

과거에는 이러한 복합적인 리스크를 인간의 머릿속에서 조합하고 그 영향을 가늠하는 데 한계가 명확했다. 하지만 AI는 수십, 수백 개의 변수가 서로에게 미치는 영향을 동시에 계산하고, 이를 바탕으로 발생 가능한 모든 미래 시나리오를 그려내는 '다변수 리스크 분석 및 시나리오 플래닝'을 통해 불확실성의 지도를 완성한다.

본 절에서는 AI가 어떻게 여러 개의 폭풍을 동시에 예측하고 최적의 항로를 찾아내는지, 5가지 심층적인 인사이트를 통해 그 놀라운 능력을 탐구해 보고자 한다.

■ 인사이트1: 고차원 데이터 통합 및 핵심 변수 식별: 리스크의 '설계도'를 그리다

첫 번째 핵심은 거시경제, 시장, 정책, 공정, 자금 등 프로젝트에 영향을 미치는 수백 개의 이질적인 데이터를 하나의 플랫폼으로 통합하고, 그중에서 가장 결정적인 영향을 미치는 핵심 리스크 변수(Key Risk Indicator)를 AI가 식별해내는 것이다. 이는 마치 수만 개의 부품으로 이루어진 항공기의 설계도를 펼쳐놓고, 가장 고장 나기 쉬운 핵심 부품을 정확히 찾아내는 과정과 같다.

예를 들어, 특정 지역에서는 '금리'보다 '주변 지역 신규 입주 물량'이 미분양 리스크에 3배 더 큰 영향을 미친다는 사실을 AI가 밝혀낼 수 있다. 이를 통해 사업 주체는 한정된 자원과 노력을 가장 중요한 리스크를 관리하는 데 집중할 수 있게 된다.

■ 인사이트2: 변수 간 상관관계 네트워크 분석: 리스크의 '연결 고리'를 시각화하다

두 번째 인사이트는 단순히 개별 리스크를 나열하는 것을 넘어, 각 리스크 변수들이 서로 어떻게 영향을 주고받는지 그 '상관관계의 네트워크'를 시각적으로 분석하는 것이다. 이는 거미줄처럼 얽혀 있는 리스크의 연결 구조를 파악하여, 한 지점의 충격이 전체 네트워크에 어떤 파장을 일으킬지 예측하는 과정이다.

예를 들어, '유가 급등'이라는 변수는 ①'건설 원자재 운송비 증가'로 이어지고, 이는 다시 ②'총사업비 증가'와 ③'분양가 상승 압력'을 유발한다. 동시에 ④'소비자 물가 상승'을 자극하여 ⑤'중앙은행의 금리 인상' 가능성을 높이고, 이는 결국 ⑥'수분양자의 대출 부담 증

가'와 ⑦'미분양 리스크 증대'로 연결된다.

AI는 이러한 복잡한 인과관계의 사슬을 네트워크 그래프 형태로 시각 화하여, 가장 파급력이 큰 핵심 연결 고리(Critical Path)가 어디인지를 직관적으로 보여준다.

변수 (Variable)	직접 영향 변수	간접 영향 변수	최종 리스크
유가 급등	운송비, 원자재 가격	소비자 물가, 금리	총사업비 증가
금리 인상	대출 이자, 금융 비용	주택 구매 심리, DSR	미분양 증가
정부 규제	LTV, DTI, 분양가	사업 인허가 기간	사업성 악화
입주 물량	전세가, 매매가	경쟁률, 분양률	수익률 하락

■ 인사이트3: 확률 기반 시나리오 생성(몬테카를로 시뮬레이션): 수만 개의 '미래'를 가상으로 체험하다

세 번째는 식별된 핵심 변수와 그 상관관계를 바탕으로, 발생 가능한 수만, 수십만 개의 미래 시나리오를 가상으로 생성하고 각 시나리오별 프로젝트 성공 확률을 계산하는 것이다. 이는 마치 수만 번의 동전 던지기를 통해 앞면이 나올 확률을 정확히 계산하는 것과 같은 몬테카를로 시뮬레이션(Monte Carlo Simulation) 기법을 활용한다.

그 결과, '프로젝트의 최종 수익률이 15% 이상일 확률은 72%, 10% 이하로 떨어질 확률은 18%, 그리고 최악의 경우 손실이 발생할 확률은 5%'와 같이, 미래의 불확실성을 구체적인 '확률'로 제시한다. 이는 의사결정자가 막연한 감이 아닌, 통계적 확률에 기반하여 리스크 수용 범위를 결정하고 최적의 의사결정을 내리도록 돕는다.

■ 인사이트4: 시나리오별 최적 대응 전략 자동 추천: 위기 상황의 '내비게이션'을 제시하다

네 번째 특징은 생성된 수만 개의 시나리오 중 프로젝트에 가장 치명적인 영향을 미치는 최악의 시나리오들(Worst-Case Scenarios)을 자동으로 분류하고, 각 시나리오에 대한 최적의 대응 전략을 AI가 미리 제시하는 것이다. 이는 목적지까지 가는 길에 발생할 수 있는 모든 교통 체증과 사고 상황을 미리 예측하고, 각 상황에 맞는 최적의 우회 경로를 알려주는 미래형 내비게이션과 같다.

예를 들어, '고금리-저분양률-공사지연'이라는 최악의 복합 시나리오가 발생할 확률이 7%로 계산되었다면, AI는 이 시나리오의 충격을 최소화하기 위한 행동 계획(Action Plan)을 자동으로 추천한다. '분양가를 5% 인하하고, 2군 건설사로 변경하여 공사비를 10% 절감하며, 추가로 후순위 대출 100억을 확보할 경우, 손실을 막고 최소 수익률 5%를 방어할 수 있다'와 같이 구체적이고 실행 가능한 솔루션을 포트폴리오 형태로 제시하는 것이다.

■ 인사이트5: 강화학습(Reinforcement Learning) 기반의 동적 의사결정 최적화: 스스로 학습하고 진화하는 전략가

"정답 몰라도 괜찮다"... AI 강화학습 상식을 뒤엎은 워싱턴대 연구 [https://zdnet.co.kr]

마지막으로, 가장 진화한 단계의 AI는 과거의 시뮬레이션 결과와 실제 프로젝트 진행 결과를 끊임없이 학습하여, 시간이 지남에 따라 점점 더 정교하고 정확한 시나리오와 대응 전략을 만들어내는 강화학습(Reinforcement Learning) 능력을 갖추는 것이다. 이는 수많은 대국을 통해 스스로 학습하며 인간을 뛰어넘은 바둑 AI 알파고(AlphaGo)와 같은 원리이다.

프로젝트 진행 중에 예상치 못한 변수가 발생하면, AI는 즉시 전체 시나리오를 재구성하고 최적의 대응 전략을 동적으로 수정하여 제안한다.

이러한 과정을 반복하면서 AI는 어떤 전략이 특정 상황에서 가장 효과적이었는지를 스스로 학습하고 진화한다. 결국 AI는 단순한 분석 도구를 넘어, 프로젝트 전반에 걸쳐 최고의 의사결정을 내리도록 돕는 지능적인 전략 파트너가 되는 것이다.

7.2. 가상 사례: AI '오라클'과 해운대 초고층 복합리조트의 퍼펙트 스톰

1) 2028년, '오션 인베스트'는 해운대에 101층 규모의 초고층 복합리조트를 건설하는 '프로젝트 포세이돈'을 야심 차게 시작했다. 하지만 프

부산 해운대 101층 복합리조트 엘시티 [https://www.dnews.co.kr]

로젝트가 본궤도에 오를 무렵, 세계 경제는 동시다발적인 악재에 휩싸였다. 중동의 지정학적 리스크로 유가가 급등했고, 미 연준은 인플레이션을 잡기 위해 금리를 가파르게 올렸으며, 중국의 경기 침체로 해외 VIP 관광객 수요 예측에 빨간 불이 켜졌다. 그야말로 '퍼펙트 스톰'이었다.

2) 경영진이 패닉에 빠져 있을 때, 다변수 리스크 분석 시스템 AI '오라클(ORACLE)'이 분석 결과를 내놓았다. '오라클'은 현재와 같은 3중고(유가-금리-관광객)가 지속될 경우, '프로젝트 포세이돈'의 완공 시점 최종 부실 확률이 85%에 달한다는 충격적인 시뮬레이션 결과를 보여주었다.

건축에서 AI가 설계와 건설의 미래를 구현해 가는 방식 [https://www.autodesk.com]

3) 절망적인 상황. 하지만 '오라클'은 이내 '생존을 위한 3가지 최적 경로'를 제시했다.

- 경로 A(공격적 전략): 공사 기간을 6개월 단축하여 금융 비용을 줄이고, 초기 분양가를 15% 낮춰 현금 흐름을 조기 확보한다.(예상 성공 확률: 45%)

- 경로 B(균형적 전략): 호텔 일부를 분양형 호텔로 전환하여 투자금을 유치하고, 중국 VIP 대신 내국인 및 동남아 관광객 타겟의 중저가 프로그램을 강화한다.(예상 성공 확률: 68%)
- 경로 C(보수적 전략): 101층 계획을 75층으로 축소하고, 저층부 상업 시설을 먼저 완공하여 임대 수익을 확보한 후 호텔을 단계적으로 건설한다.(예상 성공 확률: 92%)

4) '오라클'은 각 경로를 선택했을 때의 월별 현금흐름 변화, 예상 수익률, 그리고 새로운 리스크 요인까지 상세히 시뮬레이션 하여 보여주었다.

5) 결과: 경영진은 '오라클'의 데이터를 기반으로 격렬한 토론 끝에 가장 현실적인 '경로 B'를 선택했다.

6) 시사점: 결과적으로 '프로젝트 포세이돈'은 당초 계획보다 화려함은 줄었지만, 퍼펙트 스톰 속에서 좌초하지 않고 성공적으로 완공될 수 있었다. 이는 AI가 어떻게 수많은 변수가 얽힌 혼돈 속에서 가장 현명한 길을 찾아내는 '신탁(Oracle)'과 같은 역할을 수행하는지 보여주는 극적인 사례인 것이다.

제10장
[설계 및 시공] 똑똑하게 짓고 비용은 줄인다

1. 생성형 AI 디자인: AI가 설계하는 최적의 공간 및 동선과 가상사례

1.1. 생성형 AI가 최적의 공간 및 동선을 창조하다

부동산 개발의 성패는 주어진 부지 위에 어떻게 '최적의 가치를 담은 공간'을 창조해 내는가에 달려있다. 과거에는 천재 건축가의 번뜩이는 영감과 경험에 의존해 공간을 설계했다.

하지만 이제 '생성형 AI(Generative AI)'는 수백만 건의 건축 데이터와 인간 행동 패턴을 학습하여, 인간이 미처 생각지 못한 수천, 수만 가지의 혁신적인 설계안을 단 몇 시간 만에 제시하는 '창조적 파트너'로 진화하고 있다. AI는 단순히 보기 좋은 그림을 그리는 것을 넘어, 수익성을 극대화하고, 시공 비용을 절감하며, 사용자 만족도를 최고로 높이는 최적의 공간과 동선을 과학적으로 설계한다.

본 절에서는 생성형 AI가 어떻게 부동산 PF 프로젝트의 가치를 근본적으로 바꾸고 있는지, 5가지 경이로운 인사이트를 통해 구체적으로 살펴보고자 한다.

■ 인사이트1: 가치 극대화를 위한 자동 공간 배치(Generative Placement): 수익률을 디자인하다

아파트 배치 및 가구 배치 계획 A 주택 건축 설계 | 프리미엄 AI 생성 이미지 [https://kr.freepik.com]

첫 번째 핵심은 주어진 대지 형태, 용적률, 법규 제약 안에서 예상 분양수익 또는 임대수익을 극대화하는 수천 개의 공간 배치(Layout) 대안을 AI가 자동으로 생성하는 것이다. 이는 마치 최고의 프로게이머가 특정 맵에서 가장 효율적인 자원 배치 전략을 찾아내듯, AI가 주어진 땅에서 최고의 수익률을 뽑아내는 공간 조합을 찾아내는 과정이다.

예를 들어, 상업시설을 설계할 때, AI는 유동인구 데이터와 주변 상권 분석을 통해 가장 비싼 임대료를 받을 수 있는 '골든 존'을 식별하고, 해당 위치에 명품 매장이나 대형 카페와 같은 핵심 테넌트(Key Tenant)를 우선 배치한다.

또한, 아파트 단지에서는 일조량, 조망권, 소음 등 데이터를 종합 분석하여 가장 높은 분양가를 책정할 수 있는 세대 조합과 평면 설계를 수백 가지 버전으로 제안한다. 인간 건축가가 몇 주에 걸쳐 고민할 일을 AI는 단 몇 시간 만에, 편견 없이 데이터에 기반하여 수행하는 것이다.

설계 목표	AI 입력 변수 (Parameters)	AI 출력 결과 (Outputs)
분양수익 극대화	용적률, 건폐율, 일조권, 조망권, 소음 데이터, 주변 시세	수익률이 가장 높은 세대 수, 평형 구성, 동 배치, 평면도
임대수익 극대화	유동인구, 상주인구, 주변 상권 데이터, 예상 MD 구성	핵심 테넌트 위치, 매장별 면적, 공용 공간 비율, 임대료 지도
운영효율 최적화	에너지 효율 기준, 관리인 동선, 설비 배치 규정	에너지 비용 최소화 단열재/창호 추천, 최단 관리 동선 제안

■ 인사이트2: 인간 행동 패턴 시뮬레이션 기반 동선 설계: '머무르고 싶은 공간'을 만들다

두 번째 인사이트는 수백만 명의 가상 인간(Virtual Human)을 AI가 만들어내어, 설계된 공간 속에서 이들이 어떻게 움직이고, 어디에서 멈추며, 무엇을 느끼는지를 시뮬레이션 하여 최적의 동선(Circulation)을 설계하는 것이다. 이는 단순히 길을 내는 것을 넘어, 사람들의 발길이 자연스럽게 머물고 소비로 이어지는 '살아있는 공간'을 만드는 과정이다.

AI는 가상 인간들에게 연령, 성별, 방문 목적(쇼핑, 식사, 휴식 등)과 같은 다양한 특성을 부여하고, 이들이 쇼핑몰이나 아파트 단지 안에서 어떻게 행동하는지를 수만 번 시뮬레이션 한다.

이 과정에서 사람들이 자주 부딪히거나 정체되는 구간, 혹은 아무도 찾지 않는 '죽은 공간(Dead Space)'이 어디인지를 정확히 찾아낸다. AI는 이 분석 결과를 바탕으로 복도의 폭을 조정하거나, 중앙 광장의 위치를 옮기거나, 예상치 못한 곳에 작은 쉼터를 배치하는 등 사람들의 흐름을 가장 자연스럽고 쾌적하게 만드는 동선 설계안을 제시한다.

■ 인사이트3: 시공 비용 및 에너지 효율 동시 최적화: 가장 '경제적인' 아름다움을 찾다

세 번째는 생성형 AI가 미학적으로 뛰어난 디자인을 생성하면서 동시에, 가장 경제적인 시공법과 가장 효율적인 에너지 관리 방안까지 고려한 통합 설계를 제안한다는 점이다. 이는 단순히 멋진 건물을 그리는 것을 넘어, '가성비'와 '친환경'이라는 두 마리 토끼를 모두 잡는 스마트한 건축가를 두는 것과 같다.

AI는 설계 단계에서부터 수만 가지의 건축 자재 데이터베이스와 공법 라이브러리를 탐색한다. 예를 들어, 특정 곡면 디자인을 구현하기 위해 가장 저렴하면서도 내구성이 강한 자재 조합을 추천하거나, 건물의 외피 디자인을 변경하여 여름철 냉방 에너지와 겨울철 난방 에너지를 총 20% 절감할 수 있는 최적의 창문 크기와 배치를 제안하는 식이다. 이를 통해 초기 PF 비용의 상당 부분을 차지하는 공사비를 절감하고, 장기적으로는 건물의 운영 유지비를 획기적으로 낮추어 프로젝트의 전체 수익성을 개선한다.

AI가 설계하는 집…나만의 라이프스타일에 최적화된 공간
[https://v.daum.net]

■ 인사이트4: 브랜드 아이덴티티 기반의 맞춤형 디자인 생성: 세상에 단 하나 뿐인 공간을 창조하다

네 번째 특징은 프로젝트가 추구하는 특정한 브랜드의 컨셉이나 철학, 특정 타겟 고객의 취향을 AI에게 텍스트나 이미지로 입력하면, 그에 맞는 독창적인 디자인 스타일을 수백 가지 버전으로 생성해내는 능력이다. 이는 마치 특정 화가의 화풍을 학습하여 새로운 그림을 그려내는 이미지 생성 AI와 같은 원리이다.

예를 들어, 시행사가 '자연과의 조화를 중시하는 2030세대 프리랜서를 위한 친환경 오피스텔'이라는 컨셉을 제시하면, AI는 목재와 녹색 식물을 활용한 인테리어, 채광을 극대화한 창문 디자인, 협업과 휴식을 위한 커뮤니티 공간이 포함된 수십 개의 맞춤형 디자인 시안을 즉시 생성한다.

이를 통해 건축가는 AI가 생성한 무한한 아이디어 속에서 영감을 얻고, 시행사는 브랜드의 정체성을 가장 잘 담아낼 수 있는 차별화된 디자인을 선택하여 건물의 부가가치를 높일 수 있다.

■ 인사이트5: 실시간 법규 검토 및 인허가 리스크 최소화: '규제의 덫'을 피해가는 설계

마지막으로, 생성형 AI는 디자인을 생성하는 모든 과정에서 수천 페이지에 달하는 복잡한 건축 법규(건폐율, 용적률, 소방, 주차, 일조권 등)를 실시간으로 자동 검토하여 법규 위반 가능성을 원천적으로 차단한다. 이는 설계 단계에서부터 베테랑 법규 전문가가 24시간 동행하며 모든 것을 검토해주는 것과 같다.

인간 건축가가 설계할 경우, 의도치 않은 실수로 법규를 위반하여

나중에 설계를 변경하거나 인허가 과정이 지연되는 리스크가 발생하곤 한다.
하지만 AI는 설계안을 생성하는 즉시 관련 법규 데이터베이스와 대조하여, "3번 동의 이격 거리가 법정 기준보다 20cm 부족합니다" 또는 "지하 2층 주차장 진입로의 경사각이 허용치를 초과합니다"와 같이 문제점을 정확히 지적하고 수정안을 제시한다. 이를 통해 PF 사업에서 치명적인 리스크가 될 수 있는 인허가 지연 문제를 사전에 방지하여 시간과 비용을 획기적으로 절약한다.

1.2. 가상 사례: AI 건축가 '다이달로스'와 성수동의 기적

신도리코, 2200억대 성수동 부지 매입 '잇단 부동산 투자'
[https://www.thebell.co.kr]

1) 2028년, 노후한 공장 지대였던 성수동의 한 부지를 매입한 '어반 디벨롭먼트'는 고민에 빠졌다. 좁고 비정형적인 땅 모양 때문에 기존의 방식으로는 수익성 있는 상업시설을 설계하기가 거의 불가능해 보였다.
2) 이때, 한 젊은 직원의 제안으로 생성형 AI 설계 시스템 '다이달로스(Daedalus)'를 도입했다.

경영진은 '다이달로스'에게 단 세 가지의 핵심 목표를 입력했다. '첫째, 2030 유동인구를 최대한 오래 머물게 할 것. 둘째, 주변 공장 지대의 거친 감성과 어울리는 인더스트리얼 디자인을 적용할 것. 셋째, 모든 상가의 임대수익을 최대화할 것.'

3) **명령을 내린 지 단 하루 만에, '다이달로스'는 인간의 상상을 뛰어넘는 500개의 설계안을 제시했다.** 그중 가장 높은 점수를 받은 설계안은, 마치 미로처럼 여러 개의 건물을 공중 다리와 나선형 계단으로 연결하고, 건물 사이사이에 예측 불가능한 작은 마당과 루프탑 테라스를 숨겨놓은 파격적인 디자인이었다.

4) **생성형 AI 디자인의 효과:** '다이달로스'의 시뮬레이션 결과, 이 복잡한 동선은 방문객들의 호기심을 자극하여 평균 체류 시간을 80분 이상 늘렸고, 버려질 뻔했던 건물의 뒷 공간까지 유동인구를 끌어들여 모든 상가의 가치를 균등하게 높이는 효과를 낳았다. 또한, AI는 오래된 공장의 철골 구조물을 재활용하여 외벽을 디자인하는 방안을 제안하여, 공사비를 15% 절감하면서도 독특한 미감을 완성했다.

5) **결과 및 시사점:** 그렇게 탄생한 복합문화공간 '성수 메이즈(Maze)'는 오픈과 동시에 MZ세대의 성지가 되었다. 사람들은 마치 미로를 탐험하듯 건물 구석구석을 누비며 사진을 찍어 SNS에 올렸고, 이는 엄청난 바이럴 마케팅 효과로 이어졌다. 불가능해 보였던 땅 위에 AI 건축가 '다이달로스'가 지어 올린 기적. 이는 생성형 AI가 어떻게 부동산 개발의 한계를 부수고 새로운 가치와 환상적인 경험을 창조하는지를 보여주는 압도적인 증거인 것이다.

2. 공사 기간과 비용을 줄여주는 AI 공정 관리 플랫폼과 가상사례

2.1. AI 공정 관리 플랫폼이 공사 기간과 비용을 획기적으로 줄여준다.

부동산 프로젝트 파이낸싱(PF)의 수익성은 '정해진 기간 안에, 정해진 예산으로' 건물을 완공할 수 있느냐에 달려있다. 하지만 건설 현장은 수많은 변수가 도사리는 예측 불가능의 공간이다. 사소한 자재 수급 문제, 예상치 못한 날씨 변화, 작업자 간의 소통 오류 하나가 나비효과처럼 번져 공사 기간을 지연시키고 막대한 추가 비용을 발생시킨다. 과거에는 숙련된 현장 소장의 경험과 직관에 의존해 이러한 혼돈을 통제했다.

이제 인공지능(AI)은 건설 현장의 모든 데이터를 실시간으로 분석하여 잠재된 문제를 미리 찾아내고, 최적의 해결책을 제시하는 '전지적 현장 감독관'으로 등장했다. 본 절에서는 AI 공정 관리 플랫폼이 어떻게 공사 기간과 비용이라는 두 마리 토끼를 동시에 잡는지, 그 핵심적인 5가지 인사이트를 통해 심층적으로 분석하고자 한다.

- **인사이트1: 예측 기반 최적 공정 계획 수립(Predictive Scheduling): 미래의 '병목현상'을 미리 해결하다**

  첫 번째 핵심은 과거 수백 건의 유사 건설 프로젝트 데이터와 현재의 자원(인력, 장비, 자재) 현황, 날씨 예보 등을 종합적으로 학습한 AI가 가장 효율적인 공사 일정표를 수립하는 것이다. 이는 단순히 작업 순서를 나열하는 것을 넘어, 미래에 발생할 수 있는 '병목현상(Bottleneck)'을 미리 예측하고 이를 회피하는 최적의 경로를 찾아내는 과정이다.

  예를 들어, AI는 특정 공정(예: 5층 골조 공사)이 과거 데이터상 잦은 지연이 발생했음을 인지하고, 해당 작업에 인력과 장비를 선제적으로 추가 배정하거나, 날씨의 영향을 덜 받는 대체 공법을 제안한다. 또한, A 작업이 1일 지연될 경우, 전체 공정에 미치는 연쇄적인 파급효과(Critical Path)를 시뮬레이션 하여 보여줌으로써, 현장 관리자가 무엇에 집중해야 하는지 명확한 우선순위를 제시한다.

공정단계	전통적 공정 관리	AI 기반 공정 관리
계획 수립	담당자의 경험과 직관에 의존	데이터 기반 예측 모델을 통한 최적 경로 탐색
리스크 식별	문제 발생 후 사후 대응	잠재적 병목현상 및 지연 가능성 사전 예측
일정 조정	수동 계산 및 재조정 (시간 소요 多)	연쇄 효과 자동 분석 및 최적 대안 실시간 제시
자원 배분	고정된 계획에 따른 배분	상황 변화에 따른 동적, 최적 자-원 재배분

- 인사이트2: 실시간 현장 모니터링 및 이상 감지: '디지털 트윈'으로 현장을 지휘하다

두 번째 인사이트는 드론, CCTV, IoT 센서 등이 수집한 건설 현장의 시각적, 물리적 데이터를 AI가 실시간으로 분석하여, 계획과 실제의 차이를 1cm, 1분의 오차까지 잡아내는 것이다. 이는 현실의 건설 현장을 가상 공간에 그대로 복제한 '디지털 트윈(Digital Twin)'을 만들어, 신의 시점에서 현장을 지휘하는 것과 같다.

AI는 드론이 촬영한 3D 스캔 데이터를 설계 도면(BIM)과 자동으로 비교하여, 철근 배치가 설계와 다르거나, 벽체의 시공 위치에 오차가 발생한 경우 즉시 관리자에게 경고 알림을 보낸다. 또한, 레미콘 트럭의 GPS 데이터와 타설 지점의 IoT 센서 데이터를 결합하여 콘크리트 양생 과정에 문제는 없는지, 혹은 작업자들이 안전 장비를

제대로 착용하고 있는 지까지 24시간 감시한다. 이를 통해 사소한 오류가 큰 재앙으로 번지기 전에 조기에 발견하고 수정할 수 있다.

- **인사이트3: 자재 및 인력 자원 자동 최적화: 낭비 제로(Zero Waste)에 도전하다**

  세 번째는 일일 공사 진행 상황과 내일의 공정 계획에 맞춰 필요한 자재, 장비, 인력을 AI가 자동으로 산출하고 주문 및 배치까지 연동하는 기능이다. 이는 마치 잘 짜인 군수 시스템처럼, 적시에 적재적소에 정확한 양의 자원을 낭비 없이 공급하는 역할을 수행한다.

  예를 들어, AI는 내일 아침 9시에 7층 외벽 거푸집 설치 작업이 예정되어 있음을 인지하고, 오늘 오후까지 필요한 거푸집 자재가 현장에 도착하도록 자동으로 발주를 넣는다. 동시에 해당 작업에 필요한 숙련된 목수 5명과 타워크레인 기사 1명에게 작업 배정 알림을 보낸다.

  이를 통해 자재가 너무 일찍 도착해 현장에 쌓여 훼손되거나, 반대로 자재가 늦게 와서 인력과 장비가 대기하며 발생하는 시간과 비용의 낭비를 원천적으로 차단한다.

- **인사이트4: 비용 초과 리스크 예측 및 원인 분석: 돈이 새는 곳을 정확히 찾아내다**

  네 번째 특징은 현재까지 투입된 비용과 공사 진행률을 실시간으로 분석하여, 프로젝트가 최종적으로 예산을 초과할 가능성과 그 예상 규모를 미리 예측하는 것이다. 이는 단순히 장부를 정리하는 수준을 넘어, 미래의 재무 위기를 예측하고 그 근본 원인을 진단하는 재무 주치의와 같다.

AI는 '기성고 관리(EVM, Earned Value Management)' 기법을 기반으로, 현재의 비용 투입 속도가 계획보다 빠른 지, 느린 지를 지속적으로 추적한다.

만약 예산 초과 가능성이 감지되면, AI는 어떤 공종에서, 어떤 자재 때문에 비용이 초과되고 있는지를 데이터 분석을 통해 정확히 지목한다. '철근 자재비가 예상보다 12% 초과되었으며, 주된 원인은 A 공급업체의 잦은 단가 인상'과 같이 구체적인 원인을 제시함으로써, 사업 주체가 해당 공급업체와 재협상을 하거나 대체 공급업체를 찾는 등 즉각적인 조치를 취하도록 돕는다.

■ 인사이트5: 지능형 안전 관리 시스템: 사고 발생 확률 '0'에 도전하다

마지막으로, AI는 건설 현장의 잠재적인 안전사고 위험 요소를 사전에 식별하고 경고함으로써, 인명 피해는 물론 사고로 인한 공사 중단 리스크를 최소화한다. 이는 수십 명의 베테랑 안전 관리자가 현장 곳곳을 24시간 지켜보는 것 이상의 효과를 발휘한다.

AI는 CCTV 영상을 실시간으로 분석하여, 작업자가 안전모를 착용하지 않거나 위험 구역에 접근하는 것을 감지하면 즉시 현장 스피커로 경고 방송을 내보낸다.

또한, 굴삭기와 같은 중장비의 이동 경로와 작업자의 위치를 동시에 추적하여 충돌 위험이 발생할 경우 양측 모두에게 진동 알림을 보낸다. 태풍이나 폭설과 같은 기상 이변이 예측될 경우, 강풍에 취약한 타워크레인 작업을 미리 중단시키고 가설물의 안전 상태를 점검하도록 자동으로 지시를 내린다.

2.2. 가상 사례: AI 현장소장 '헤파이스토스'와 여의도 초고층 빌딩

다시 기대감 커지는 여의도초고층 개발…침체된 경기 환경이 변수
[https://mbiz.heraldcorp.com]

1) **2029년, 여의도에 70층 규모의 랜드마크 빌딩 '파이오니어 타워' 건설이 시작되었다.** 하지만 프로젝트는 시작부터 난관에 부딪혔다. 도심 한복판의 협소한 부지 때문에 자재를 쌓아 둘 공간이 부족했고, 주변 교통 체증으로 인해 자재 운송 시간을 예측하기 어려웠다.

2) **이때 '파이오니어 건설'은 AI 공정 관리 플랫폼 '헤파이스토스(Hephaestus)'를 도입했다.** '헤파이스토스'는 먼저 빌딩 주변의 실시간 교통 데이터와 현장의 모든 자재에 부착된 RFID 칩 정보를 결합하여, 'JIT(Just-In-Time) 자재 공급 시스템'을 구축했다. 레미콘 트럭이 현장 1km 반경에 들어오면, '헤파이스토스'는 자동으로 현장 게이트를 열고 타워크레인에 타설 준비 신호를 보냈다. 이로써 단 1분의 낭비도 없는 완벽한 공급망이 완성되었다.

3) **어느 날 오후, 현장을 스캔하던 드론이 35층 외벽 패널의 미세한 균열을 발견했다.** 인간의 눈으로는 식별하기 어려운 0.5mm 크기의 균열이었지만, '헤파이스토스'의 AI 비전 기술은 이를 놓치지 않았다.

시스템은 즉시 해당 패널의 시공 데이터와 자재 성분 검사서를 분석하여, 특정 로트(Lot) 번호의 자재에서 불량이 발생했음을 밝혀냈다. '헤파이스토스'는 즉시 동일 로트 번호의 자재 사용을 전면 중단시키고, 이미 설치된 패널을 전수 조사하도록 지시했다. 만약 이를 발견하지 못했다면, 훗날 대형 안전사고로 이어질 수 있는 아찔한 순간이었다.

4) 결과 및 시사점: 결과적으로 '파이오니어 타워'는 AI '헤파이스토스'의 전방위적인 활약 덕분에, 당초 계획보다 3개월이나 공사 기간을 단축하고 총공사비의 7%를 절감하는 경이적인 성과를 거두며 완공되었다. 이는 AI가 어떻게 복잡한 건설 현장의 혼돈에 질서를 부여하고, 불가능해 보였던 효율성의 신화를 현실로 만드는지를 보여주는 강력한 증거인 것이다.

3. 드론과 IoT 센서: 잠들지 않는 AI 건설 현장 감독관과 가상사례

3.1. 드론과 IoT 센서가 AI 건설 현장의 총과 감독관 역할을 하다.

인간의 눈은 24시간 현장을 지킬 수 없으며, 콘크리트 속 철근의 상태나 땅속의 미세한 진동을 감지할 수 없다. 건설 프로젝트의 성공은 바로 이러한 인간의 감각적 한계를 넘어서는 초정밀 관리에 달려있다. 이제 드론은 하늘을 나는 AI의 '눈(Eyes)'이 되고, 현장 곳곳에 설치된 사물인터넷(IoT) 센서는 거미줄처럼 촘촘한 '신경망(Nervous System)'이 된다.

건설업계 IoT, 드론 등스마트 기술 활용 [http://www.wsobi.com]

이들이 보내오는 방대한 실시간 데이터를 AI가 분석하여, 인간 감독관 수십 명을 합친 것 이상의 통찰력으로 현장을 지휘한다. 이 잠들지 않는 AI 감독관은 보이지 않는 위험을 감지하고, 숨겨진 비효율을 찾아내어 프로젝트를 성공의 궤도에 올려놓는 것이다. 본 절에서는 드론과 IoT 센서가 AI와 결합하여 어떻게 건설 현장의 패러다임을 바꾸고 있는지 5가지 핵심 인사이트를 통해 구체적으로 살펴보고자 한다.

- 인사이트1: 초정밀 3D 디지털 트윈 구축: 현실을 복제하여 오차를 제거하다

  첫 번째 핵심은 드론이 주기적으로 건설 현장 전체를 3D 레이저 스캔하여, 가상 공간에 1cm 오차 범위의 쌍둥이 현장, 즉 '디지털 트

"현실을 가상으로" 디지털 트윈, 산업 전방위 확산에 혁신 '박차' [https://www.metroseoul.co.kr]

윈(Digital Twin)'을 구축하는 것이다. 이는 단순히 현장의 모습을 3D 모델로 만드는 것을 넘어, 시시각각 변하는 현실을 그대로 반영하는 '살아있는 가상 현장'을 만드는 기술이다.

AI는 매일 업데이트되는 디지털 트윈 모델을 원본 설계 도면(BIM) 데이터와 자동으로 중첩하여 비교 분석한다. 이 과정에서 설계와 다르게 시공된 부분을 즉시 발견해 낸다.

예를 들어, 특정 벽체의 위치가 설계보다 3cm 벗어났거나, 철근의 배근 간격이 미세하게 다른 것을 AI가 자동으로 식별하고 담당자에게 경고를 보낸다. 과거에는 공사가 한참 진행된 후에야 발견되어 막대한 재시공 비용과 기간 지연을 초래했던 치명적인 오류들을 초기 단계에서 원천적으로 차단하게 되는 것이다.

■ 인사이트2: IoT 센서를 통한 구조물 건전성 실시간 진단: 건물의 '혈압'을 24시간 측정하다

두 번째 인사이트는 건물의 뼈대가 되는 철근, 콘크리트, 주요 구조물 내부에 삽입된 IoT 센서가 건물의 건강 상태를 실시간으로 AI에 보고하는 것이다. 이는 마치 환자의 몸에 부착된 센서가 심박수와 혈압을 24시간 측정하여 의사에게 전송하는 것과 같다.

콘크리트 타설 시 내부에 삽입된 센서는 양생 과정의 온도와 습도를 실시간으로 측정하여 최적의 강도가 발현되고 있는지를 AI에 보고한다.

만약 이상 징후가 감지되면 AI는 즉시 양생 조건을 변경하도록 지시한다. 또한, 주요 철골 구조에 부착된 변형률 센서(Strain Gauge)는 건물이 외부의 하중이나 진동을 잘 견디고 있는지 그 스트레스 수치를 끊임없이 전송한다.

이를 통해 눈에 보이지 않는 내부의 결함이나 구조적 불안정성을 사전에 파악하고 보강함으로써 건물의 본질적인 안전성을 확보하게 된다.

센서 종류	측정 데이터	AI 분석 및 활용
콘크리트 양생 센서	온도, 습도, 강도	최적 양생 기간 예측, 균열 및 부실 시공 가능성 조기 경보
변형률 센서	구조물의 미세 변형, 스트레스	구조적 안정성 평가, 외부 충격(지진, 강풍) 영향 분석
진동/소음 센서	주변 지반 진동, 공사 소음	인접 건물 피해 가능성 예측, 민원 발생 리스크 관리
RFID/GPS 태그	자재 및 장비 위치, 이동 경로	자재 도난 및 분실 방지, 'Just-in-Time' 자재 공급 최적화

■ 인사이트3: AI 비전 기반 안전사고 '예방' 시스템: 위험한 행동을 미리 읽어내다

세 번째는 현장 곳곳의 CCTV와 드론에 탑재된 카메라가 촬영하는 영상을 AI가 실시간으로 분석하여, 안전사고로 이어질 수 있는 위험한 행동이나 상황을 사전에 식별하고 예방하는 것이다. 이는 사고가 발생한 뒤에 원인을 찾는 사후약방문이 아닌, 사고 발생 확률 자체를 '0'에 가깝게 만드는 혁신적인 접근법이다.

AI 비전 시스템은 작업자가 안전모나 안전고리를 착용하지 않은 것을 즉시 인식하여 현장 스피커나 해당 작업자의 스마트 워치로 경고를 보낸다.

또한, 굴삭기나 크레인과 같은 중장비의 작업 반경 내에 사람이 접근하면 장비의 동작을 자동으로 멈추게 하거나, 개구부나 추락 위험 구역에 설치된 가상 펜스(Virtual Fence)를 작업자가 넘어서는 순간 즉각적인 경보를 울린다. 이는 수십 명의 안전 관리자가 현장을

돌아다니는 것보다 훨씬 더 촘촘하고 즉각적인 안전망을 제공하는 것이다.

■ 인사이트4: 환경 데이터 분석을 통한 공정 리스크 관리: 날씨의 변수를 상수로 만들다

네 번째 특징은 단순히 일기예보를 참고하는 수준을 넘어, 현장에 설치된 기상 센서와 드론이 수집한 국지적인 환경 데이터를 AI가 분석하여 공정 계획에 미치는 영향을 정밀하게 예측하고 대응하는 것이다. 이는 예측 불가능했던 자연의 변수를 통제 가능한 상수로 전환하는 과정이다.

예를 들어, AI는 현장의 풍속 센서 데이터를 실시간으로 분석하여 타워크레인 작업의 위험 한계치에 도달하기 30분 전에 미리 작업을 중단하도록 지시한다.

또한, 강우량 센서와 토양 습도 센서 데이터를 결합하여 토사 붕괴 위험도를 예측하고, 사전에 방지 조치를 취하도록 경고한다. 겨울철에는 콘크리트 타설 구역의 온도를 실시간으로 모니터링하여 동결 피해가 발생하지 않도록 최적의 보온 조치를 추천한다.

■ 인사이트5: 객관적 데이터 기반 자동 공정률 산출: '투명성'으로 신뢰를 구축하다

마지막으로, 드론이 촬영한 3D 모델과 현장 데이터를 기반으로 AI가 전체 공사의 진행률을 오차 없이 자동으로 계산하고, 이를 모든 이해관계자(시행사, 건설사, 금융기관)에게 투명하게 공유하는 것이다. 이는 주관적인 판단이 개입될 여지가 있었던 기존의 공정 보고 방식을 완전히 대체하는 것이다.

AI는 "2027년 10월 11일 기준, 전체 골조 공사의 57.2%가 완료되었으며, 이는 계획 대비 1.5일 빠른 속도입니다"와 같이 누구도 이의를 제기할 수 없는 객관적인 데이터를 기반으로 보고서를 생성한다.

금융기관은 이 정확한 데이터를 기반으로 공사 대금(기성고)을 집행함으로써 과지급의 위험을 없앨 수 있고, 시행사는 프로젝트의 진행 상황을 한 치의 오차 없이 파악할 수 있다. 이러한 데이터 기반의 투명성은 이해관계자 간의 불필요한 분쟁을 막고 굳건한 신뢰 관계를 구축하는 핵심 기반이 된다.

3.2. 가상 사례: AI 감독관 '아르고스'와 스마트 항만 프로젝트

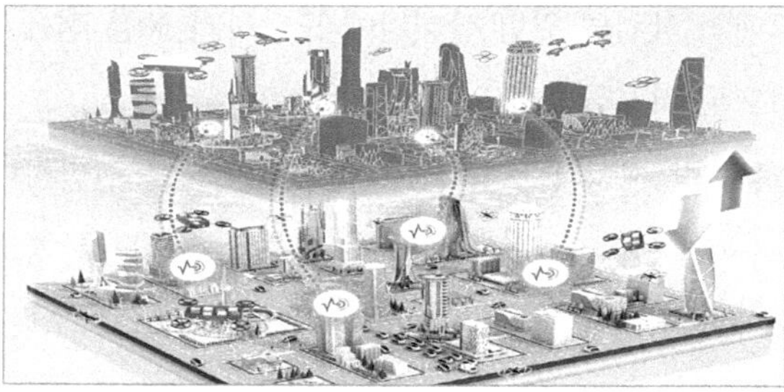

건물을 복제한다? 건설산업에서의 디지털 트윈 [https://brunch.co.kr]

1) 2030년, 거친 파도와 예측 불가능한 해무로 악명 높은 건설현장의 '디지털 트윈(Digital Twin)'하는 '프로젝트 넵튠'이 시작되었다. 인간의 접근이 어려운 해상 공사의 특성상, 현장 관리는 AI 감독관 '아르고스(Argos)'에게 맡겨졌다. '아르고스'는 수십 대의 방수 드론과 해저에 설치된 수백 개의 IoT 센서를 통해 24시간 현장을 감시했다.

2) 어느 날 새벽, '아르고스'는 거대한 케이슨(항만 구조물)을 설치한 해저 지반에서 미세한 진동 패턴의 변화를 감지했다. IoT 센서가 보내온

데이터를 분석한 AI는, 조류의 변화로 인해 구조물 하부의 지반이 미세하게 침식되고 있음을 밝혀냈다. '아르고스'는 즉시 공사를 중단시키고, 해당 지역의 조류 속도를 상쇄할 수 있는 최적의 보강 공법을 시뮬레이션을 통해 도출하여 제시했다. 만약 인간의 감각에만 의존했다면 수개월 뒤 구조물 전체가 기울어지는 대형 사고로 이어졌을 아찔한 상황이었다.

또한, 짙은 해무가 끼는 날이면 '아르고스'는 GPS와 특수 센서를 장착한 드론을 띄워 작업 선박과 바지선들의 위치를 센티미터 단위로 관제했다. AI는 각 선박의 예상 경로를 예측하여 충돌 위험이 발생할 경우, 각 선박에 자동으로 항로 수정을 지시함으로써 한 건의 충돌 사고 없이 공사를 진행시켰다.

3) **결과 및 시사점:** 결국 '프로젝트 넵튠'은 '아르고스'라는 잠들지 않는 백개의 눈 덕분에, 최악의 자연환경을 극복하고 단 하루의 오차도 없이 성공적으로 완공되었다. 이는 드론과 IoT 센서가 단순한 감시 도구를 넘어, 인간의 한계를 극복하고 불가능에 가까웠던 프로젝트를 현실로 만드는 핵심 기술임을 증명하는 환상적인 사례인 것이다.

4. 안전사고 제로에 도전: 위험 요소를 미리 찾아내는 AI와 가상사례

4.1. 위험 요소를 미리 찾아내 안전관리에 철저히 대비하는 AI

'안전제일'. 건설 현장에서 가장 중요하지만, 가장 지키기 어려운 원칙이다. 하나의 작은 실수가 인명 피해와 막대한 프로젝트 손실로 이어지는 참사를 낳을 수 있기 때문이다. 지금까지의 안전 관리가 인간의 눈과 경험에 의존하는 '사후약방문' 식 대응에 가까웠다면, 인공지능(AI)은 사고가 발생할 수 있는 '가능성' 자체를 사전에 제거하는 '예방적 안전(Preventive Safety)'의 시대를 열고 있다. AI는 수백 개의 눈으로 현장을 24시간 감시하고, 보이지 않는 데이터 속에서 사고의 징후를 읽어내는 궁극의 안전 관리자인 것이다.

본 절에서는 AI가 어떻게 인간의 한계를 넘어 '사고율 제로'라는 불가능의 영역에 도전하는지, 5가지 핵심적인 인사이트를 통해 심층적으로 분석하고자 한다.

■ 인사이트1: AI 비전(Vision) 기술: 수백 명의 눈으로 24시간 감시하다

첫 번째 핵심은 건설 현장 곳곳에 설치된 CCTV와 드론이 촬영하는 영상을 AI가 실시간으로 분석하여, 마치 수백 명의 안전 관리자가 동시에 현장을 지켜보는 것처럼 위험 요소를 즉각적으로 식별하는 것이다. 인간의 눈은 피로를 느끼고, 모든 곳을 동시에 볼 수 없지만 AI의 눈은 잠들지도, 놓치지도 않는다.

AI 비전 시스템은 딥러닝 기술을 통해 수백만 건의 이미지 데이터를 학습하여 위험 상황을 스스로 인지한다.

예를 들어, 작업자가 안전모나 안전고리를 착용하지 않은 것을 즉시 식별하여 관제실과 현장 관리자의 스마트폰으로 경고를 보낸다. 또한, 굴삭기나 크레인의 작업 반경과 같은 위험 구역(Danger Zone)에 작업자가 접근하는 것을 감지하거나, 용접 작업장 주변에 인화성 물질이 방치된 것을 발견하는 등 인간이 놓치기 쉬운 잠재적 위험까지 꼼꼼하게 찾아낸다.

■ 인사이트2: 예측 분석: 사고의 '전조 증상'을 데이터에서 읽어내다

두 번째 인사이트는 단순히 현재의 위험을 감지하는 것을 넘어, 과거의 사고 데이터, 작업 공정, 기상 정보, 작업자 피로도 등을 종합적으로 분석하여 '미래에 발생할 사고의 확률'을 예측하는 것이다. 이는 마치 질병의 증상이 나타나기 전에 유전자와 생활 습관 데이터를 분석하여 발병 가능성을 예측하는 예방 의학과 같다.

AI는 '어떤 요일과 시간대에', '어떤 공정을 진행할 때', '어떤 경력의 작업자가' 사고를 당할 확률이 높은지를 통계적으로 분석한다.

예를 들어, AI는 '강풍이 예보된 내일 오후, 30층 외벽 작업에 투입될 5년 차 미만 작업자 그룹의 추락 사고 위험도가 85%에 달한다'와 같은 구체적인 예측 정보를 제공한다. 이를 통해 현장 관리자는 위험도가 높은 날에 해당 작업을 중단하거나, 베테랑 인력을 투입하는 등 선제적인 조치를 취하여 사고를 미연에 방지할 수 있다.

안전관리 방식	전통적 안전 관리	AI 기반 안전 관리
접근 방식	사고 발생 후 원인 분석 (사후 대응)	데이터 기반 사고 발생 확률 예측 (사전 예방)
점검 방식	관리자의 주기적 현장 순찰 (샘플링)	CCTV 및 센서를 통한 24/7 전수 감시 (실시간)
위험 식별	경험과 직관에 의존	통계적 분석 및 패턴 인식
대응 속도	보고 체계에 따른 지연 발생	위험 감지 즉시 자동 경보 및 알림
교육 방식	이론 중심의 집합 교육	가상현실(VR) 기반의 체험형 훈련

■ 인사이트3: IoT 센서와 디지털 트윈 연동: 보이지 않는 위험을 시각화하다

세 번째는 현장의 장비, 구조물, 그리고 작업자에게 부착된 IoT 센서

가 보내오는 데이터를 가상 현장인 '디지털 트윈(Digital Twin)'에 실시간으로 시각화하여, 눈에 보이지 않는 위험까지 관리하는 것이다. 이는 건물의 신경망과 혈관 상태를 3D 모델로 들여다보는 것과 같다.

예를 들어, AI는 밀폐된 지하 공간에 설치된 가스 센서는 유해 가스 농도가 위험 수치에 도달하기 전에 미리 경고를 보내고, 디지털 트윈 화면에 위험 구역을 붉은색으로 표시하여 작업자의 진입을 원천적으로 차단한다.

또한, 타워크레인의 핵심 부품에 부착된 진동 센서는 미세한 이상 패턴을 감지하여 장비 고장이나 붕괴 사고의 전조를 미리 알려준다. 이를 통해 잠재적 위험을 직관적으로 파악하고 신속하게 대응할 수 있게 된다.

■ 인사이트4: 웨어러블(Wearable) 기기: 작업자 개개인을 위한 맞춤형 수호천사

네 번째 특징은 스마트 워치, 스마트 헬멧 등 작업자가 착용하는 웨어러블 기기를 통해 개개인의 생체 신호와 위치를 실시간으로 모니터링하여 맞춤형 안전 관리를 제공하는 것이다. 이는 모든 작업자에게 1:1로 전담 안전 관리자를 붙여주는 것과 같다.

여름철 옥외에서 일하는 작업자의 스마트 워치가 심박수와 체온의 급격한 상승을 감지하면, AI는 해당 작업자에게 즉시 휴식을 취하라는 음성 메시지를 보내고 관리자에게 열사병 위험 알림을 전송한다.

또한, 작업자가 추락하거나 쓰러지는 등 갑작스러운 충격이 감지되면, 기기에 내장된 GPS가 즉시 정확한 위치를 관제실과 119에 자동으로 전송하여 골든타임을 확보하게 돕는다.

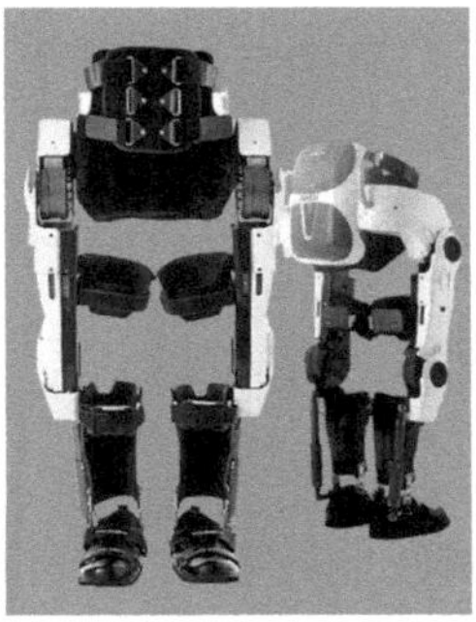

웨어러블 기기 [https://www.cretec.kr]

- 인사이트5: VR/AR 기반의 몰입형 안전 교육: 위험을 '안전하게' 체험하다

마지막으로, 가상현실(VR)과 증강현실(AR) 기술을 활용하여 실제와 거의 흡사한 가상 건설 현장에서 위험한 상황을 직접 체험하고 대처 능력을 훈련시키는 것이다. 이는 '백문이 불여일견'을 넘어, '백견이 불여일험(百見不如一驗)', 즉 직접 안전하게 경험하게 하는 것이 최고의 교육임을 실현하는 것이다.

신입 작업자는 VR 헤드셋을 쓰고 추락, 감전, 화재 등 실제 현장에서 겪을 수 있는 아찔한 사고 상황을 가상으로 체험하며, 올바른 대처 요령을 몸으로 익히게 된다.

또한, 숙련된 작업자라 할지라도 AR 스마트 글라스를 착용하면 눈앞의 설비 위에 올바른 작업 절차와 안전 수칙이 증강현실로 표시되어, 복잡한 작업 중 발생할 수 있는 휴먼 에러(Human Error)를 획기적으로 줄일 수 있다.

4.2. 가상 사례: AI 세이프가드 '케르베로스'와 GIGA-COMPLEX

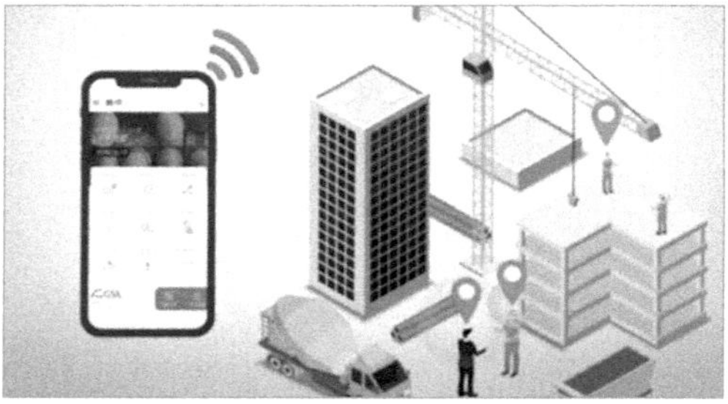

'AI 안전통합플랫폼' 통해 건설안전 패러다임 바꾼다 [http://www.engjournal.co.kr]

1) 2031년, 수만 명의 작업자와 수천 대의 장비가 투입되는 사상 최대 규모의 반도체 공장, 'GIGA-COMPLEX' 건설 프로젝트가 시작되었다.

2) 워낙 거대하고 복잡한 현장이었기에, 발주처는 AI 통합 안전 관리 플랫폼 '케르베로스(Cerberus)'를 도입했다. '케르베로스'는 수천 개의 눈(CCTV)과 신경망(IoT)으로 현장의 모든 움직임을 감시하는 지옥의 파수견과 같았다.

3) 프로젝트 초반, '케르베로스'의 AI 비전은 52층 고층부에서 작업 중인 용접공의 안전고리가 체결되지 않은 것을 발견했다. 즉시 해당 작업자의 스마트 헬멧에 강력한 경고음이 울렸고, 동시에 현장 관리자의 태블릿에 위험 상황 알림이 떴다. 작업자가 안전고리를 체결하자 경고음은 멈췄다. 인간이었다면 절대 발견할 수 없었을 찰나의 순간, AI는 한 생명을 구한 것이다.

4) 어느 여름날, '케르베로스'는 이상한 패턴을 발견했다. 특정 지하 구역에서 작업하는 배관공 팀의 휴식 시간이 다른 팀보다 짧고, 작업장 내 이산화탄소 농도가 서서히 증가하고 있었다. AI는 이 두 데이

터를 결합하여, '3시간 내 해당 팀의 질식사고 발생 확률 78%'라는 충격적인 예측을 내놓았다. 즉시 해당 구역의 강제 환기 시스템이 최대치로 가동되었고, 작업팀은 강제 휴식 명령을 받았다. AI의 예측이 아니었다면 조용한 살인자인 질식사고가 발생했을지도 모르는 일이었다.

5) 결과 및 시사점: 결국 'GIGA-COMPLEX' 프로젝트는 단 한 건의 중대 재해 없이 완공되는 건설업계의 신화를 기록했다. 이는 운이나 우연이 아니었다. 사고의 그림자를 미리 읽어내고 그 싹을 잘라버리는 AI 파수견 '케르베로스'가 있었기에 가능한, 과학과 데이터가 만들어낸 필연적인 결과였던 것이다.

5. 친환경 건축과 에너지 효율, AI로 최적화하는 방법과 가상사례

5.1. AI로 친환경 건축 기반 에너지 효율을 최적화해 보자.

과거의 건축이 단순히 비와 바람을 피하는 '공간'을 만드는 데 집중했다면, 현대의 건축은 지구와 공존하며 스스로 에너지를 생산하고 소비를 최소화하는 '살아있는 유기체'를 지향한다. 특히 ESG(환경·사회·지배구조) 경영이 기업의 가치를 평가하는 핵심 척도가 되면서, 친환경 건축은 더 이상 선택이 아닌 필수 생존 전략이 되었다.

인공지능(AI)은 바로 이 지점에서 건물이 소비할 에너지의 마지막 1와트(W)까지 예측하고, 자연의 힘을 최대한 활용하는 최적의 설계안을 찾아내는 '지속가능성의 설계자' 역할을 수행한다.

본 절에서는 AI가 어떻게 부동산 프로젝트의 친환경 가치와 경제적 수익성이라는 두 마리 토끼를 모두 잡는지, 5가지 핵심적인 인사이트를 통해 그 경이로운 방법을 살펴보고자 한다.

- 인사이트1: 생성형 설계를 통한 '패시브 디자인' 최적화: 자연을 건물의 일부로 만들다

  첫 번째 핵심은 AI가 건물이 들어설 부지의 기후, 일조량, 바람 길 등 수십 년 간의 자연 데이터를 학습하여, 냉난방 설비 사용을 최소화하는 최적의 건물 형태와 배치를 수천 가지 버전으로 자동 생성하는 것이다. 이는 기계의 힘을 빌리기 전에 자연의 힘을 최대한 활용하는 '패시브 디자인(Passive Design)'을 완벽하게 구현하는 과정이다. 예를 들어, 생성형 AI는 여름철 직사광선은 막아주면서 겨울철 햇빛은 깊숙이 받아들이는 최적의 처마 길이와 창문 크기를 계산한다. 또한, 계절별 주된 바람의 방향을 분석하여 건물 내부에 시원한 바람길이 형성되도록 동과 동 사이의 간격이나 창문의 위치를 자동으로 조정한다. 인간 건축가가 수십 번의 시뮬레이션을 통해 얻을 수 있는 결과를, AI는 단 몇 시간 만에 수만 번의 가상 실험을 통해 가장 이상적인 해답으로 제시하는 것이다.

- 인사이트2: AI 기반 자재 및 시스템 선정: 가장 '경제적인' 친환경을 찾다

  두 번째 인사이트는 수만 가지의 건축 자재와 설비 시스템의 데이터베이스를 AI가 분석하여, 주어진 예산 안에서 최고의 단열 성능과 에너지 효율을 내는 최적의 조합을 추천하는 것이다. 이는 무조건 비싼 친환경 자재를 사용하는 것이 아니라, '가성비'까지 고려한 가장 합리적인 친환경 솔루션을 찾는 과정이다.

AI는 특정 단열재의 성능(열전도율)과 가격, 그리고 생산 과정에서 발생하는 탄소 배출량(생애주기 평가, LCA)까지 종합적으로 비교 분석한다.

예를 들어, 3중 유리 창호와 고효율 단열재 A를 조합했을 때의 초기 투자비와 30년간의 에너지 절감액, 그리고 2중 유리 창호와 신소재 단열재 B를 조합했을 때의 결과를 시뮬레이션 하여 가장 경제적인 대안을 제시한다. 이를 통해 PF 사업의 초기 비용 부담을 줄이면서도 장기적인 건물 가치를 극대화할 수 있다.

판단기준	전통적 방식	AI 기반 방식
자재 선택	제한된 정보와 경험에 의존	방대한 DB 기반 다각도 비교 분석 (성능, 가격, 탄소배출량)
설비 조합	개별 시스템의 효율성 고려	시스템 간 시너지를 고려한 통합 최적화 (HVAC + 조명 + BEMS)
비용 분석	초기 투자비 중심	초기 투자비 + 장기 운영비 + 에너지 절감액 통합 분석
의사결정	주관적 판단 개입 가능	100% 데이터 기반의 객관적이고 합리적인 추천

■ 인사이트3: 실시간 제어 빌딩 에너지 관리 시스템(BEMS): 건물의 '신진대사'를 조절하다

세 번째는 건물이 완공된 후, AI가 빌딩 에너지 관리 시스템(BEMS)의 두뇌가 되어 건물의 에너지 소비를 실시간으로 최적화하는 것이다. 이는 마치 인체의 자율신경계가 외부 환경과 내부 상태에 따라 호흡과 체온을 조절하듯, AI가 건물의 '신진대사'를 관리하는 것과 같다.

AI 기반 BEMS는 건물 내외부의 온도, 습도, 재실 인원, 시간대별 전기 요금 등을 IoT 센서를 통해 실시간으로 수집한다. 그리고 이

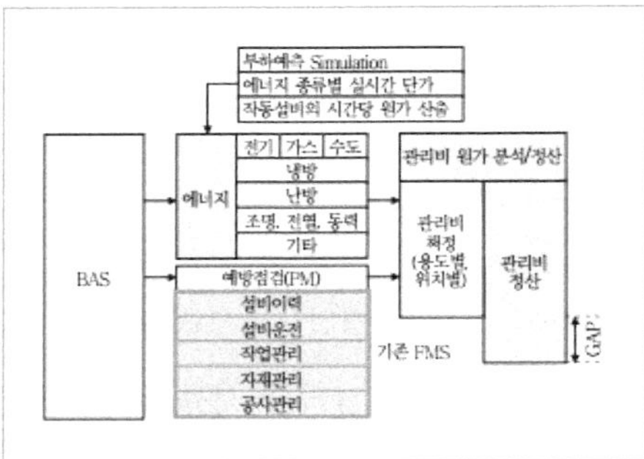

빌딩 에너지 관리 시스템, BEMS [https://blog.skby.net]

데이터를 분석하여 30분 뒤의 냉난방 및 조명 수요를 미리 예측하고, 가장 전력 요금이 저렴한 시간대에 냉수나 온수를 미리 만들어 저장해두는 등 선제적으로 에너지를 관리한다.

또한, 회의실에 사람이 없으면 자동으로 조명과 냉방을 끄고, 창가의 자연광이 충분하면 실내 조명의 밝기를 스스로 낮추는 등 낭비되는 에너지를 완벽하게 차단한다.

■ 인사이트4: 신재생에너지 발전량 예측 및 ESS 최적 운영: 스스로 '에너지 자립'을 이루다

네 번째 특징은 건물에 설치된 태양광 패널, 지열 발전 등의 신재생에너지 시스템의 효율을 AI가 극대화하는 것이다. 이는 단순히 에너지를 생산하는 것을 넘어, 생산된 에너지를 가장 가치 있게 사용하고 저장하는 스마트 에너지 허브를 구축하는 것이다.

AI는 기상 예보 데이터를 분석하여 내일의 태양광 발전량을 시간대별로 정확하게 예측한다. 그리고 예측된 발전량과 건물의 예상 전력 소비량을 비교하여, 잉여 전력이 발생하는 시간에는 에너지 저장 장치(ESS)에 충전하고, 반대로 전력 요금이 비싼 피크 타임에는

저장된 전기를 사용하거나 한국전력에 되팔아(역송전) 추가 수익을 창출하는 최적의 운영 스케줄을 자동으로 수립한다.
이를 통해 건물은 에너지 소비자를 넘어, 에너지를 생산하고 거래하는 '프로슈머(Prosumer)'로 거듭나게 된다.

■ 인사이트5: 전생애주기 탄소 발자국 추적 및 ESG 보고 자동화: '친환경'을 증명하다

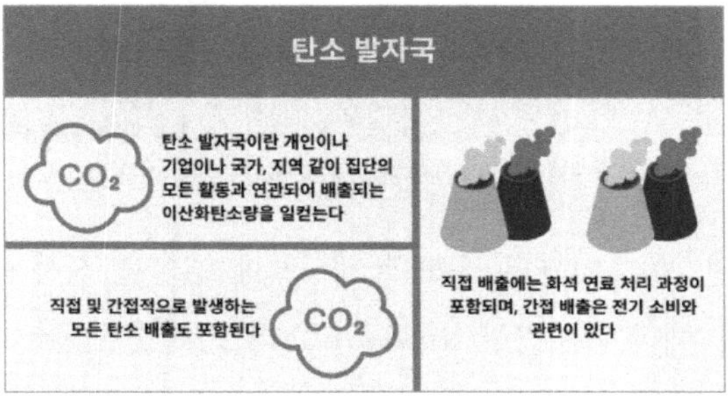

AI(인공지능)가 배출하는 '이산화탄소'...그 양은 어마어마? [https://blog.naver.com]

마지막으로, 설계 단계부터 시공, 운영, 그리고 최종 철거 단계까지 건물의 전생애주기에 걸쳐 발생하는 모든 탄소 배출량을 AI가 추적하고 관리하며, 이를 기반으로 ESG 평가 보고서를 자동 생성하는 것이다. 이는 '우리는 친환경적이다'라고 주장하는 것을 넘어, 구체적인 데이터로 그 가치를 증명하는 과정이다.
AI 플랫폼은 자재 생산, 운송, 건설 장비 사용, 건물 운영 등 모든 과정에서 발생하는 탄소량을 정밀하게 계산하고, 이를 디지털 트윈 상에 시각 화하여 보여준다.
이러한 투명한 데이터는 글로벌 친환경 건축물 인증(LEED, G-SEED 등)을 획득하는 데 결정적인 역할을 하며, ESG를 중시하는 투자자

나 금융기관으로부터 더 낮은 금리로 자금을 조달하거나 더 높은 자산 가치를 인정받는 강력한 근거가 된다.

5.2. 가상 사례: AI '가이아'와 송도 제로에너지 빌딩의 탄생

에너지소비 제로를 꿈꾸는 빌딩 Net-Zero Energe house [https://slowalk.com]

1) 2029년, '미래에셋'은 송도 국제도시에 건설될 신사옥을 대한민국 최초의 '에너지 자립형(Net-Zero) 오피스'로 짓겠다는 야심 찬 목표를 세웠다.
2) 이 불가능에 가까운 도전을 위해, 그들은 친환경 건축 최적화 AI '가이아(GAIA)'를 프로젝트의 총괄 설계자로 임명했다.
3) '가이아'는 먼저 지난 30년간의 송도 지역 기상 데이터를 분석하여, 건물의 외피를 계절별 태양의 고도에 따라 각도를 미세하게 조절하는 '키네틱 파사드(Kinetic Facade)'로 디자인했다. 이 살아있는 듯한 건물의 피부는 여름에는 햇빛을 튕겨내고 겨울에는 햇빛을 머금어 냉난방 부하를 60% 이상 줄였다.
   또한 '가이아'는 건물 옥상과 유리창에 설치될 투명 태양광 패널의 발전량을 시뮬레이션 하여, 가장 효율적인 에너지 저장 장치(ESS) 용량을 산출했다. 낮 동안 생산된 잉여 전력은 ESS에 저장되었다가, 밤이 되면 건물의 조명과 주변 거리의 가로등을 밝히는 데 사용되었다.

4) **건물이 완공된 후, '가이아'는 BEMS의 두뇌가 되어 건물을 지휘했다.** 어느 날 오후, AI는 '30분 뒤 서쪽 하늘의 구름이 걷히면서 실내 온도가 2도 상승할 것'을 예측하고, 선제적으로 창문의 블라인드를 내리고 냉방 시스템을 최소한으로 가동했다. 덕분에 쾌적한 실내 환경을 유지하면서도 에너지 사용은 최소화할 수 있었다.

5) **결과 및 시사점:** 결과적으로, '미래에셋' 신사옥은 연간 에너지 소비량보다 더 많은 에너지를 스스로 생산해 내는 '에너지 플러스(+) 빌딩'으로 탄생했다. 이는 AI '가이아'가 자연과 기술, 그리고 데이터를 완벽하게 조율하여 만들어낸 현대 건축의 신화이자, 친환경 건축이 어떻게 경제적 성공과 환상적인 가치를 동시에 창조할 수 있는지를 보여주는 위대한 증거인 것이다.

다양한 유형의 키네틱 파사드에 대해 알아야 할 사항 [https://www.danpalkorea.co.kr]

제11장
[마케팅 및 분양] 타겟 고객에게 정확히 도달하기

1. AI 기반 잠재 고객 프로파일링: '우리 아파트를 살 사람은 누구인가?'와 가상사례

1.1. AI가 '우리 아파트를 살 사람은 누구인가?'를 알려준다.

성공적인 부동산 분양은 단순히 좋은 집을 짓는 것에서 끝나지 않는다. 그 집에 살고 싶어 할 '단 한 사람'을 정확히 찾아내고, 그의 마음을 사로잡는 메시지를 전달하는 것에서 시작된다. 과거에는 연령, 소득, 직업 등 막연한 기준으로 고객을 추측하고 불특정 다수에게 무차별적인 광고를 쏟아붓는 방식을 사용했다.

하지만 인공지능(AI)은 수십억 개의 데이터 조각을 모아 잠재 고객의 라이프스타일, 취향, 욕망까지 읽어내는 '디지털 프로파일러'가 되어, 분양 마케팅을 정밀 과학의 경지로 끌어올리고 있다.

본 절에서는 AI가 어떻게 흩어진 데이터 속에서 미래의 입주민을 찾아내고, 그들의 마음을 완벽하게 사로잡는지 5가지 심층적인 인사이트를 통해 알아보고자 한다.

- 인사이트1: 이종 데이터 융합: 고객의 '보이지 않는 욕망'을 그리다

  첫 번째 핵심은 부동산 데이터 뿐만 아니라, 카드사 소비 데이터,

소셜 미디어 활동, 모바일 이동 경로, 관심사 정보 등 서로 전혀 관련 없어 보이는 이종데이터를 AI가 융합하여 한 개인의 입체적인 모습을 완성하는 것이다. 이는 마치 수수께끼의 조각들을 맞춰 숨겨진 그림을 찾아내는 과정과 같다.

예를 들어, AI는 특정 지역의 30대 직장인이 주말마다 유기농 마켓을 방문하고(소비 데이터), SNS에서 북유럽 인테리어와 관련된 게시물에 '좋아요'를 누르며(관심사 데이터), 출퇴근 시 어린이집을 경유하는(이동 경로 데이터) 패턴을 발견한다.

이를 통해 AI는 이 잠재 고객이 '친환경', '미니멀리즘 디자인', '자녀 교육'이라는 세 가지 핵심 가치를 중시한다는 사실을 추론해낸다. 이는 설문조사나 인터뷰로는 결코 얻을 수 없는, 데이터로 증명된 고객의 보이지 않는 욕망인 것이다.

- **인사이트2: AI 기반 페르소나(Persona) 군집화: '평균'이 아닌 '사람'을 정의하다**

두 번째 인사이트는 융합된 데이터를 기반으로, AI가 유사한 라이프스타일과 가치관을 가진 사람들을 그룹으로 묶어 구체적인 가상의 인물, 즉 '페르소나(Persona)'를 생성하는 것이다. 이는 '30대 기혼 남성'과 같은 모호한 분류를 넘어, '그가 누구이며, 무엇을 좋아하고, 왜 우리 아파트를 사야 하는가'에 대한 명확한 답을 제시한다.

AI는 클러스터링(Clustering) 알고리즘을 통해 수백 개의 변수를 동시에 분석하여 자연적으로 형성되는 고객 집단을 찾아낸다. 이를 통해 과거에는 존재하지 않았던 새로운 타겟 고객 그룹을 발견할 수 있다.

예를 들어, '판교의 IT 기업에 종사하며, 주중에는 업무에 몰입하고 주말에는 서핑과 캠핑을 즐기는 30대 미혼 남성'과 같은 구체적인 페르소나를 정의하고, 이들에게 필요한 공간과 서비스가 무엇인지 역으로 추론하게 된다.

구분	전통적 시장 세분화 (Segmentation)	AI 기반 페르소나 군집화 (Persona Clustering)
분류 기준	인구통계학적 변수 (나이, 소득, 학력 등)	라이프스타일, 가치관, 행동 패턴 등 다차원적 변수
고객 정의	'30대 고소득 전문직' (추상적 그룹)	'강남의 스타트업 대표 김지훈, 38세, 미식과 예술을 즐기며 워라밸을 중시함' (구체적 인물)
인사이트	시장의 크기나 평균적 특성 파악	고객의 숨겨진 니즈와 구매 결정 요인(Pain Point) 파악
활용 방식	매스미디어 광고 등 광범위한 접근	페르소나 맞춤형 콘텐츠, 핀포인트 타겟 광고

■ 인사이트3: 구매 확률 스코어링(Scoring): '진짜 고객'을 가려내다

세 번째는 생성된 페르소나를 기반으로, AI가 수많은 잠재 고객 데이터베이스를 분석하여 각 개인이 '우리 아파트를 구매할 확률'을 0점에서 100점 사이의 점수로 계량화하는 것이다. 이는 한정된 마케팅 예산과 영업 인력을 가장 가능성 높은 고객에게 집중하게 만드는 '선택과 집중'의 과학이다.

AI는 과거 해당 브랜드의 아파트를 구매했던 사람들의 공통적인 데이터 특성을 학습하여 예측 모델을 만든다. 이후 새로운 잠재 고객의 데이터가 이 모델에 얼마나 부합하는지를 분석하여 점수를 매긴다.

예를 들어, 최근 3개월 내에 '주택담보대출 금리', '초등학교 순위' 등을 검색하고, 경쟁사 아파트 모델하우스를 방문한 이력이 있는 사람이라면 높은 점수를 받게 된다. 영업사원은 점수가 90점 이상

인 'A급 고객'에게 가장 먼저 연락하여 계약 성공률을 극대화할 수 있다.

- **인사이트4: 초개인화(Hyper-personalization) 마케팅: '나를 위한 광고'를 만들다**

네 번째 특징은 고객의 페르소나와 구매 확률 점수에 따라 각기 다른 광고 메시지와 이미지를 AI가 자동으로 조합하여 1:1 맞춤형으로 전달하는 것이다. 이는 모든 사람에게 똑같은 전단지를 나눠주는 것이 아니라, 오직 한 사람만을 위한 맞춤형 제안서를 보내는 것과 같다.

예를 들어, 자녀 교육에 관심이 많은 '에듀맘' 페르소나에게는 아파트 단지 내 국공립 어린이집과 주변 명문 학원가를 강조하는 유튜브 광고를 보여준다. 반면, 재택근무가 많은 '영앤리치 프리랜서' 페르소나에게는 방음이 완벽한 홈오피스 공간과 첨단 스마트홈 시스템을 부각하는 인스타그램 광고를 노출한다.

생성형 AI는 이러한 페르소나별 광고 문구와 이미지를 수십, 수백 가지 버전으로 자동으로 만들어내어 마케팅 효과를 극대화한다.

- **인사이트5: 고객 이탈 예측 및 관리: 떠나려는 마음을 되돌리다**

마지막으로, AI는 모델하우스를 방문하거나 상담을 받은 고객의 행동 패턴을 분석하여, 계약 직전에 이탈할 가능성이 높은 고객을 미리 예측하고 그 원인을 알려주는 역할을 수행한다. 이는 고객의 미세한 표정 변화나 망설임을 읽어내는 숙련된 영업사원의 직관을 데이터로 구현한 것이다.

AI는 고객이 홈페이지의 특정 페이지(예: 중도금 대출 조건)에 머무는 시간, 상담 시 자주 질문했던 내용, 경쟁 아파트와의 비교 등을 분석한다. 만약 특정 고객이 '자금 조달' 문제로 망설이고 있다는 결론이 나오면, 해당 고객에게는 맞춤형 금융 컨설팅을 제안하거나 중도금 무이자 혜택을 다시 한번 강조하는 메시지를 보내 이탈을 방지한다.

이는 고객 관계 관리를 반응이 아닌 예측의 영역으로 끌어올리는 것이다.

1.2. 가상 사례: AI '소시오'와 광화문 헤리티지 오피스텔의 비밀

1) 2027년, '메트로폴리탄 건설'은 서울의 심장부인 광화문에 최고급 오피스텔 '더 헤리티지'를 분양할 계획이었다. 모두가 당연히 '대기업 임원'이나 '고위 관료'를 핵심 타겟으로 생각했다.

2) 하지만 AI 고객 분석 플랫폼 '소시오(SOCIO)'의 분석 결과는 충격적이었다.

'소시오'는 광화문 일대의 유동인구, 상권, 소셜 미디어 데이터를 분석한 결과, 진짜 잠재력이 있는 숨겨진 고객층은 따로 있음을 밝혀냈다. 그들은 바로 '뉴크리에이터(New Creator)' 페르소나였다. 이들은 30대 후반에서 40대 초반의 성공한 미디어 스타트업 대표, 유명 작가, 1인 디자이너들로, 높은 소득을 올리지만 전통적인 부자들과는 전혀 다른 라이프스타일을 가지고 있었다. 그들은 '직주근접'보다 '영감을 주는 환경'을, '넓은 평수'보다 '효율적인 공간과 커뮤니티'를 더 중시했다.

상류층 위한 고급주거단지 '덕수궁 디팰리스' 분양 [https://www.donga.com]

3) 이 분석을 기반으로 '더 헤리티지'의 컨셉은 180도 바뀌었다. 대형 평수 위주의 설계는 과감히 축소되고, 대신 방음이 완벽한 개인 스튜디오와 입주민 전용 북 라운지, 그리고 루프탑 네트워킹 파티 공간이 확대되었다. 마케팅 역시 경제지 광고 대신, 디자인 전문 매체와 인플루언서 협업에 집중했다.

4) 결과 및 시사점: 결과는 대성공이었다. '더 헤리티지'는 '뉴크리에이터'들의 성지가 되었고, 입소문만으로 완판 신화를 기록했다. 이는 AI '소시오'가 아니었다면 결코 찾아낼 수 없었던, 데이터 속에 숨겨져 있던 보석 같은 고객들을 발견했기에 가능한 일이었다. AI가 어떻게 우리의 상식과 편견을 깨고, 아무도 보지 못했던 새로운 시장을 창조해 내는지를 보여주는 환상적인 사례인 것이다.

2. AI 챗봇과 가상현실(VR) 모델하우스: 24시간 잠들지 않는 영업사원과 가상사례

2.1. AI 챗봇과 가상현실(VR) 모델하우스: 24시간 고객을 위해 일한다

부동산 분양 성공의 마지막 관문은 잠재 고객을 실제 계약으로 이끄는 '영업'의 영역이다. 하지만 인간 영업사원은 하루 8시간만 일할 수 있고,

모든 고객의 질문에 완벽하게 답할 수 없으며, 때로는 감정적인 실수를 하기도 한다.

이제 인공지능(AI)은 이러한 인간의 한계를 뛰어넘어, 시간과 공간의 제약 없이 고객을 응대하고, 고객의 마음속까지 꿰뚫어 보는 듯한 초 개인화된 경험을 제공하는 'AI 챗봇'과 '가상현실(VR) 모델하우스'라는 완벽한 영업사원을 탄생시켰다. 이들은 24시간 잠들지 않고 고객을 맞이하며, 단순한 안내를 넘어 환상적인 경험을 통해 구매를 이끌어내는 최고의 세일즈 파트너인 것이다.

e모델하우스 VR: 가상 현실에서 만나는 꿈의 집 [https://blog.naver.com]

본 절에서는 AI 챗봇과 VR 모델하우스가 어떻게 분양 마케팅의 지형을 바꾸고 있는지, 5가지 핵심적인 인사이트를 통해 그 놀라운 세계를 탐험하고자 한다.

- **인사이트1: 초개인화된 1:1 맞춤형 응대: 내 마음을 가장 잘 아는 상담사**

  첫 번째 핵심은 AI 챗봇이 고객과의 대화를 통해 그의 숨겨진 니즈와 취향을 실시간으로 파악하고, 마치 오랜 시간 나를 연구한 전문가처럼 1:1 맞춤형 정보와 제안을 제공한다는 것이다. 이는 모든 고객에게 동일한 안내 책자를 나눠주는 것이 아니라, 오직 한 사람만을 위한 맞춤형 브리핑을 진행하는 것과 같다.

AI 챗봇은 단순한 질의응답을 넘어 자연어 이해(NLU) 기술을 통해 고객의 질문 의도를 파악한다. 예를 들어, 고객이 "아이 키우기 좋은가요?"라고 물으면, 챗봇은 단순히 "네, 좋습니다"라고 답하는 대신, 고객의 프로필(이전 대화, 홈페이지 방문 기록 등)을 분석하여 '30대, 자녀 1명'이라는 정보를 확인한다.

그리고는 "고객님 자녀 연령대에 맞는 단지 내 국공립 어린이집과 어린이 놀이터, 그리고 인근 초등학교까지의 안전한 통학로 정보를 VR 영상과 함께 보내 드리겠습니다"와 같이 구체적이고 개인화된 답변을 제시한다.

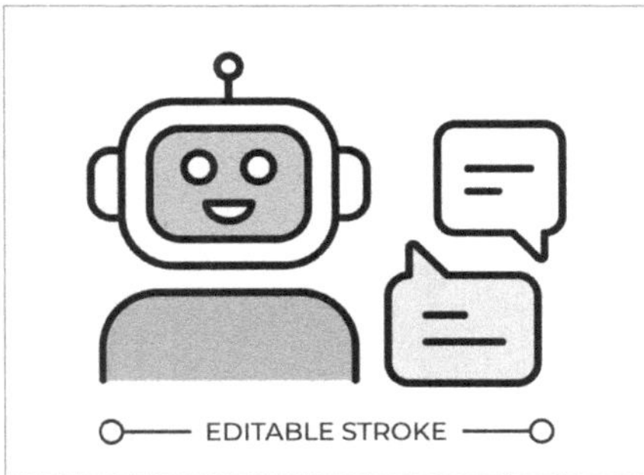

Talking chatbot RGB color icon [https://www.vecteezy.com]

■ 인사이트2: 몰입형 가상현실(VR) 체험: '살아보는 경험'을 판매하다

두 번째 인사이트는 VR 모델하우스를 통해 고객이 더 이상 견본주택이라는 제한된 공간을 '보는 것'이 아니라, 미래의 내 집을 가상 공간에서 '미리 살아보는' 몰입형 경험을 제공하는 것이다. 이는 상상력에 의존하던 기존의 방식을 넘어, 시공간을 초월한 완벽한 체

험을 선사한다.

고객은 VR 헤드셋을 착용하고 실제와 똑같이 구현된 아파트 내부를 자유롭게 돌아다닐 수 있다. 아침 햇살이 거실 창으로 어떻게 들어오는지, 발코니에서 바라보는 야경은 어떤 모습인지, 내가 가진 가구를 배치하면 공간이 얼마나 남을지 등을 직접 시뮬레이션 할 수 있다.

여기서 더 나아가, AI는 고객의 취향에 맞춰 벽지 색상, 바닥재, 주방 가구 등을 실시간으로 변경해 보여주며, 세상에 단 하나 뿐인 '나만의 집'을 직접 디자인하는 환상적인 경험을 제공한다.

구분	전통적 모델하우스	AI + VR 모델하우스
시간/공간 제약	정해진 시간에 직접 방문해야 함	24시간 언제 어디서든 접속 가능
체험의 깊이	정해진 견본주택 관람 (수동적)	가상 공간에서의 자유로운 체험 및 시뮬레이션 (능동적)
개인화 수준	모든 방문객에게 동일한 경험 제공	개인의 취향에 맞춘 실시간 인테리어 변경 등 1:1 맞춤
정보 제공	영업사원의 주관적 설명에 의존	AI 챗봇을 통한 객관적, 데이터 기반 정보 실시간 제공
고객 데이터	상담일지 등 제한된 정보 수집	시선 추적, 체류 시간 등 모든 행동 데이터 자동 수집/분석

- 인사이트3: 고객 행동 데이터 분석: '망설임의 순간'을 포착하여 해결하다

세 번째는 AI가 VR 모델하우스 안에서 이루어지는 고객의 모든 행동 데이터를 수집하고 분석하여, 고객이 무엇을 좋아하고 무엇을 망설이는지를 정확히 파악하는 것이다. 이는 고객의 속마음을 읽어내는 독심술과 같다.

AI는 고객의 시선이 가장 오래 머무는 곳(View Tracking), 가장 많이 걸어보는 동선, 가장 자주 변경해보는 인테리어 옵션 등을 데이터로 기록한다.

예를 들어, 특정 고객이 주방 공간에서는 오래 머물렀지만, 작은방에서는 10초 만에 나와버렸다면, AI는 이 고객에게 '주방 특화 설계'를 추가적으로 제안하고, 작은방의 활용도를 높일 수 있는 '알파룸 옵션' 정보를 챗봇을 통해 전달한다. 이를 통해 고객이 미처 말하지 않은 불만이나 망설임까지도 선제적으로 해결해 줄 수 있다.

- **인사이트4: 24시간 끊김 없는 세일즈 깔때기(Sales Funnel): 잠재 고객에서 계약까지**

세일즈 깔때기(Sales Funnel) [https://di-ple.tistory.com]

네 번째 특징은 AI 챗봇과 VR 모델하우스가 유기적으로 연동되어, 고객이 처음 관심을 보이는 순간부터 최종 계약 직전까지, 24시간 365일 끊김 없이 고객을 다음 단계로 유도하는 자동화된 '세일즈 깔때기(Sales Funnel)'를 구축한다는 것이다. 이는 고객이 어느 단계에서든 이탈하지 않도록 촘촘하게 관리하는 시스템이다.

심야 시간에 광고를 보고 홈페이지에 접속한 고객은 AI 챗봇과 상담을 시작한다(1단계). 챗봇은 VR 모델하우스 투어를 제안하고, 고객은 가상체험을 통해 관심도를 높인다(2단계).

VR 체험 후 만족한 고객에게 챗봇은 곧바로 맞춤형 분양가와 대출 조건 정보를 제공하고, 실제 모델하우스 방문 예약을 잡아준다(3단계).

예약 당일, 담당 영업사원은 AI가 미리 분석해 놓은 고객의 모든 정보(관심 평형, 선호 인테리어, 예상 자금 상황 등)를 전달받아 완벽하게 준비된 상태로 고객을 맞이하여 최종 계약을 성사시킨다(4-단계).

■ 인사이트5: 인적·물적 자원의 혁신적 절감: 가장 효율적인 영업 조직을 만들다

마지막으로, AI 영업사원의 도입은 수십 명의 상담사와 거대한 모델하우스를 유지하는 데 필요했던 막대한 비용과 자원을 획기적으로 절감시킨다. 이는 가장 적은 비용으로 가장 큰 효과를 내는, 완전히 새로운 차원의 효율적인 영업 조직을 가능하게 한다.

AI 챗봇은 동시에 수천 명의 고객을 응대할 수 있으므로, 단순 반복적인 질문에 답변하는 상담 인력을 크게 줄일 수 있다. 인간 영업사원은 AI가 1차적으로 걸러낸 구매 확률이 매우 높은 '진성 고객'에게만 집중하여 계약 성공률을 높일 수 있다.

또한, 도심의 비싼 땅에 거대한 실물 모델하우스를 짓는 대신, VR 모델하우스를 중심으로 운영하면 건축비와 운영비를 대폭 절감할 수 있으며, 절감된 비용은 분양가를 낮추거나 고객에게 더 나은 혜택으로 제공되어 프로젝트의 전체적인 경쟁력을 높이는 선순환을 만들게 된다.

2.2. 가상 사례: AI 컨시어지 '루나'와 달빛 아래 가상 펜트하우스

Crescent City, Crescent Place - All - PROJECTS - HEERIM [https://www.heerim.com]

1) **2028년, 한강의 야경이 한눈에 들어오는 최고급 주상복합 '더 크레센트(The Crescent)'의 분양이 시작되었다.** 하지만 '더 크레센트'의 모델하우스는 텅 비어 있었다. 대신 홈페이지에는 단 하나의 버튼, 'AI 컨시어지 루나(LUNA)와 함께하는 VR 투어 시작하기'만 존재했다.

2) **미국 뉴욕에서 근무하는 펀드매니저 '제임스'는 한국 시간으로 새벽 3시, '루나'에게 접속했다.**
"안녕하세요, 제임스 님. 뉴욕의 밤은 아름답군요. 고객님의 SNS 프로필을 보니 미니멀리즘 디자인과 와인에 관심이 많으시던데, 고객님만을 위한 펜트하우스를 준비했습니다."
'루나'의 안내에 따라 VR 헤드셋을 착용하자, 제임스는 순식간에 '더 크레센트' 70층 펜트하우스 거실에 서 있었다. 눈앞에는 실제보다 더 실제 같은 한강의 야경이 펼쳐졌고, 거실 한편에는 그가 좋아하는 화이트 톤의 미니멀한 가구와 와인셀러가 배치되어 있었다.

3) 제임스가 서재 공간이 조금 좁다고 느끼는 순간, '루나'의 목소리가 들려왔다.

"제임스 님, 원하신다면 이 벽을 허물고 거실과 통합하여 파노라마 리버뷰를 즐길 수 있는 라이브러리 공간으로 변경할 수 있습니다. 지금 바로 보시겠습니까?"

제임스가 "네"라고 말하자, 눈앞의 벽이 순식간에 사라지고 거대한 서재가 나타나는 놀라운 경험을 하게 된다. 투어가 끝난 후, '루나'는 제임스의 자산 포트폴리오에 맞춘 최적의 자금 조달 계획과 달러-원 환율을 고려한 가상 견적서까지 실시간으로 제공했다.

4) 결과와 시사점: 결국 제임스는 단 한 번도 한국에 오지 않고, AI '루나'와의 완벽한 가상 체험만으로 수십억 원에 달하는 펜트하우스 계약서에 전자 서명을 했다. 이는 AI와 VR이 어떻게 시공간의 제약을 무너뜨리고, 한 사람의 마음을 완벽하게 사로잡아 국경을 넘나드는 계약까지 성사시키는지를 보여주는, 이전에는 상상할 수 없었던 환상적인 영업의 미래인 것이다.

3. 광고 예산, 더 이상 낭비는 없다: AI 기반 최적의 광고 집행과 가상사례

3.1. AI가 초정밀 타겟팅으로 광고예산을 대폭적으로 줄여준다.

부동산 분양 마케팅은 종종 '밑 빠진 독에 물 붓기'에 비유되곤 한다. 수억, 수십억의 막대한 광고 예산을 투입하지만, 그중 얼마나 많은 금액이 실제 계약으로 이어지는지 정확히 알기 어려운 '깜깜이' 시장이었기 때문이다.

하지만 인공지능(AI)은 이 비효율의 안개를 걷어내고, 광고 예산 단 1원까지도 가장 날카로운 창끝에 실어 보내는 '초정밀 타겟팅'의 시대를 열었다. AI는 더 이상 불특정 다수에게 광고를 살포하는 것이 아니라, 우리 아파트를 구매할 단 한 명의 고객을 정확히 조준하여, 최적의 시간에, 최적의 메시지로, 최적의 채널을 통해 말을 거는 궁극의 마케팅 전략가인 것이다.

본 절에서는 AI가 어떻게 광고 예산의 낭비를 제로(Zero)에 가깝게 만들고, 투입 대비 수익(ROAS)을 극대화하는지 5가지 핵심 인사이트를 통해 그 원리를 파헤쳐 보고자 한다.

- 인사이트1: 예측적 오디언스 타겟팅(Predictive Audience Targeting): '살 사람'을 미리 예측하여 조준하다

  첫 번째 핵심은 단순히 인구통계학적 정보(나이, 성별, 소득)로 고객을 분류하는 것을 넘어, 개인의 온라인 행동, 관심사, 이동 경로 등 수십억 개의 비식별 데이터를 분석하여 '가까운 미래에 집을 구매할 확률이 높은 사람'을 AI가 미리 예측하고 찾아내는 것이다. 이는 물고기가 있을 만한 곳에 그물을 던지는 것이 아니라, 어군탐지기로

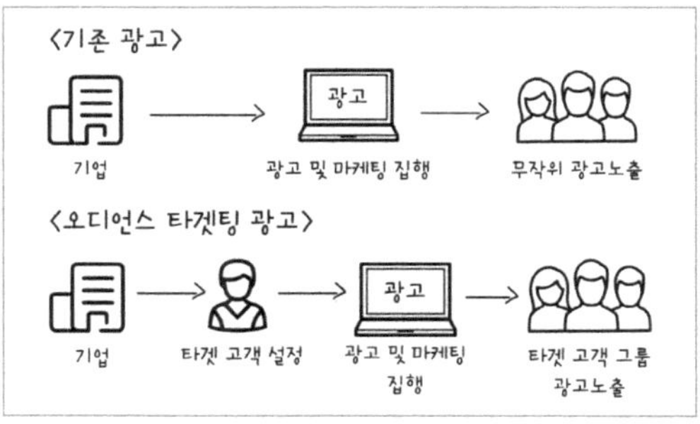

[이웃집 사전] 오디언스 타겟팅(Audience Targeting) 뜻과 개념 [https://m.blog.naver.com]

물고기 떼의 이동 경로를 정확히 예측하여 그 앞에서 그물을 치는 것과 같다.

AI는 특정 지역의 아파트 시세를 검색하거나, 주택담보대출 관련 정보를 찾아보거나, 경쟁사 모델하우스를 방문한 사람들의 디지털 발자국(Digital Footprint)을 종합적으로 분석한다.

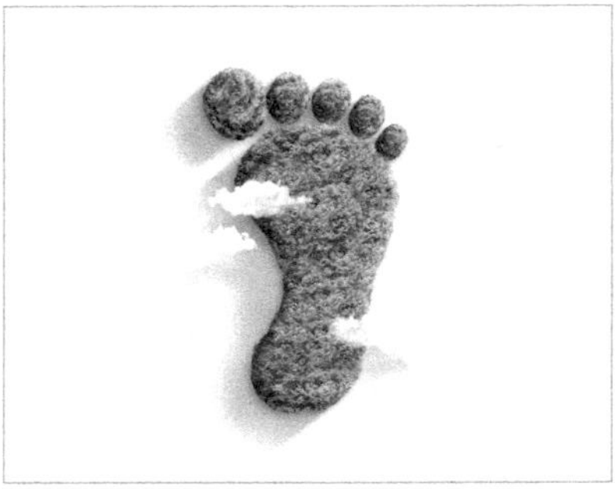

디지털 탄소 발자국을 줄이자 [https://usjournal.kr]

이를 통해 지금 당장은 구매 의사를 드러내지 않았더라도, 3개월 내에 잠재 고객으로 전환될 확률이 90% 이상인 '예비 고객' 그룹을 식별해 낸다. 광고 예산은 바로 이들에게만 선택적으로 집중되어, 단 한 발의 총알도 낭비되지 않는 것이다.

- **인사이트2: 다채널 미디어믹스 최적화(Media Mix Optimization): 최고의 광고 '포트폴리오'를 구성하다**

두 번째 인사이트는 TV, 신문과 같은 전통 매체부터 유튜브, 인스타그램, 포털 사이트 등 수많은 디지털 매체 중 어떤 채널에 얼마의 예산을 배분해야 가장 높은 효율을 낼 수 있는지, AI가 실시간으로 최적의 '광고 포트폴리오'를 구성하고 조정하는 것이다. 이는 마치 최고의 펀드매니저가 시장 상황에 따라 주식과 채권의 비중을 조절하여 수익률을 극대화하는 것과 같다.

AI는 각 매체별 광고 효율(노출 대비 클릭률, 클릭 대비 문의 전환율 등)을 실시간으로 추적하고 분석한다. 예를 들어, 특정 시간대에 인스타그램 광고의 효율이 급격히 떨어지는 것을 감지하면, AI는 즉시 해당 채널의 예산을 줄이고, 동시에 효율이 오르고 있는 유튜브 광고에 예산을 자동으로 재 배분한다.

인간 마케터가 며칠에 걸쳐 분석하고 결정할 일을 AI는 단 몇 분 만에, 24시간 내내 쉬지 않고 수행하여 항상 최상의 효율을 유지하는 것이다.

구분	전통적 광고 집행	AI 기반 광고 집행
타겟팅	인구통계 기반의 광범위한 타겟팅	행동 데이터 기반의 예측적, 핀포인트 타겟팅
예산 분배	초기 계획과 경험에 의존 (고정적)	실시간 성과에 따른 자동 재분배 (유동적, 최적화)
광고 소재	단일 메시지를 담은 소수의 소재	수백 개의 개인화된 소재 자동 생성 및 조합
성과 측정	채널별 단편적 성과 측정 (간접적)	최종 계약까지의 기여도 분석 (통합적, 직접적)
최적화	캠페인 종료 후 사후 분석 및 수동 개선	실시간 데이터 기반의 자동, 상시 최적화

■ 인사이트3: 동적 광고 소재 최적화(Dynamic Creative Optimization): '단 한 사람'을 위한 광고를 만들다

세 번째는 잠재 고객의 페르소나와 관심사에 맞춰 수천, 수만 가지 버전의 광고를 AI가 실시간으로 자동 생성하고, 가장 반응이 좋을 것 같은 광고를 1:1로 노출하는 것이다. 이는 모든 사람에게 똑같은

옷을 입히려는 것이 아니라, 각 개인의 체형과 스타일에 꼭 맞는 맞춤복을 즉석에서 지어주는 것과 같다.

예를 들어, 같은 아파트 광고라도 자녀 교육에 관심이 많은 40대 고객에게는 '단지 내 초등학교와 명문 학원가'를 강조하는 이미지와 문구를 보여준다. 반면, 워라밸을 중시하는 30대 전문직 고객에게는 '피트니스센터와 루프탑 라운지'를 부각하는 세련된 영상 광고를 노출한다.

생성형 AI는 이러한 이미지, 영상, 헤드라인, 버튼 문구 등을 수백만 가지로 조합하여, 각 개인에게 가장 매력적으로 느껴질 '단 하나의 광고'를 실시간으로 만들어내는 것이다.

■ **인사이트4: 실시간 입찰(RTB) 자동화: 0.1초 만에 최고의 광고 지면을 확보하다**

네 번째 특징은 고객이 웹사이트나 앱에 접속하는 0.1초도 안 되는 찰나의 순간에, 해당 광고 지면의 가치를 AI가 수백 가지 변수로 분석하여 가장 합리적인 가격으로 구매(입찰)하는 것이다. 이는 마치 초단타 매매를 하는 주식 트레이더처럼, 가장 가치 있는 광고 지면을 가장 저렴한 가격에 확보하는 기술이다.

AI는 해당 지면에 접속한 고객의 구매 확률, 시간대, 디바이스 종

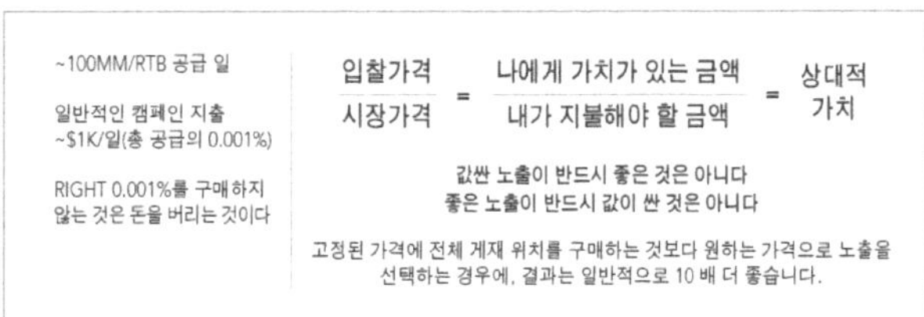

실시간 입찰(RTB)이란? [https://m.blog.naver.com]

류, 현재 날씨 등 수많은 변수를 종합하여 '이 고객에게 광고를 노출했을 때 계약으로 이어질 확률'을 계산하고, 그에 맞는 최적의 입찰 가격을 결정한다.

이를 통해 구매 확률이 낮은 고객에게는 비싼 광고비를 지불하지 않고, 반대로 구매 확률이 매우 높은 '진성 고객'에게는 경쟁자보다 높은 가격을 제시하여 반드시 광고를 노출시키는 고도의 전략적 집행이 가능해진다.

- **인사이트5. 기여도 분석(Attribution) 및 성과 예측: '어떤 광고가 진짜 성과를 냈는가?'를 증명하다**

마지막으로, 고객이 최종 계약에 이르기까지 접했던 모든 광고(포털 검색, SNS, 동영상 등)들 중, 어떤 광고가 얼마나 큰 기여를 했는지를 AI가 과학적으로 분석하고, 이를 바탕으로 미래의 광고 성과를 예측하는 것이다. 이는 광고 캠페인의 성공을 더 이상 감이나 우연이 아닌, 데이터로 증명하고 예측하는 단계이다.

AI는 다중 터치 기여도 모델(Multi-Touch Attribution)을 통해, 고객이 처음 브랜드를 인지하게 만든 광고와 마지막에 계약을 결심하게 만든 광고에 각기 다른 가중치를 부여하여 각 채널의 숨겨진 기여도를 밝혀낸다.

또한, 축적된 데이터를 바탕으로 '다음 달에 광고 예산을 10억 원 증액할 경우, 예상 문의 건수는 500건, 최종 계약 건수는 50건이 될 것'이라는 구체적인 예측 시뮬레이션을 제공하여, 경영진이 데이터에 기반한 확신을 가지고 마케팅 투자를 결정하도록 돕는 것이다.

3.2. 가상 사례: AI 마케터 '뮤즈'와 아무도 사지 않던 땅

https://brunch.co.kr

1) 2027년, '이노베이션 디앤씨'는 경기도 외곽의 한 언덕에 위치한 타운하우스 부지 때문에 골머리를 앓고 있었다. 교통이 불편하고 주변 인프라가 부족하여, 기존의 방식으로는 분양이 불가능해 보였다.

2) 절망의 순간, 그들은 AI 광고 집행 플랫폼 '뮤즈(MUSE)'를 도입했다. '뮤즈'는 먼저, 아무도 주목하지 않았던 데이터에 집중했다. 바로 '반려동물' 관련 데이터였다. '뮤즈'는 최근 1년간 반려동물 용품에 월 30만 원 이상을 지출하고, '강아지 숲', '애견 운동장' 등의 키워드를 검색했으며, 주말마다 차를 타고 교외로 나가는 사람들의 비식별 데이터를 분석했다. 그리고 이들 중 상당수가 아파트의 층간 소음 문제로 고통받고 있다는 사실을 발견했다.

3) '뮤즈'는 이들을 '펫팸(Pet-Family) 노마드'라는 새로운 페르소나로 정의하고, 광고 전략을 180도 전환했다. TV나 신문 광고 예산을 전액 삭감하고, 대신 반려동물 전문 유튜브 채널과 대형견 커뮤니티 앱에 예산을 집중했다.

4) 광고 소재 역시 환상적이었다. 생성형 AI는 '당신의 반려견이 마음껏

뛰어놀 수 있는 잔디 마당', '산책 후 바로 씻길 수 있는 펫 전용 샤워실' 등 '펫팸 노마드'의 마음을 정확히 관통하는 광고 영상과 이미지를 수백 가지 버전으로 만들어냈다.

5) **결과 및 시사점:** 결과는 기적과 같았다. 광고가 집행되자마자, '이런 집을 평생 꿈꿔왔다'는 잠재 고객들의 문의가 폭주했다. '뮤즈'는 문의를 남긴 고객들의 데이터를 다시 분석하여 계약 확률이 높은 순서대로 영업사원에게 연결해 주었다. 결국 아무도 거들떠보지 않던 언덕 위의 타운하우스는, AI '뮤즈'가 찾아낸 단 하나의 고객들을 위해 만들어진 '반려동물 파라다이스'라는 이름으로 3개월 만에 완판되는 신화를 기록했다. 이는 AI가 어떻게 죽은 땅에 새로운 가치를 불어넣고, 낭비 없는 광고로 기적을 만들어내는지를 보여주는 가장 극적인 증거인 것이다.

4. 고객 반응을 AI 실시간으로 분석하여 마케팅 전략 수정하기와 가상사례

4.1. 고객 반응을 AI가 실시간으로 분석하여 마케팅 전략 수정하기

전통적인 마케팅은 한번 발사하면 궤도를 수정할 수 없는 대포와 같았다. 막대한 예산을 들여 광고를 집행하고, 분양이 끝난 뒤 에야 성공과 실패의 원인을 어렴풋이 추측할 뿐이었다. 하지만 인공지능(AI) 시대의 마케팅은 고객의 미세한 반응 하나하나에 즉각적으로 반응하며 스스로 최적의 경로를 찾아가는 '유도 미사일(Guided Missile)'과 같다. AI는 온라인과 오프라인에서 발생하는 수많은 고객의 목소리와 행동 데이터를 실시간으로 수집하고, 그 안에 담긴 의미를 분석하여 지금 이 순간 가장 효과적인 전략이 무엇인지를 끊임없이 제안하고 스스로 수정해 나간다.

본 절에서는 AI가 어떻게 살아있는 생물처럼 시장의 반응에 맞춰 진화하는 마케팅 전략을 구사하는지, 5가지 핵심적인 인사이트를 통해 그 역동적인 메커니즘을 탐구하고자 한다.

- **인사이트1. 소셜 미디어 및 온라인 버즈(Buzz) 실시간 감성 분석: 시장의 '민심'을 듣다**

  첫 번째 핵심은 AI가 소셜 미디어, 부동산 커뮤니티, 뉴스 댓글 등 온라인상에 쏟아지는 특정 프로젝트에 대한 고객들의 반응을 24시간 수집하고, 그 안에 담긴 감성(긍정, 부정, 중립)과 핵심 키워드를 실시간으로 분석하는 것이다. 이는 마치 광장에 설치된 거대한 소리 증폭기를 통해 시장 전체의 '민심'을 듣는 것과 같다.

  AI는 자연어 처리(NLP) 기술을 통해 단순한 언급량(Buzz)을 넘어, 텍스트의 미묘한 뉘앙스까지 파악한다. 예를 들어, '분양가'라는 키워드가 언급될 때, "분양가가 합리적이다"라는 긍정적 반응과 "분양가가 너무 비싸다"라는 부정적 반응을 자동으로 분류하고, 그 비율의 변화를 시계열 그래프로 보여준다.

  만약 부정적 감성 여론이 특정 임계치를 넘어 급증하면, AI는 즉시 마케팅 담당자에게 경고를 보내고, '높은 분양가'라는 부정적 인식을 상쇄할 수 있는 '주변 시세 대비 경쟁력'이나 '고급 마감재' 등의 핵심 소구 포인트를 더 강조하도록 전략 수정을 제안한다.

- **인사이트2: 모델하우스 방문객 행동 및 체류 분석: '몸짓'으로 말하는 속마음을 읽다**

  두 번째 인사이트는 모델하우스 내부에 설치된 AI 비전 카메라와

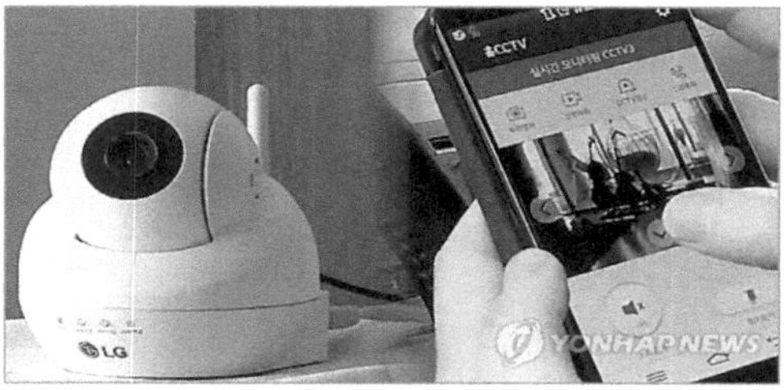

https://wikidocs.net

IoT 센서를 통해 방문객들의 동선, 시선, 체류 시간, 대화 내용(비식별 음성 텍스트 변환) 등 오프라인 행동 데이터를 분석하여, 그들의 숨겨진 관심사와 불만족 요인을 파악하는 것이다. 이는 고객이 입으로 말하지 않는, '몸짓'으로 말하는 진심을 읽어내는 기술이다.

예를 들어, AI 분석 결과 대부분의 방문객이 주방 공간에서는 평균 10분 이상 머무르며 긍정적인 표정을 보였지만, 안방의 드레스룸에서는 30초도 머무르지 않고 스쳐 지나가는 패턴이 발견되었다고 가정해 보자. AI는 이를 '주방에 대한 높은 만족도, 드레스룸에 대한 낮은 관심 또는 불만족'으로 해석한다.

마케팅팀은 이 데이터를 기반으로, 온라인 광고에서 주방의 장점을 더욱 부각하는 동시에, 영업사원들에게는 드레스룸의 수납공간을 효율적으로 활용하는 방법을 적극적으로 설명하도록 즉각적으로 전략을 수정할 수 있다.

데이터 수집 채널	분석 대상 데이터	AI 분석 인사이트	전략 수정 방안
온라인	SNS, 커뮤니티, 뉴스 댓글	긍/부정 감성, 핵심 키워드, 여론 동향	부정 여론 대응, 핵심 소구 포인트 변경
오프라인 (모델하우스)	동선, 시선, 체류 시간, 대화 키워드	공간별 선호도, 잠재적 불만족 요인	인기 공간 집중 홍보, 불만족 요인 개선

디지털 광고	클릭률(CTR), 전환율(CVR), 소재별 반응	타겟별, 메시지별 광고 효율	저효율 광고 소재 중단, 고효율 광고 예산 증액
AI 챗봇/VR	주요 질문, 가상 공간 체류 패턴	고객 공통 궁금증, 잠재 니즈	자주 묻는 질문(FAQ) 강화, VR 콘텐츠 업데이트

- 인사이트3: A/B 테스팅 자동화 및 광고 소재 실시간 최적화: 가장 매력적인 '얼굴'을 찾다

세 번째는 두 가지 이상의 광고 시안(A안, B안)을 잠재 고객 그룹에게 무작위로 노출시킨 후, 어떤 광고의 반응(클릭률, 문의 전환율 등)이 더 좋은지를 AI가 실시간으로 측정하고, 성과가 더 좋은 광고에 예산을 자동으로 집중시키는 A/B 테스팅을 자동화하는 것이다. 이는 수많은 '얼굴' 중에서 고객의 마음을 사로잡는 가장 매력적인 얼굴을 과학적으로 찾아내는 과정이다.

과거에는 마케터의 감에 의존해 대표 광고 시안 하나를 정해야 했지만, AI는 수십, 수백 가지 버전의 광고(다른 모델, 다른 헤드라인, 다른 색감 등)를 동시에 테스트할 수 있다.

예를 들어, '행복한 가족'을 모델로 한 A안보다 '세련된 싱글'을 모델로 한 B안의 클릭률이 20대~30대 고객층에서 3배 더 높게 나타나면, AI는 해당 고객층에게는 B안의 노출을 즉시 늘리고 A안의 노출은 중단한다. 이 과정이 24시간 자동으로 반복되면서, 광고 캠페인은 시간이 지날수록 스스로 학습하고 진화하여 최고의 효율을 찾아가게 된다.

■ 인사이트4: 고객 여정(Customer Journey) 분석 및 이탈 예측: 떠나려는 고객을 붙잡다

네 번째 특징은 고객이 광고를 처음 접하는 순간부터 모델하우스를 방문하고, 최종 계약을 고민하기까지의 모든 여정(Customer Journey)을 AI가 통합적으로 추적하고, 각 단계에서 이탈할 가능성이 높은 고객 그룹을 사전에 예측하여 방지책을 제시하는 것이다. 이는 고객이 길을 잃거나 포기하지 않도록 여정의 처음부터 끝까지 함께하는 스마트 가이드와 같다.

고객 경험 향상을 위한 가이드, 고객 여정 지도 [https://brunch.co.kr]

예를 들어, AI는 '광고를 클릭하고 홈페이지까지 방문했지만, 분양가 페이지에서 10초 만에 이탈한' 고객 그룹의 공통적인 특성(예: 특정 소득 수준, 연령대)을 분석한다. 그리고 이들에게는 '중도금 무이자'나 '특별 금융 혜택'과 같이 가격 부담을 덜어줄 수 있는 맞춤형 리타겟팅(Re-targeting) 광고를 보내 다시 한번 기회를 제공한다.
이를 통해 '비싸서 포기했던' 잠재 고객의 마음을 되돌리는 정교한 마케팅이 가능해진다.

■ 인사이트5: 실시간 마케팅 ROI 분석 및 예산 재분배: '승리하는 전략'에만 투자하다

$$\text{마케팅 ROI} = \frac{\text{(매출 - 매출 원가 - 판매 관리비 - 마케팅 투자액)}}{\text{마케팅 투자액}} \times 100$$

ROI와 ROAS란? [https://seo.co.kr]

마지막으로, AI는 위에서 언급된 모든 활동 데이터를 통합하여, 현재 집행되고 있는 각각의 마케팅 전략(예: 유튜브 광고, 블로그 체험단, 모델하우스 이벤트 등)이 얼마의 비용을 투입하여 얼마의 실질적인 성과(문의, 방문, 계약)를 내고 있는지를 실시간으로 분석하여 투자 대비 수익(ROI)을 계산한다. 그리고 ROI가 높은 '승리하는 전략'에 예산을 몰아주고, ROI가 낮은 '패배하는 전략'의 예산은 회수하는 의사결정을 지원한다.

이는 마치 전쟁터의 총사령관이 전장의 실시간 상황을 전해 듣고, 승기를 잡은 부대에는 지원 병력을 더 보내고, 고전하는 부대는 후퇴시키는 것과 같다. 마케팅 책임자는 AI가 제공하는 실시간 ROI 대시보드를 보며, 더 이상 '감'이 아닌 100% 데이터에 기반하여 가장 확실하게 이기는 싸움에만 자원을 집중하는 현명한 의사결정을 내릴 수 있게 된다.

4.2. 가상 사례: AI '에코'와 위기에 빠진 테라스 하우스

[친환경건설산업대상] 내진·내풍 설계, 친환경 건물 배치 [https://www.joongang.co.kr]

1) **2027년, '그린빌 건설'은 도심 속 자연을 컨셉으로 한 고급 테라스 하우스 '포레스타'의 분양을 시작했다.** 야심 차게 '도심 속 오아시스'라는 슬로건으로 대대적인 광고를 시작했지만, 초기 시장 반응은 냉담했다. 온라인 커뮤니티에서는 "관리하기 힘든 비싼 정원", "벌레 많고 시끄러울 것 같다"는 부정적인 여론이 확산되고 있었다.
2) **위기의 순간, 마케팅팀은 실시간 반응 분석 AI '에코(ECHO)'를 가동했다.** '에코'는 수만 건의 온라인 게시글을 분석한 결과, 고객들이 '자연'이라는 컨셉 자체를 거부하는 것이 아니라, '개인이 모든 것을 관리해야 하는 번거로움'을 두려워하고 있음을 정확히 짚어냈다. 즉, 그들은 '수고 없는 자연'을 원하고 있었던 것이다.
   '에코'는 즉시 전략 수정을 제안했다. '개인 정원' 대신 '호텔처럼 관리해 주는 프라이빗 가든'으로 컨셉을 변경할 것.
3) **이 인사이트를 바탕으로 마케팅팀은 모든 광고를 교체했다.** 새로운 광고는 잔디를 깎고 벌레를 잡는 모습 대신, 전문 가드너가 정원을 관리해 주는 동안 테라스에서 우아하게 브런치를 즐기는 모습을 담았다. 동시에, 모델하우스를 방문한 고객들의 대화를 분석하던 '에

코'는 "아이들이 뛰어 놀 공간은 좋지만, 안전이 걱정된다"는 키워드를 반복적으로 포착했다. 이에 즉시 '친환경 소재 울타리'와 'AI 방범 시스템'을 추가 옵션으로 제공하고, 이를 영업사원들이 적극적으로 설명하도록 지시했다.

4) **결과 및 시사점:** 반응은 폭발적이었다. '관리의 번거로움'과 '안전 문제'라는 고객의 가장 큰 두려움을 AI가 정확히 읽고 해결해 주자, 부정적 여론은 순식간에 긍정적 관심으로 바뀌었다. 결국 '포레스타'는 컨셉 변경 한 달 만에 완판되는 기염을 토했다. 이는 AI '에코'가 시장의 차가운 목소리 속에서 성공의 메아리를 찾아내고, 위기를 기회로 바꾼 환상적인 마케팅의 승리였던 것이다.

5. 계약률을 높이는 AI 기반 고객 맞춤 상담 전략과 가상사례

5.1. 계약률을 높이는 방법: AI가 상세히 알려준다.

분양 영업의 마지막 순간, 고객은 수많은 정보와 감정 속에서 '계약서에 서명할 것인가'라는 최종 결정을 내린다. 이 결정적인 순간에 영업사원의 말 한마디는 천금과도 같은 무게를 가진다. 과거에는 소위 '스타 영업사원'의 개인적인 역량과 감에 의존해 이 순간을 풀어갔다. 하지만 이제 인공지능(AI)은 모든 영업사원에게 최고의 협상 전략가를 귓속에 심어주는 것과 같은 'AI 세일즈 코칭(AI Sales Coaching)' 시스템을 통해, 고객의 마음을 과학적으로 설득하고 계약률을 극적으로 끌어올리고 있다.

본 절에서는 AI가 어떻게 영업사원을 최고의 클로저(Closer)로 만드는지, 고객의 마음을 사로잡는 AI 기반 맞춤 상담 전략의 5가지 핵심 인사이트를 통해 그 비밀을 파헤쳐 보고자 한다.

■ 인사이트1. 상담 전 AI 브리핑: 고객을 만나기 전에 이미 모든 것을 파악하다

첫 번째 핵심은 영업사원이 고객을 만나기 전, AI가 해당 고객의 모든 사전 데이터를 분석하여 맞춤형 '상담 브리핑 리포트'를 제공하는 것이다. 이는 마치 전투에 나서는 장수가 적진의 모든 정보를 손금 보듯 파악하고 완벽한 전략을 세우는 것과 같다.

AI는 고객이 이전에 홈페이지에서 어떤 페이지를 주로 봤는지, AI 챗봇에게 어떤 질문을 했는지, VR 모델하우스의 어떤 공간에 오래 머물렀는지 등의 디지털 행동 데이터를 모두 분석한다.

이를 통해 '이 고객은 84㎡B 타입의 주방 공간과 주변 학군에 관심이 가장 많으며, 예상 자금은 약 8억 원 수준이지만 중도금 대출에 대한 부담감을 느끼고 있을 확률이 높다'와 같은 구체적인 정보를 영업사원에게 제공한다. 덕분에 영업사원은 첫 만남부터 고객의 관심사를 정확히 공략하며 깊은 신뢰 관계를 형성할 수 있다.

기술보단 감성 AI 챗봇이 필요한 이유 [https://www.elle.co.kr]

- **인사이트2: 실시간 대화 분석 및 화법 코칭: 바로 지금, 최고의 '한 마디'를 알려주다**

두 번째 인사이트는 상담이 진행되는 동안, AI가 고객과 영업사원의 대화를 실시간으로 분석하고, 지금 이 순간 가장 효과적인 화법과 핵심 정보를 영업사원에게만 보이는 화면이나 이어피스를 통해 코칭해주는 것이다. 이는 마치 최고의 협상 전문가가 바로 옆에서 훈수를 두는 것과 같다.

AI는 고객의 목소리 톤, 말의 속도, 자주 사용하는 단어 등을 분석하여 그의 현재 심리 상태(긍정, 부정, 망설임)를 파악한다. 만약 고객의 목소리에서 '분양가'라는 단어에 부정적인 톤이 감지되면, AI는 즉시 영업사원의 태블릿에 '인근 시세 대비 저렴하다는 점을 객관적인 데이터와 함께 제시하세요' 또는 '최근 발표된 부동산 정책의 수혜 효과를 설명하세요'와 같은 스크립트를 띄워준다.

이를 통해 영업사원은 고객의 감정 변화에 즉각적으로 대응하며 상담의 주도권을 잃지 않을 수 있다.

구분	전통적 상담 방식	AI 기반 맞춤 상담 방식
사전 준비	제한된 고객 정보, 일반적 상담 자료	AI 브리핑 (고객 행동/관심사/부담 요인 분석)
대화 진행	영업사원의 개인적 경험과 직관에 의존	AI의 실시간 대화 분석 및 화법 코칭
반론 처리	예상 질문 리스트 기반의 정형화된 답변	고객의 심리 상태에 맞춘 동적, 맞춤형 반론 해결
정보 제공	획일적인 상품 정보 전달	고객 관심사 중심의 선택적, 심층적 정보 제공
최종 클로징	감에 의존한 계약 시도	AI가 분석한 '계약 확률이 가장 높은 순간'에 시도

■ 인사이트3: 고객 반론 예측 및 최적 답변 추천: '거절'을 '기회'로 만들다

세 번째는 AI가 과거 수만 건의 상담 데이터를 학습하여, 고객이 제기할 가능성이 높은 예상 반론(거절 이유)을 미리 예측하고, 그에 대한 가장 설득력 있는 답변 시나리오를 여러 버전으로 준비시켜 주는 것이다. 이는 고객의 모든 '공격 루트'를 미리 파악하고 완벽한 '방어 논리'를 갖추는 것과 같다.

예를 들어, AI는 '역과의 거리가 조금 멀다'는 반론이 제기될 확률이 75%라고 예측하고, 이에 대해 ①'단지 앞 버스 노선 확충 계획을 강조하는 답변', ②'역세권 아파트 대비 분양가가 20% 저렴하다는 점을 부각하는 답변', ③'조용한 주거 환경을 선호하는 고객층에게는 오히려 장점임을 설명하는 답변' 등 고객의 성향에 맞는 여러 가지 대응 카드를 미리 제시한다.

이를 통해 영업사원은 당황하지 않고, 고객의 거절을 오히려 우리 상품의 가치를 더 깊이 설명하는 기회로 전환할 수 있다.

■ 인사이트4: 개인화된 금융 시뮬레이션: 자금 문제의 '해결사'가 되다

네 번째 특징은 고객의 소득, 자산, 대출 희망액 등 개인 정보를 바탕으로, AI가 가장 유리한 주택담보대출 상품을 실시간으로 찾아 추천하고, 복잡한 세금 문제까지 고려한 맞춤형 자금 계획을 즉석에서 시뮬레이션해주는 것이다. 이는 단순한 영업사원을 넘어, 고객의 재무 상황까지 고려하는 신뢰도 높은 '금융 컨설턴트'가 되는 것이다.

고객이 자금 문제로 망설일 때, 영업사원은 AI 시뮬레이터에 고객의 정보를 입력한다. 그러면 AI는 시중 모든 은행의 대출 상품을 비

교 분석하여 DSR(총부채원리금상환비율) 규제를 충족하면서도 가장 낮은 금리를 제공하는 상품을 즉시 찾아낸다.
또한, 취득세, 보유세, 향후 양도소득세까지 고려한 장기적인 현금흐름 시뮬레이션 결과를 시각적인 그래프로 보여줌으로써, 고객이 가진 막연한 자금 불안을 명확한 데이터 기반의 확신으로 바꾸어준다.

■ 인사이트5: 계약 가능성 예측 및 클로징 타이밍 제시: 승리의 '순간'을 포착하다

마지막으로, 상담 과정의 모든 데이터를 종합하여 AI가 '현재 이 고객의 계약 체결 가능성'을 실시간 확률(%)로 계산하고, 계약을 시도하기에 가장 좋은 최적의 '클로징 타이밍'을 영업사원에게 알려주는 것이다. 이는 언제 결정타를 날려야 하는지 알려주는 권투 코치와 같다.
AI는 고객의 긍정적인 발언 빈도, 특정 질문에 대한 반응, 시뮬레이션 결과에 대한 만족도 등을 종합하여 계약 확률 점수를 매긴다. 점수가 90% 이상으로 치솟으며 '매우 긍정적' 상태로 바뀌는 순간, AI는 영업사원에게 '지금이 바로 계약을 권유할 최적의 타이밍입니다'라는 신호를 보낸다.
너무 이르지도, 늦지도 않은 이 완벽한 타이밍에 이루어지는 계약 권유는 고객이 자연스럽게 결정을 내리도록 유도하며, 섣부른 시도로 고객을 놓치는 실수를 방지한다.

5.2. 가상 사례: AI 이어피스 '소크라테스'와 마지막 1%

1) **2029년, 분양 대행사 '퍼스트 클로저스'의 베테랑 영업사원 박 팀장은 까다로운 고객을 만나 진땀을 흘리고 있었다.** 고객은 성공한 변호사로, 모든 설명에 날카로운 질문을 던지며 좀처럼 마음을 열지 않았다.

2) **하지만 박 팀장의 귀에는 보이지 않는 비밀 병기, 실시간 상담 코칭 AI '소크라테스(Socrates)'가 꽂혀 있었다.**

고객이 "최상층이라 여름에 덥고 겨울에 춥다는 단점이 명확하지 않습니까?"라고 지적하자, 박 팀장은 순간 당황했다. 바로 그때, '소크라테스'의 차분한 음성이 귓속에 들려왔다. "신소재 단열재 기술 데이터를 보여주세요. 에너지 효율 1등급 인증서를 언급하고, 관리비 절감 효과를 연간 60만 원으로 구체화하세요." 박 팀장은 AI의 코칭대로 태블릿을 넘기며 침착하게 설명했고, 고객은 처음으로 고개를 끄덕였다.

3) **잠시 후, 고객은 창밖을 보며 "뷰는 좋지만, 바로 앞 건물이 들어서면 조망권이 침해될 수도 있겠군요"라고 혼잣말을 했다.** 인간이라면 놓쳤을 이 작은 불안감을 '소크라테스'는 포착했다. "고객의 성향 분석 결과, 확실성을 중시합니다. 시청 웹사이트의 지구단위계획을 지금 바로 열어서, 전면 부지가 공원으로 영구 지정되었음을 시각적으로 확인시켜 주세요." 박 팀장은 즉시 도시계획도를 화면에 띄워 영구 조망권이 법적으로 보장된다는 사실을 증명했다. 고객의 눈빛이 흔들리기 시작했다.

인플렉션 AI, 인간과 상호작용하는 AI 챗봇 출시 [https://www.aitimes.com]

4) 상담이 끝날 무렵, 고객은 여전히 망설였다. 그때 '소크라테스'가 마지막 신호를 보냈다. "계약 확률 92%. 고객의 이전 챗봇 질문 데이터 분석 결과, 자녀의 해외 유학을 가장 중요하게 생각합니다. 지금이 클로징 타이밍입니다. 학군이 아닌, '자산 가치 상승을 통한 유학 자금 확보'라는 관점으로 접근하세요."

5) 결과 및 시사점: 박 팀장은 AI의 마지막 조언을 따라, 이 집이 단순한 거주 공간이 아니라 자녀의 미래를 위한 최고의 투자가 될 수 있음을 힘주어 말했다. 잠시 침묵이 흐른 뒤, 고객은 마침내 입을 열었다. "계약서, 가져오시죠." 이는 AI가 어떻게 인간 영업사원의 경험과 직관을 넘어, 데이터와 심리학에 기반한 가장 정교한 설득의 기술을 완성하는지를 보여주는 환상적인 증거인 것이다.

제12장
[자금조달] 부동산 프로젝트 투자자들을 사로잡는 가장 확실한 방법

1. 부동산 프로젝트 투자자들이 가장 듣고 싶어 하는 이야기: '데이터 기반의 확신'과 가상사례

1.1. 그 프로젝트, 확실한 데이터가 뒷받침된 거 거예요

수천억 원의 자금이 움직이는 부동산 프로젝트 파이낸싱(PF) 시장에서 투자자들은 본질적으로 '불확실성'과 싸우는 사람들이다. 그들은 사업 제안서의 화려한 청사진이나 시행사의 장밋빛 약속이 아닌, 차가운 숫자와 객관적인 근거에 기반한 '확신'을 원한다. 과거에는 이 확신을 얻기 위해 두꺼운 보고서와 씨름하고, 소수의 전문가 의견에 의존해야 했다.

하지만 AI는 투자자들이 가진 모든 의심과 불안에 대해, 편견 없는 데이터와 수만 번의 시뮬레이션을 통해 '증명 가능한 답변(Provable Answer)'을 제시하는 가장 신뢰도 높은 파트너가 되었다. 본 절에서는 AI가 어떻게 투자자들의 막연한 불안감을 '데이터 기반의 확신'으로 바꾸어 성공적인 자금 조달을 이끌어내는지, 5가지 핵심적인 인사이트를 통해 그 과정을 살펴보고자 한다.

■ 인사이트1: AI 기반 사업 타당성 분석: '될 사업'임을 객관적으로 증명하다

첫 번째 핵심은 사업 초기 단계부터 AI가 주변 상권, 유동인구, 잠재 수요, 경쟁 환경 등 수백 가지 변수를 종합적으로 분석하여, 해당 프로젝트의 성공 가능성을 객관적인 '성공 확률 지수'로 제시하는 것이다. 이는 시행사의 주관적인 희망 사항이 섞인 사업 계획서가 아닌, AI가 내놓는 냉정한 성적표와 같다.

AI는 과거 수십 년간의 유사 프로젝트 데이터를 학습하여 성공과 실패의 핵심 요인을 파악한다. 이를 바탕으로 현재 프로젝트의 입지, 설계, 예상 분양가 등이 과거의 성공 모델과 얼마나 일치하는지를 분석한다.

예를 들어, AI는 '해당 부지는 30대 IT 직장인 유동인구가 풍부하여 소형 오피스텔 수요는 높으나, 4인 가족 대상의 중대형 아파트 공급 시 미분양 리스크가 70%에 달한다'와 같이 구체적이고 정량적인 분석 결과를 제공한다. 투자자는 이 보고서를 통해 인간의 편견이 배제된, 오직 데이터만이 말해주는 사업의 본질적인 잠재력을 평가할 수 있다.

AI 챗봇을 모바일 앱에 통합하는 방법: 단계별 가이드 [https://sigosoft.com]

■ 인사이트2: 확률론적 재무 예측: '얼마를 벌 수 있는가'의 모든 경우의 수를 제시하다

두 번째 인사이트는 단순히 '예상 수익률 15%'와 같은 단 하나의 미래를 제시하는 것이 아니라, AI가 수만 번의 몬테카를로 시뮬레이션을 통해 발생 가능한 모든 시나리오별 수익률 분포를 확률적으로 보여주는 것이다. 이는 투자자에게 장밋빛 미래 뿐만 아니라, 최악의 상황까지 포함한 '가능한 모든 미래'를 투명하게 공개하는 것이다.

AI 시뮬레이터는 금리, 분양률, 공사비, 공사 기간 등 주요 변수들이 변동할 때마다 프로젝트의 최종 수익률(IRR)과 현금흐름이 어떻게 변하는지를 수만 개의 시나리오로 계산한다. 그 결과, 투자자는 '최종 수익률이 15% 이상일 확률은 65%, 10%~15%일 확률은 25%, 그리고 원금 손실이 발생할 최악의 확률은 3%'와 같은 입체적인 재무 예측 결과를 받게 된다.

이는 투자자가 자신의 위험 감수 성향에 맞춰, 스스로 '감당 가능한 리스크'의 수준을 판단하고 합리적인 투자 결정을 내리도록 돕는 가장 정직한 재무 보고서이다.

구분	전통적 투자 제안서	AI 기반 투자 제안서
사업성 분석	주관적 시장 조사, 긍정적 전망 위주	데이터 기반 객관적 분석, 성공/실패 확률 제시
재무 예측	확정적 단일 시나리오 (고정된 예상 수익률)	확률론적 다중 시나리오 (수익률 분포 및 확률)
리스크 관리	주요 리스크 항목 나열 (정성적)	스트레스 테스트 기반 리스크 영향도 계량화 (정량적)
진행 보고	월별 정기 보고 (과거 데이터)	실시간 데이터 대시보드 (현재 상황)
투명성	제한된 정보 제공, 정보 비대칭 발생 가능	모든 핵심 데이터 투명하게 공개, 24시간 접근 가능

■ 인사이트3: 실시간 투명 대시보드: '내 돈이 어떻게 쓰이는가'를 24시간 감시하다

세 번째는 투자자들이 언제 어디서든 접속할 수 있는 '실시간 프로젝트 대시보드'를 통해, 공사 진행률, 자금 집행 현황, 분양 계약 현황 등 프로젝트의 모든 핵심 지표를 100% 투명하게 공개하는 것이다. 이는 투자자의 돈이 들어간 프로젝트를 더 이상 '블랙박스'가 아닌, 모든 내부를 들여다볼 수 있는 '유리 상자'로 만드는 것이다.

투자자는 자신의 컴퓨터나 스마트폰을 통해, 오늘 아침 드론이 촬영한 현장의 3D 모델과 설계 도면의 오차를 직접 확인할 수 있다. 또한, 어제 집행된 공사비가 어떤 자재를 구매하는 데 쓰였는지, 현재까지의 분양 계약률이 목표 대비 몇 퍼센트 달성되었는지를 실시간 그래프로 확인할 수 있다.

이러한 전례 없는 투명성은 시행사와 투자자 간의 정보 비대칭을 완전히 해소하고, 잠재적 부실이나 비리를 원천적으로 차단하여 강력한 신뢰 관계를 구축하는 기반이 된다.

■ 인사이트4: AI 리스크 시뮬레이션: '최악의 상황'에 대한 비상 계획을 증명하다

네 번째 특징은 '금리가 3% 급등하면?', '미분양률이 50%까지 치솟으면?'과 같이 투자자들이 가장 두려워하는 최악의 위기 상황을 AI가 시뮬레이션하고, 그 상황에서도 프로젝트가 생존할 수 있는 구체적인 대응 전략(Contingency Plan)을 데이터로 증명해 보이는 것이다.

이는 '잘 될 것입니다'라는 막연한 위로가 아닌, '최악의 상황에도 이만큼은 안전합니다'라는 과학적인 확신을 주는 것이다.

투자자가 특정 리스크 시나리오를 제시하면, AI는 즉시 해당 시나리오가 프로젝트의 현금흐름과 대출 상환 능력에 미치는 충격의 정도를 정량적으로 분석한다. 동시에, '이 경우, 예비비 100억 원을 투입하고, 2순위 투자자로부터 추가 자금을 조달하며, 분양가를 5% 할인하면 최종 부도를 막고 최소 수익률 3%를 방어할 수 있습니다'와 같이 구체적인 비상 계획과 그 실행 효과까지 시뮬레이션 하여 보여준다. 이를 통해 투자자는 시행사가 모든 위험에 철저히 대비하고 있음을 확인하고 안심하게 된다.

■ 인사이트5: ESG 및 법규 준수 자동 검증: '숨겨진 암초'가 없음을 보장하다

마지막으로, AI가 프로젝트 전 과정에서 친환경(E), 사회적 책임(S), 지배구조(G)와 관련된 ESG 요건과 수백 개의 복잡한 건축 및 금융 관련 법규를 자동으로 검증하여, '숨겨진 법률적, 평판적 리스크'가 없음을 보장하는 것이다. 이는 투자금이 얘기치 못한 암초에 부딪혀 좌초될 가능성을 원천 차단하는 것과 같다.

AI는 설계 도면이 친환경 건축물 인증 기준을 충족하는지, 공사 현장에서 안전 규정이 제대로 지켜지고 있는지, 자금의 흐름이 투명한 지배구조 원칙에 따라 관리되고 있는지를 실시간으로 모니터링하고 보고서를 생성한다.

투자자는 이 보고서를 통해 자신의 투자가 재무적 수익뿐만 아니라 사회적, 환경적 가치까지 창출하는 '착한 투자'임을 확인하고, 최근 금융 시장의 가장 중요한 화두인 ESG 투자 원칙을 충족시킬 수 있게 된다.

1.2. 가상 사례: AI '트러스트'와 헤지펀드의 마지막 질문

1) **2028년, 뉴욕의 거대 헤지펀드 '아폴로 캐피털'의 투자 심의회.** 한국의 한 신생 시행사가 제주도에 건설할 대규모 AI 데이터센터 및 리조트 복합단지, '프로젝트 코어'에 대한 5천억 원 규모의 PF 투자 안건이 올라왔다. 시행사 대표의 열정적인 발표가 끝났지만, 까다롭기로 소문난 아폴로의 최고 투자 책임자(CIO)는 차가운 표정으로 마지막 질문을 던졌다.

   "만약, 미-중 갈등이 격화되어 반도체 공급망이 붕괴되고, 동시에 글로벌 금리가 지금보다 4%p 폭등하며, 제주도의 전력망이 마비되는 '퍼펙트 스톰'이 닥친다면, 당신의 프로젝트는 어떻게 됩니까? 내 돈은 어떻게 되죠?"

2) **과거라면 누구도 답할 수 없었을 극한의 질문. 시행사 대표는 AI 투자 분석 플랫폼 '트러스트(TRUST)'를 스크린에 띄웠다.**

   "좋은 질문입니다. CIO 님께서 말씀하신 세 가지 시나리오를 '트러스트'에 지금 바로 입력해 보겠습니다."

3) **그가 시나리오를 입력하자, '트러스트'는 단 30초 만에 수십 개의 그래프와 차트를 화면에 그려냈다.** "해당 복합 리스크 발생 시, 데이터센터의 완공은 8개월 지연되고, 초기 수익률은 -5%까지 하락합니다. 하지만, 비상용으로 설계된 자체 LNG 발전소를 가동하고, 2단계 리조트 건설을 일시 중단하며, 계약된 글로벌 클라우드 기업과의 페널티 조항을 발동시켜 손실을 최소화할 경우, 최종적으로 프로젝트를 파산 없이 완수하고, 3.5%의 비상 수익률을 확보할 수 있습니다. 이것이 CIO 님의 자금이 회수되는 전체 경로입니다."

'트러스트'는 모든 과정을 단 한 줄의 추측 없이 오직 데이터와 시뮬레이션 결과로만 보여주었다.

4) **회의실에는 침묵이 흘렀다.** CIO는 스크린에서 눈을 떼지 못했다. 그는 지금까지 수천 건의 투자 제안을 받았지만, 이처럼 최악의 질문에 대해 이토록 완벽하고 즉각적인 데이터 기반의 답변을 들어본 적이 없었다. 그것은 약속이 아닌, 증명이었다.

5) **결과 및 시사점:** 잠시 후, 그는 나지막이 말했다. "투자를 승인하지." 이는 AI가 어떻게 투자자의 가장 깊은 불안감을 파고들어, 그것을 가장 단단한 확신으로 바꾸어 놓는지를 보여주는, 미래 금융의 모습을 압축한 환상적인 장면인 것이다.

2. AI가 만든 부동산 프로젝트 사업 계획서는 무엇이 다른가?'와 가상사례

2.1. AI가 만든 부동산 프로젝트 사업 계획서에는 수백만 가지 시뮬레이션을 통한 최적의 시나리오가 녹아 있다.

전통적인 부동산 개발의 세계에서 사업 계획서는 경험 많은 전문가의 직관과 시장에 대한 통찰력, 그리고 과거 데이터의 분석을 통해 탄생하는 '작품'과도 같았다. 하지만 이제 우리는 새로운 주인공의 등장을 목도하고 있다. 바로 인공지능(AI)이다.

AI가 작성하는 부동산 프로젝트 사업 계획서는 단순히 인간의 작업을 보조하는 수준을 넘어, 프로젝트의 성패를 가르는 패러다임의 전환을 이끌고 있다. 그렇다면 AI가 만든 사업 계획서는 구체적으로 무엇이 다른가? 5가지 핵심 인사이트를 통해 그 혁신적인 차이를 심층적으로 분석하고자 한다.

■ 인사이트1: 초월적 데이터 기반의 객관성 확보

인간 전문가는 자신의 성공 경험이나 최근 시장 동향에 무의식적으로 의존하는 경향이 있다. 이는 때로 치명적인 편향(Bias)으로 작용하여, 잠재된 리스크를 간과하거나 새로운 기회를 포착하지 못하게 만드는 원인이 된다.

반면, AI는 인간이 평생에 걸쳐도 모두 처리하지 못할 만큼 방대한 양의 데이터를 학습하고 분석한다. 과거의 부동산 거래 데이터, 건축비 변동 추이와 같은 정형 데이터는 기본이다. 여기에 더해 소셜 미디어의 지역 관련 언급량, 위성사진을 통한 상권 변화 분석, 유동 인구의 동선 데이터, 최신 정책 및 법규 변화, 심지어 기후 변화에 따른 장기적 영향까지 비정형 데이터를 모두 흡수하여 분석의 재료로 삼는다.

이 과정에서 인간의 주관적 편견은 철저히 배제되며, 오직 데이터가 가리키는 객관적 사실만이 사업성의 판단 근거가 된다. 이는 사업 계획의 첫 단추를 '감'이 아닌 '확증'으로 채우는 결정적인 차이를 만드는 것이다.

■ 인사이트 2: 수백만 가지 시뮬레이션을 통한 최적의 시나리오 도출

하나의 부지가 주어졌을 때, 인간이 구상할 수 있는 개발 시나리오는 기껏해야 서너 가지에 불과하다. 용적률, 건폐율, 주거와 상업 시설의 비율, 분양가 책정 등 몇 가지 변수를 조합하는 것만으로도 복잡성은 기하급수적으로 증가하기 때문이다.

그러나 AI는 이러한 제약에서 자유롭다. AI는 주어진 부지 위에서 구현 가능한 수백만 가지의 개발 시나리오를 단 몇 시간 만에 시뮬

레이션 할 수 있다. 예를 들어, 아파트의 평형 구성을 1%씩 조정하거나, 상가 MD 구성을 미세하게 변경했을 때 총수익과 리스크가 어떻게 변하는지를 모두 계산해 낸다.

이 과정을 통해 '가장 수익성이 높은 시나리오'가 아닌, '리스크 대비 수익률이 가장 안정적인 최적의 균형점'을 찾아낸다. 이는 금융기관이 프로젝트 파이낸싱(PF) 심사에서 가장 중요하게 여기는 '사업 안정성'을 극대화하는 강력한 무기가 된다.

구분	전통적 사업 계획 수립 방식	AI 기반 사업 계획 수립 방식
분석 범위	전문가 경험에 기반한 3~5개 핵심 시나리오	가능한 모든 변수를 조합한 수백만 개 이상의 시나리오
최적화 목표	최대 예상 수익 (High-Risk, High-Return)	리스크 조정 최적 수익 (Optimal-Risk, Stable-Return)
소요 시간	수 주 ~ 수 개월	수 시간 ~ 수 일
결과의 형태	정적인 보고서	동적인 데이터 기반 추천안

■ 인사이트 3: 미래 수요와 리스크의 정밀 예측

기존의 사업 계획서는 과거의 평균적인 데이터에 기반하여 미래를 '추정'하는 수준에 머물렀다. 예를 들어, '지난 5년간 연평균 3%씩 인구가 증가했으니, 미래에도 비슷할 것이다'라는 식이다. 하지만 이러한 방식은 갑작스러운 시장 충격이나 트렌드 변화에 취약하다.

AI는 여기서 한 걸음 더 나아간다. 머신 러닝 모델을 통해 '미래 수요를 '예측'한다. 잠재 구매자들의 소득 수준 변화, 가구 구성의 변화(1인 가구 증가 등), 선호하는 라이프스타일의 변화, 그리고 금리 변동과 같은 거시 경제 지표가 미래 분양률에 미칠 영향을 종합적으로 모델링한다.

동시에 예측 불가능한 리스크, 즉 '블랙 스완(Black Swan)'의 발생 가능성까지 시뮬레이션에 포함시킨다. 가령, '향후 10년 내 특정 전염병 발생 시 상가 공실률 변화' 또는 '인근 지역에 대규모 경쟁 프로젝트 등장 시 적정 분양가 하락폭' 등을 구체적인 확률과 수치로 제시하는 것이다.

- **인사이트 4: 초 개인화된 공간 기획 및 타겟팅**

과거에는 '30대 직장인 부부'와 같이 넓은 범위의 인구통계학적 그룹을 타겟으로 삼았다. 하지만 AI는 훨씬 더 정교한 페르소나(Persona)를 설정한다. 소셜 데이터와 소비 패턴을 분석하여, '재택근무를 하는 IT 개발자이며, 친환경 제품을 선호하고, 주말에는 반려동물과 산책을 즐기는 20대 후반의 1인 가구'와 같이 매우 구체적인 타겟을 정의한다.

그리고 이들의 라이프스타일에 완벽하게 부합하는 공간을 기획하도록 제안한다. 예를 들어, 위 타겟을 위해 '방음이 완벽한 홈오피스 공간', '전기차 충전 시설 완비', '반려동물을 위한 옥상 정원', '유기농 식료품점 입점' 등을 사업 계획에 반영하는 것이다.

이는 단순히 건물을 짓는 것을 넘어, 특정 고객층의 '워너비 라이프'를 설계하는 접근 방식이다. 이렇게 기획된 프로젝트는 분양 시장에서 압도적인 경쟁력을 가질 수밖에 없다.

- **인사이트 5: 실시간 변화에 대응하는 동적 계획(Living Plan)**

한 번 인쇄된 사업 계획서는 시장 상황이 변해도 쉽게 수정하기 어렵다. 그러나 AI가 만든 사업 계획서는 '살아있는 유기체(Living Organism)'와 같다. 프로젝트가 진행되는 동안에도 새로운 데이터를 지속적으로 학습하며 계획을 동적으로 업데이트하고 최적화한다. 예를 들어, 공사 중에 원자재 가격이 급등하면 AI는 즉시 대체 가능한 자재를 찾아내고, 변경된 공법에 따른 공사 기간 및 비용 변화를 재산출하여 사업성에 미치는 영향을 실시간으로 보고한다. 또한, 분양 시점의 시장 분위기가 예상보다 좋지 않다고 판단되면, 가장 효과적인 마케팅 채널과 프로모션 전략을 새롭게 추천하기도 한다. 이는 프로젝트 전반에 걸쳐 리스크를 최소화하고, 예상치 못한 변수 속에서도 성공의 항로를 유지하게 하는 '지능형 항해사'의 역할을 하는 것이다.

2.2. 가상 사례: 유령 공장 부지를 황금알을 낳는 거위로 바꾼 AI, '프로메테우스'

1) **2027년, 서울 외곽의 한 지역. 수십 년간 도심의 흉물로 방치되었던 낡은 화학 공장 부지가 있었다.** 부지의 형태는 비정형적이었고, 토양 오염 정화 비용 문제까지 겹쳐 모든 부동산 개발 회사들이 고개를 저었다. 인간 전문가들의 사업성 검토 보고서에는 언제나 '부정적'이라는 결론만이 가득했다.

전주 노른자위 대한방직 폐공장 철거 [https://www.yna.co.kr]

2) 이때, 혁신적인 자산운용사 '퀀텀 디벨롭먼트'가 AI 개발 솔루션 '프로메테우스'를 투입했다. 프로메테우스의 첫 번째 임무는 인간의 눈으로는 볼 수 없었던 이 땅의 잠재 가치를 찾아내는 것이었다.

프로메테우스는 먼저 수십 년 간의 위성사진과 지적도 데이터를 분석해 부지의 물리적 한계를 정확히 파악했다. 동시에, 반경 20km 이내의 모든 데이터를 흡수하기 시작했다. 통신사의 기지국 데이터를 통해 유동인구의 나이, 성별, 이동 패턴을 분석했고, 소셜 미디어에서는 '워라밸', '환경', '지속가능성'이라는 키워드가 폭발적으로 증가하는 현상을 포착했다. 또한, 인근 대학 연구소들의 논문 데이터를 분석하여 향후 5년 내 바이오테크 및 R&D 관련 고급 인력 유입 가능성이 87.4%에 달한다는 놀라운 예측을 내놓았다.

인간이라면 각각의 데이터를 별개로 보았겠 지만, 프로메테우스는 이 모든 것을 연결했다.

3) 결론: 기존의 주거 또는 상업 시설로는 사업성 확보 불가. 그러나, 'R&D 중심의 친환경 직주근접 복합단지'라는 새로운 개념을 도입할 경우, 예상 내부수익률(IRR) 23.5% 달성 가능.

프로메테우스가 내놓은 사업 계획서는 파격적이었다. 토양 오염을 정화하는 과정에서 발생하는 열에너지를 재활용하는 시스템을 설계했고, 건물 옥상과 벽면 전체를 녹화하여 에너지 효율을 극대화했다. 내부에는 바이오 연구를 위한 소규모 '모듈형 랩(Lab)'과 주거 공간을 결합한 신개념 오피스텔을 배치했다. 1층에는 유기농 레스토랑과 피트니스 센터, 그리고 명상 공간을 두어 고급 R&D 인력들의 까다로운 취향을 저격했다.

4) 투자자들 앞에서 퀀텀 디벨롭먼트가 발표를 할 때, 그들의 스크린에는 프로메테우스가 실시간으로 시뮬레이션하는 동적 대시보드가 펼쳐졌다. "만약, 3년 후 미국 연준이 금리를 0.5%p 인상한다면, 우리 프로젝트의 LTV(담보인정비율)는 이렇게 조정되고, 월 현금 흐름은 이렇게 방어될 것입니다." 모든 불확실성은 숫자로 변환되었고, 리스크는 통제 가능한 영역 안으로 들어왔다.

5) 결과 및 시사점: 결과는 대성공이었다. '네오-사이언스 파크'로 명명된 이 프로젝트는 분양 시작과 동시에 100% 완판되었고, 국내외 유수의 바이오 기업들과 연구소들이 입주하며 지역 경제를 활성화하는 심장부가 되었다. AI가 아니었다면 영원히 버려졌을 땅이, 데이터와 예측의 힘을 통해 새로운 시대의 랜드마크로 재탄생한 것이다. 이 사례는 AI 사업 계획서가 단순한 보고서가 아니라, 미래 가치를 창조하는 설계도임을 명백히 증명한다.

3. 객관적인 부동산 프로젝트 데이터로 금융기관의 까다로운 심사를 통과하는 방법과 가상사례

3.1. 누구도 신뢰할 만한 진실의 언어로 부동산 프로젝트 금융기관의 까다로운 심사를 통과하자

부동산 프로젝트 파이낸싱(PF)의 세계에서 금융기관은 '철옹성'과 같다. 아무리 장밋빛 미래를 담은 사업 계획서라도, 그들의 날카롭고 보수적인 리스크 심사 기준을 넘어서지 못하면 한낱 종이 조각에 불과하다. 개발사의 '열정'과 '확신'만으로는 수천억 원의 자금이 오가는 냉정한 현실의 문을 열 수 없다.

그렇다면 이 철옹성을 통과하는 열쇠는 무엇인가? 정답은 바로 '객관적인 데이터'에 있다. 특히, AI가 분석하고 가공한 데이터는 단순한 근거 자료를 넘어, 금융기관이 가장 신뢰하는 '진실의 언어'가 된다. 본 장에서는 AI 기반의 객관적 데이터가 어떻게 금융기관의 까다로운 심사를 통과하는 강력한 무기가 되는지, 5가지 핵심 인사이트를 통해 심층적으로 분석하고자 한다.

- **인사이트 1: 인간의 '낙관'을 제거하고 데이터의 '객관'을 제시한다**

  금융기관의 심사역들이 가장 경계하는 것은 바로 사업 제안서에 필연적으로 스며드는 '인간의 편향(Human Bias)'이다. 개발사는 본능적으로 프로젝트의 긍정적인 측면을 부각하고 잠재적 리스크는 축소하려는 경향이 있다. 이는 의도적인 기만이 아니더라도, 성공에 대한 열망이 만들어내는 자연스러운 낙관적 편향이다.

  AI는 이러한 인간적 편향을 원천적으로 차단한다. AI는 개발사의 희망 사항이 아닌, 시장에 존재하는 수십억 개의 데이터를 기반으로 사업성을 판단한다. 과거의 성공 사례에 기댄 어림짐작이 아니라, 유사 프로젝트들의 실제 수익률 분포, 실패 사례의 핵심 원인, 미세한 시장 트렌드 변화까지 분석하여 가장 확률 높은 미래를 도출한다.

  금융기관 입장에서 이는 '주장'이 아닌 '증거'를 마주하는 것과 같다. 편향이 제거된 AI의 데이터는 심사의 출발점부터 압도적인 신뢰를 확보하는 것이다.

- **인사이트 2: '두려움'의 영역인 리스크를 '관리'의 영역으로 전환한다**

  PF 심사의 본질은 미래의 불확실성, 즉 리스크를 평가하는 것이다.

전통적인 방식에서는 리스크를 '경기 침체 가능성', '경쟁 심화 우려' 등 정성적인 언어로 표현하는 데 그쳤다. 이는 금융기관에 막연한 두려움을 안겨줄 뿐, 실질적인 대응책을 마련하기 어렵게 만든다. 반면 AI는 모든 잠재적 리스크를 '정량화'하여 구체적인 숫자로 보여준다. 예를 들어, '향후 3년간 기준금리가 1% 상승할 경우 예상 수익률 하락폭은 2.7%이며, 이를 방어하기 위한 필요 예비비는 52억 원이다' 와 같이 명확하게 제시한다.

또한, 공사 기간에 영향을 미칠 수 있는 기상 이변 확률, 정책 변화에 따른 인허가 지연 가능성까지 시뮬레이션 하여 각각의 리스크가 프로젝트의 현금 흐름에 미치는 영향을 정확히 계산해낸다. 이로써 리스크는 더 이상 피해야 할 두려움의 대상이 아니라, 사전에 대비하고 관리할 수 있는 대상이 된다.

구분	전통적 리스크 분석	AI 기반 리스크 정량화
표현 방식	정성적, 서술적 (예: ~할 우려가 있음)	정량적, 수치적 (예: 발생 확률 15%, 예상 손실액 30억)
분석 대상	거시경제, 시장 등 주요 리스크	알려진 모든 리스크 + 숨겨진 잠재 리스크(Hidden Risk)
결과 활용	보수적인 자금 집행, 사업성 재검토	리스크 헤징(Hedging) 전략 수립, 사업 구조 최적화
심사역의 인식	불확실성 증대	통제 가능한 변수로 인식

■ 인사이트 3: 수만 번의 '최악'을 가정하여 '최선'의 방어 논리를 구축한다

금융기관이 항상 던지는 질문은 "만약(What-if)?"이다. "만약 분양이 50%밖에 안된다면?", "만약 공사비가 20% 급등한다면?" 이 질문에 명쾌하게 답하지 못하면 신뢰를 얻을 수 없다.

AI는 이러한 '만약'의 질문에 완벽하게 대비할 수 있도록 수만 가지의 스트레스 테스트(Stress Test) 시나리오를 자동으로 수행한다. 금리 폭등, 부동산 시장 붕괴, 주력 산업의 침체, 심지어는 지정학적 리스크까지, 발생 가능한 모든 부정적 상황을 조합하여 프로젝트가 재무적으로 생존할 수 있는지를 검증한다.

이 과정을 통해 프로젝트의 손익분기점(BEP)과 최악의 경우에도 원리금을 상환할 수 있는 마지노선을 과학적으로 도출한다. 이는 금융기관에 '우리 프로젝트는 어떤 위기가 닥쳐도 버틸 수 있다'는 가장 강력한 믿음을 심어주는 과정이다.

■ 인사이트 4: 금융기관의 입맛에 맞는 최적의 금융 구조를 역 제안한다

일반적으로 개발사는 금융기관에 단순히 '자금이 얼마 필요하다'고 요청하는 입장이었다. 하지만 AI는 여기서 한발 더 나아가, 금융기관의 수익성과 안정성 기준까지 고려한 최적의 금융 구조(Financing Structure)를 먼저 설계하여 제안할 수 있다.

AI는 프로젝트의 예상 현금 흐름을 기반으로 다양한 조건의 대출 상품을 시뮬레이션 한다. 선순위·중순위·후순위 대출의 비율, 고정금리와 변동금리의 조합, 원리금 상환 스케줄 등을 어떻게 구성했을 때 개발사의 수익은 극대화되면서 금융기관의 리스크는 최소화되는지를 찾아내는 것이다.

이는 마치 금융기관의 심사역이 해야 할 일을 대신해주는 것과 같다. 이렇게 정교하게 설계된 금융 구조 제안은 금융기관이 거절할 이유를 찾기 어렵게 만드는 것이다.

■ 인사이트 5: '일회성 심사'를 '지속적 신뢰 관계'로 발전시킨다

PF 대출은 한번 승인하고 끝나는 것이 아니다. 금융기관은 프로젝트가 끝날 때까지 지속적으로 사업 진행 상황을 감독하고 싶어 한다. 과거에는 분기별 보고서나 현장 실사에 의존해야 했기에 정보의 비대칭이 존재했다.

이제 AI는 금융기관에 실시간 모니터링 대시보드라는 혁신적인 도구를 제공한다. 이 대시보드에는 공정률, 자금 집행 현황, 분양 실적, 주변 시장 동향 등 프로젝트의 모든 핵심 지표가 실시간으로 투명하게 공개된다. 만약 사소한 리스크 징후라도 포착되면 AI가 즉시 양측에 경고 알림을 보낸다.

이는 금융기관 입장에서 불확실성이 완전히 해소되는 경험을 제공하며, 개발사와의 관계를 단순한 채권-채무 관계에서 투명한 정보를 공유하는 '신뢰의 파트너십'으로 격상시키는 결정적 역할을 한다.

3.2. 가상 사례: 철옹성 같던 은행의 PF 대출을 뚫은 AI, '아르거스(Argus)'

1) **2028년, 부산의 원도심. 지역의 오랜 숙원 사업이었던 복합 문화 상업 단지 개발 프로젝트가 있었다.** 입지는 훌륭했지만, 복잡한 이해관계와 과거 여러 차례의 사업 좌초 경험 때문에 모든 1금융권 은행들은 '검토 불가'라는 도장만 찍을 뿐이었다.

2) **이 프로젝트에 뛰어든 중견 개발사 '넥서스 파트너스'는 마지막 희망을 걸고 AI 기반 PF 솔루션 '아르거스'의 문을 두드렸다.** 그리스 신화 속 100개의 눈으로 모든 것을 보는 거인의 이름을 딴 아르거스는, 인간 심사역들이 보지 못했던 진실을 데이터 속에서 찾아내기 시작했다.

3) 아르거스는 먼저 지난 20년간의 상권 데이터를 분석하여, 실패했던 과거 사업들이 모두 '공급자 중심의 획일적인 MD 구성' 때문이었음을 증명했다. 이어서, 소셜 데이터와 카드 매출 데이터를 딥러닝 하여 해당 지역의 잠재 방문객들이 원하는 것은 대형 프랜차이즈가 아닌, '독특한 체험을 제공하는 로컬 크리에이터들의 소규모 공방과 F&B 매장'이라는 결론을 도출했다.

'재생과 혁신' 부산 원도심 대개조 플랜 완성 [https://www.yna.co.kr]

가장 결정적인 것은 리스크 분석이었다. 넥서스 파트너스가 가장 보수적인 시중은행의 PF 심사팀을 찾았을 때, 그들은 회의실 스크린에 아르거스의 실시간 스트레스 테스트 대시보드를 띄웠다. 심사팀장이 날카롭게 질문했다. "만약, 2년차에 인근 백화점이 리뉴얼 오픈해서 방문객이 30% 감소하면 어떻게 됩니까?"

4) 결과: 그러자 넥서스의 담당자는 즉시 대시보드에 '경쟁사 리뉴얼, 방문객 -30%'라는 변수를 입력했다. 잠시 후, 아르거스는 화면에 새로운 결과를 표시했다. "초기 임대료 수입은 12% 감소하지만, AI가 예측한 로컬 크리에이터들의 온라인 연계 매출이 25% 증가하며 전체 현금 흐름은 당초 예상의 94% 수준에서 방어됩니다. 원리금 상

환에는 전혀 문제가 없습니다."

5) 시사점: 심사팀의 모든 '만약' 질문에 아르거스는 1분 안에 숫자로 된 답변을 내놓았다. 막연한 우려는 통제 가능한 숫자로 바뀌었고, 불신의 벽은 데이터 앞에서 허물어졌다. 마침내 은행은 '대출 승인'을 결정하며 이런 말을 남겼다. "이것은 우리가 심사한 프로젝트가 아니라, AI가 증명한 프로젝트이다."

아르거스는 단순한 분석 도구가 아니었다. 그것은 인간의 편견과 금융의 장벽을 허무는 '객관성의 화신'이었고, 데이터라는 언어로 모두가 신뢰할 수 있는 미래를 그려낸 위대한 설계자였던 것이다.

4. 대체 투자자를 찾아라: AI를 활용한 부동산 프로젝트의 새로운 자금 조달처 발굴과 가상사례

4.1. 대체 투자자를 찾아라: AI를 활용한 부동산 프로젝트의 새로운 자금 조달처

우리는 지금껏 경험하지 못한 기술 혁신의 시대를 살고 있다. 인공지능(AI)은 산업의 지형을 바꾸고 있으며, 보수적이기로 이름난 부동산 금융 시장 역시 예외는 아니다. 특히, 대규모 자금이 투입되는 부동산 프로젝트 파이낸싱(PF) 분야에서 AI의 등장은 과거의 성공 방정식이 더 이상 유효하지 않음을 선언하고 있다.

전통적인 부동산 PF는 소수의 대형 금융기관과 건설사에 의존하는 경직된 구조를 가지고 있었다. 그러나 AI는 이러한 구조의 벽을 허물고, 예측 불가능한 시장의 안개를 걷어내며, 이전에는 상상조차 할 수 없었던 새로운 자금 조달의 길을 열어주고 있다. 이 글에서는 AI를 활용하여 어떻게 숨겨진 '대체 투자자'를 발굴하고, 프로젝트를 성공으로 이끌 수 있는지에 대한 5가지 핵심 인사이트를 깊이 있게 탐구하고자 한다.

- 인사이트 1: AI는 투자자의 '숨겨진 욕망'을 데이터로 읽어낸다

전통적인 자금 조달 방식은 주로 기관 투자자들의 정형화된 투자 기준에 프로젝트를 맞추는 형태이다. 하지만 세상에는 수많은 잠재적 투자자들이 존재하며, 그들의 투자 성향과 니즈는 각기 다르다. AI는 바로 이 지점에서 놀라운 능력을 발휘한다.

AI는 소셜 미디어 데이터, 뉴스 기사, 기업 공시, 개인의 온라인 활동 등 방대한 비정형 데이터를 분석하여 개인이나 기관의 잠재적 투자 성향을 파악한다. 예를 들어, 특정 지역의 개발 가능성에 대한 긍정적 여론, 친환경 건축물에 대한 사회적 관심도 증가, 특정 라이프스타일을 추구하는 사람들의 커뮤니티 형성 등을 데이터로 포착하여, 이를 해당 부동산 프로젝트와 연결하는 것이다.

과거에는 불가능했던, 투자자의 '숨겨진 욕망'을 데이터 기반으로 예측하고, 그들에게 가장 매력적인 형태로 프로젝트를 제안할 수 있게 된 것이다. 이는 마치, 어부가 물고기가 어디에 있는지 모른 채 그물을 던지는 것이 아니라, 어군탐지기로 물고기의 위치와 종류를 정확히 파악하고 그에 맞는 미끼를 던지는 것과 같다.

- 인사이트 2: '초개인화된' 투자 포트폴리오를 제안하여 문턱을 낮춘다

부동산 PF는 거액의 자금이 필요하기에 소수의 부유층이나 기관 투자자의 전유물로 여겨져 왔다. 하지만 AI는 이러한 고정관념을 깨뜨린다. AI는 블록체인 기술과 결합하여 프로젝트의 지분을 아주

작은 단위로 쪼개어(증권형 토큰, STO), 다수의 소액 투자자들이 손쉽게 참여할 수 있는 길을 연다.

AI는 각 투자자의 재정 상태, 투자 경험, 위험 감수 성향 등을 종합적으로 분석하여 최적의 '초개인화된' 투자 포트폴리오를 제안한다.

여기서 더 나아가, AI는 각 투자자의 재정 상태, 투자 경험, 위험 감수 성향 등을 종합적으로 분석하여 최적의 '초개인화된' 투자 포트폴리오를 제안한다. 예를 들어, 은퇴 후 안정적인 현금 흐름을 원하는 투자자에게는 상가 지분 투자를, 공격적인 성향의 젊은 투자자에게는 개발 초기 단계의 토지 지분 투자를 추천하는 방식이다.

이는 마치, 기성복만 팔던 가게에서 개인의 체형과 스타일에 꼭 맞는 맞춤 정장을 제공하는 것과 같다. 모든 투자자는 자신의 입맛에 맞는 투자 상품을 제안받게 되므로, 부동산 PF의 문턱은 혁신적으로 낮아지고 투자자 저변은 폭발적으로 확대될 것이다.

■ **인사이트 3: 리스크를 '실시간'으로 분석하고 투명하게 공개한다**

모든 투자의 가장 큰 적은 '불확실성'이다. 특히 부동산 PF는 사업 기간이 길고 다양한 변수가 존재하여 리스크 예측이 매우 중요하다. AI는 이 리스크 관리 영역에서 타의 추종을 불허하는 능력을 보여준다.

AI는 과거 수십 년간의 부동산 시장 데이터, 금리 변동, 정책 변화, 인구 통계학적 데이터, 심 지어 기후 변화 데이터까지 학습하여 미래에 발생 가능한 모든 리스크 시나리오를 시뮬레이션 한다. 공사 지연 가능성, 분양률 예측, 금리 인상에 따른 수익성 악화 가능성 등을 확률적으로 계산하고, 이를 투자자들에게 실시간으로 투명하게 공개한다.

이러한 '실시간 리스크 대시보드'는 투자자들이 막연한 불안감에서 벗어나 데이터에 기반한 합리적인 의사결정을 내릴 수 있도록 돕는다. 이는 마치, 안개 속을 항해하는 선장에게 최첨단 레이더와 GPS를 제공하여 모든 장애물을 미리 피할 수 있도록 안내하는 것과 같다.

구분	전통적 리스크 관리	AI 기반 리스크 관리
데이터 소스	과거 경험, 정형화된 시장 보고서	거시경제, 소셜, 정책, 기후 등 빅데이터
분석 방식	전문가의 주관적 판단, 제한적 통계 모델	머신러닝 기반 다변수 시뮬레이션, 예측 분석
리스크 예측	과거 패턴 기반의 제한적 예측	미래 시나리오별 확률적 예측, 이상 징후 감지
투명성	제한된 정보 제공, 정보 비대칭성 존재	실시간 리스크 대시보드, 모든 투자자에게 투명 공개
대응방안	문제 발생 후 사후 대응 중심	예측 기반의 선제적 대응 전략 수립

■ 인사이트 4: 국경을 넘어선 글로벌 자금 조달의 문을 연다

전통적인 부동산 PF는 지리적, 문화적 한계로 인해 특정 국가나 지역 내에서 자금을 조달하는 경우가 대부분이었다. 하지만 AI는 언어의 장벽과 정보의 불균형을 해소하며 전 세계의 잠재적 투자자들을 하나의 시장으로 묶는다.

AI 기반 플랫폼은 각국의 부동산 관련 법규, 세금 제도, 투자 절차 등을 자동으로 번역하고 분석하여 해외 투자자들이 겪는 어려움을 해결해 준다.

또한, 특정 국가의 투자자들이 어떤 유형의 부동산에 관심이 많은지를 데이터로 분석하여, 맞춤형 글로벌 투자 유치 전략을 수립할 수 있도록 지원한다.

예를 들어, 한국의 특정 지역 재개발 프로젝트가 중동의 국부펀드나 유럽의 연기금이 선호하는 투자 조건을 갖추고 있음을 AI가 먼저 파악하고, 해당 투자자들에게 가장 효과적인 방식으로 프로젝트를 소개하는 것이다. 이는 마치, 지역 특산물을 국내에서만 판매하던 것을 넘어, 전 세계인의 입맛을 분석하여 아마존, 알리바바를 통해 글로벌 시장에 직접 판매하는 것과 같다.

■ 인사이트 5: '관계'가 아닌 '데이터'가 중심이 되는 새로운 생태계를 구축한다

과거의 부동산 PF 시장은 소수의 인적 네트워크, 즉 '관계'에 의해 좌우되는 측면이 강했다. 누가 더 영향력 있는 금융기관을 알고 있는지, 누구와 더 친분이 두터운지가 프로젝트의 성패를 가르기도 했다.

하지만 AI는 이러한 낡은 관행을 무너뜨린다. AI 기반의 자금 조달 플랫폼에서는 프로젝트의 사업성, 수익성, 리스크 등 오직 객관적인 '데이터'만이 투자 결정의 기준이 된다.

아무리 뛰어난 인맥을 가졌더라도 데이터로 증명되지 않는 프로젝트는 투자자를 모으기 어렵고, 반대로 신생 개발사라 할지라도 데이터 기반의 탄탄한 사업 계획을 갖추었다면 얼마든지 대규모 자금을 유치할 수 있다.

이는 학연, 지연이 아닌 오직 실력으로만 평가받는 공정한 경쟁의 장을 여는 것과 같다. 이러한 새로운 생태계는 더욱 건강하고 혁신적인 프로젝트들이 시장에 등장할 수 있는 토양이 될 것이다.

4.2. 가상 사례: 잊힌 도심 창고, AI를 만나 글로벌 아트 허브로 재탄생하다

수입물품 보관하던 낡은 창고 [https://plus.hankyung.com]

1) **프로젝트 개요:** 서울의 한 구도심, 수십 년간 방치되어 흉물로 여겨지던 낡은 물류 창고 부지가 있었다. 시행사 '넥스트 디벨롭'은 이 곳을 젊은 예술가들을 위한 창작 공간과 전시관, 그리고 일반인이 즐길 수 있는 복합 문화 공간 '아트-플렉스(Art-Plex)'로 탈바꿈시키는 프로젝트를 기획했다.

2) **전통적 자금 조달의 한계:** 넥스트 디벨롭은 신생 회사였고, 프로젝트의 상업적 성공 가능성에 대해 주요 금융기관들은 회의적이었다. 대규모 담보도 부족하여 1금융권 대출은 번번이 거절당했다.

3) **AI 솔루션 도입:** 자금 조달의 위기에 봉착한 넥스트 디벨롭은 AI 기반 부동산 PF 플랫폼 'AIPF 파트너스'와 손을 잡았다.

- **대체 투자자 발굴:** AIPF의 AI는 소셜 미디어와 온라인 커뮤니티 데이터를 분석하여, '도시 재생', '독립 예술가 지원', '문화 공간 투자' 등의 키워드에 높은 관심을 보이는 잠재적 투자자 그룹을

국내외에서 수만 명 식별해냈다. 특히, 이들 중 상당수는 IT 기업에 종사하는 고소득 전문직이거나, 사회적 가치 투자를 중시하는 밀레니얼 세대였다.

- **초개인화 투자 제안:** AI는 이들의 데이터를 바탕으로 최소 100만 원부터 투자할 수 있는 '아트-플렉스' 지분 토큰을 설계했다. 그리고 각 투자자의 성향에 맞춰, "당신이 후원한 예술가의 작품이 전시될 공간에 투자하세요" 또는 "연 7%의 안정적인 임대수익과 함께 문화적 가치를 선도하세요"와 같은 개인화된 메시지를 통해 투자를 유치했다.
- **실시간 리스크 관리:** 투자자들에게는 공사 진행 상황, 주변 상권 데이터 변화, 예상 임대수익률 변동치 등을 실시간으로 확인할 수 있는 온라인 대시보드가 제공되었다. 만약 공사가 1주일 지연될 경우, 예상 수익률이 몇 퍼센트 하락하는 지까지 투명하게 공개되자 투자자들의 신뢰는 더욱 높아졌다.

4) **결과:** 프로젝트는 단 3개월 만에 목표 금액 500억 원을 초과 달성했다. 전체 투자자의 70%는 기존 금융시장에서 만나기 어려

https://www.mk.co.kr

웠던 30-40대 개인 전문직 투자자였으며, 약 20%는 K-컬처에 관심이 많은 해외 투자자들로 구성되었다. AI가 국경과 세대를 넘어 새로운 자금의 물길을 튼 것이다.

'아트-플렉스'는 성공적으로 완공되어 현재는 지역의 랜드마크이자 젊은이들이 가장 즐겨 찾는 핫플레이스로 자리 잡았다. 투자자들은 안정적인 배당 수익은 물론, 자신이 투자한 공간이 도시의 문화를 바꾸고 있다는 자부심까지 얻게 되었다.

5) **결론 및 시사점:** AI는 더 이상 먼 미래의 기술이 아니다. 그것은 지금 이 순간에도 부동산 금융의 패러다임을 바꾸고 있는 강력한 엔진이다. AI를 통해 우리는 숨겨진 투자자를 찾아내고, 리스크를 정밀하게 관리하며, 국경 없는 자금 조달 생태계를 만들어 갈 수 있다. 성공하는 AI 부동산 PF는 기술을 단순히 활용하는 것을 넘어, 데이터를 통해 투자자와 깊이 교감하고 새로운 가치를 함께 창조하는 것이 될 것이다.

참고문헌

제1부: 새로운 시대의 서막, AI와 부동산 PF의 만남

제1장: 프롤로그 - 왜 지금 'AI 부동산 PF'를 이야기하는가?

1. 김정현. (2023). 국내 부동산 PF 시장의 위기 원인 분석 및 정책적 시사점. 부동산학연구.
2. 이동훈, 박성준. (2022). 빅데이터와 인공지능이 부동산 의사결정에 미치는 영향에 관한 연구. 한국지능정보시스템학회 논문지.
3. Chen, J., & Zhang, Y. (2021). Artificial Intelligence in Real Estate: From Automation to Augmentation. Journal of Property Investment & Finance.
4. Goodman, L., & Zhu, J. (2020). Real Estate Data Analytics. Urban Institute Press.
5. Reinhart, C. M., & Rogoff, K. S. (2009). This Time Is Different: Eight Centuries of Financial Folly. Princeton University Press.

제2장: 부동산 PF, 도대체 무엇이 문제였나? (A to Z)

1. 박상규. (2021). 부동산 프로젝트 파이낸싱의 사업성 평가 모델 실패 요인 분석. 한국금융학회.
2. 최민섭. (2020). 부동산 PF 이해관계자 간의 갈등 구조와 해결 방안 연구: 시행사, 시공사, 금융사를 중심으로. 주택도시연구.
3. Geltner, D., Miller, N. G., Clayton, J., & Eichholtz, P. (2014). Commercial Real Estate Analysis and Investments. Cengage Learning.
4. Finnerty, J. D. (2013). Project Financing: Asset-Based Financial Engineering. John Wiley & Sons.

5. Levy, S. M. (2018). Project Management in Construction. McGraw-Hill Education.
6. 윤준성. (2019). 브릿지론의 리스크 특성과 본 PF 전환 실패 사례 연구. 금융공학연구.

제3장: AI가 바꾸는 부동산 투자의 새로운 패러다임

1. 강민호, 이주형. (2022). AI 기반 자동가치산정모형(AVM)이 주택 가격 예측에 미치는 영향. 국토계획.
2. Yoon, B., & Lee, J. (2021). PropTech and the Digital Transformation of the Real Estate Industry. Journal of Urban Technology.
3. Bartlett, R., Morse, A., Stanton, R., & Wallace, N. (2022). Consumer-Lending Discrimination in the FinTech Era. The Journal of Finance.
4. Cockcroft, S., & Russell, M. (2018). Big data and the digitalization of the real estate sector. Property Management.
5. 정재호. (2023). 데이터 기반 부동산 투자 의사결정 시스템의 효과성 검증. 정보시스템연구.
6. Sihag, V., & Rijmenam, M. van. (2020). The Real Estate Blockchain: A Guide to the Future of Real Estate. Routledge.

제4장: 부동산 PF의 기본 구조와 AI의 역할

1. 황성규. (2018). 프로젝트 파이낸싱의 구조와 법률적 쟁점. 상사판례연구.
2. 이성복. (2021). 부동산 개발사업 단계별 리스크 분석 및 관리 방안. 부동산분석.
3. Buttimer, R. J., & Ott, S. H. (2017). Artificial intelligence and the financial services industry. Real Estate Finance.
4. Kuziemski, M., & Misuraca, G. (2020). AI governance in the public sector: Three tales from the frontiers of automated decision-making. Telecommunications Policy.
5. Ngai, E. W. T., & Gunasekaran, A. (2011). A review of artificial intelligence in financial services. Expert Systems with Applications.
6. 최병선. (2022). 인공지능을 활용한 부동산 PF 신용평가 모형 개발. 한국데이터정보과학회지.

제5장: 데이터 기반 투자 기회 발굴 전략

1. 서현주, 이용만. (2021). 공공데이터와 GIS를 활용한 상업용 부동산 입지 요인 분석. 한국지리정보학회지.
2. Pace, R. K., & Gilley, O. W. (1997). Using Spatial Configuration of Data to Improve Estimation. Journal of Real Estate Finance and Economics.
3. Gu, J., Kelly, B., & Xiu, D. (2020). Empirical Asset Pricing via Machine Learning. The Review of Financial Studies.
4. Athey, S. (2017). The Impact of Machine Learning on Economics. In The Economics of Artificial Intelligence: An Agenda. University of Chicago Press.
5. Mullainathan, S., & Spiess, J. (2017). Machine Learning: An Applied Econometric Approach. Journal of Economic Perspectives.
6. 장동우. (2022). 시계열 분석과 딥러닝을 이용한 아파트 매매가격지수 예측. 지능정보연구.

제2부: 성공하는 PF의 비밀, AI는 이렇게 일한다

제6장: 성공하는 AI 부동산 PF의 핵심 요소

1. Cai, L., & Zhu, Y. (2015). The challenges of data quality and data quality assessment in the big data era. Data Science Journal.
2. Ribeiro, M. T., Singh, S., & Guestrin, C. (2016). "Why Should I Trust You?": Explaining the Predictions of Any Classifier. Proceedings of the 22nd ACM SIGKDD International Conference on Knowledge Discovery and Data Mining.
3. 박종수. (2021). 부동산 예측 모델의 성능 비교 연구: 머신 러닝 알고리즘을 중심으로. 대한부동산학회지.
4. Lundberg, S. M., & Lee, S. I. (2017). A Unified Approach to Interpreting Model Predictions. Advances in Neural Information Processing Systems.
5. Goodman, B., & Flaxman, S. (2017). European Union regulations on algorithmic decision-making and a "right to explanation". AI Magazine.
6. 김현아, 이수진. (2023). 지속가능한 AI 기반 부동산 금융 모델 설계에 관한 탐색적 연구. 금융안정연구.

제7장: [사업 부지 발굴] 노다지는 어디에? AI 기반 입지 분석

1. 최윤정, 이창무. (2020). 유동인구 데이터를 활용한 상권 활성화 예측 모형 연구. 국토연구.
2. Glaeser, E. L., & Gottlieb, J. D. (2009). The Wealth of Cities: Agglomeration Economies and Spatial Equilibrium in the United States. Journal of Economic Literature.
3. Li, X., & Yeh, A. G. O. (2005). Integration of genetic algorithms and GIS for optimal location search. International Journal of Geographical Information Science.
4. 한상연. (2022). 텍스트 마이닝을 활용한 부동산 개발사업의 규제 리스크 분석. 기술혁신학회지.
5. Zheng, Y., Capra, L., Wolfson, O., & Yang, H. (2014). Urban computing: concepts, methodologies, and applications. ACM Transactions on Intelligent Systems and Technology.

제8장: [사업성 분석] '될 부동산 물건'을 알아보는 AI의 눈

1. Varian, H. R. (2014). Big Data: New Tricks for Econometrics. Journal of Economic Perspectives.
2. Hill, R. J., & Scholz, A. K. (2018). Can machine learning algorithms produce accurate and transparent real estate appraisals? An application to the city of Brisbane, Australia. Journal of Housing Research.
3. 유선종, 김예상. (2019). 몬테카를로 시뮬레이션을 이용한 건설사업의 수익성 분석. 한국건설관리학회 논문집.
4. Kleinberg, J., Ludwig, J., Mullainathan, S., & Rambachan, A. (2018). Algorithmic Fairness. AEA Papers and Proceedings.
5. 조만석, 류강민. (2021). 딥러닝 기반의 주택 수요 예측 모형 개발 연구. LHI Journal of Land, Housing, and Urban Affairs.
6. Antipov, E. A., & Pokryshevskaya, E. B. (2012). Mass appraisal of real estate: a review of the literature. Journal of Property Research.

제9장: [리스크 관리] 예측하고 피하고 대비하라

1. Agarwal, S., & Ambrose, B. W. (2012). What is the exposure of the US economy to the housing market? A review of the literature. Journal of Housing Research.
2. Clapp, J. M., & Rodriguez, M. (1998). Predicting unsold new house inventory. Journal of Real Estate Research.
3. 박진우. (2022). AI 기반 부동산 PF 미분양 리스크 조기경보 시스템 개발에 관한 연구. 한국주택학회보.
4. Chui, M., Manyika, J., & Miremadi, M. (2016). Where machines could replace humans—and where they can't (yet). McKinsey Quarterly.
5. 한지원, 이현석. (2020). 자연어 처리를 이용한 부동산 정책 변화의 시장 영향도 분석. 한국통계학회 논문집.
6. Jorion, P. (2007). Value at risk: the new benchmark for managing financial risk. McGraw-Hill.
7. Demyanyk, Y., & Van Hemert, O. (2011). Understanding the subprime mortgage crisis. The Review of Financial Studies.

제10장: [설계 및 시공] 똑똑하게 짓고 비용은 줄인다

1. Novotny, J., & Stankovski, V. (2018). Generative design in architecture. International Journal of Architectural Computing.
2. Isaac, S., & Navon, R. (2014). Feasibility study of an automated project performance control system. Journal of Construction Engineering and Management.
3. Kim, H., & Ahn, H. (2020). A framework for construction safety management using IoT and BIM. Automation in Construction.
4. Teizer, J., Allread, B. S., Fullerton, C. E., & Hinze, J. (2010). Autonomous pro-active real-time construction worker and equipment operator location tracking for safety. Automation in Construction.
5. Wong, J. K. W., & Zhou, J. (2015). Enhancing environmental sustainability over the building life cycle through green BIM. Automation in Construction.

6. 박철수, 김창덕. (2021). 생성형 AI를 활용한 공동주택 평면설계 자동화 연구. 대한건축학회논문집.

제11장: [마케팅 및 분양] 타겟 고객에게 정확히 도달하기

1. Cui, G., & Wong, M. L. (2006). A machine learning approach to customer profiling for target marketing. IEEE Transactions on Systems, Man, and Cybernetics, Part C (Applications and Reviews).
2. Chung, T. S., & Lee, S. (2019). The effects of chatbot service on customer satisfaction and loyalty in the real estate industry. Journal of Distribution Science.
3. Luo, X., & Donthu, N. (2006). Marketing's credibility: A meta-analysis of marketing-mix effectiveness. Journal of Marketing.
4. 유재현, 박철. (2022). 소셜미디어 데이터 분석을 통한 아파트 분양 마케팅 전략 수립. 마케팅연구.
5. Pansari, A., & Kumar, V. (2017). Customer engagement: the construct, antecedents, and consequences. Journal of the Academy of Marketing Science.

제12장: [자금조달] 부동산 프로젝트 투자자들을 사로잡는 가장 확실한 방법

1. Eckbo, B. E., & Masulis, R. W. (1995). Seasoned equity offerings: A survey. In Handbooks in Operations Research and Management Science. Elsevier.
2. Armstrong, J. S. (Ed.). (2001). Principles of forecasting: a handbook for researchers and practitioners. Springer Science & Business Media.
3. 문성훈. (2020). 데이터 기반 사업계획서가 투자 유치에 미치는 영향 분석. 벤처창업연구.
4. Berger, A. N., & Udell, G. F. (1995). Relationship lending and lines of credit in small firm finance. Journal of Business.
5. Cumming, D. J., & Johan, S. A. (2017). Crowdfunding: A new paradigm for entrepreneurial finance. Journal of Corporate Finance.
6. 손정식, 김경환. (2019). AI 기반 신용평가모델이 금융기관의 대출심사에 미치는 영향. 금융정보연구.

【저자 약력】

원제무

저자는 한양대 공대, 서울대 환경대학원, 미국 UCLA도시건축대학원을 졸업하고, MIT도시대학원에서 도시계획 및 교통계획 박사학위를 받았다.
저자는 귀국 후 KAIST 도시교통연구본부장, 서울연구원 선임연구위원, 서울시립대 도시공학과 교수 등을 거쳐 국토도시계획학회장과 한양대 도시대학원장을 역임했다.
현재는 한양대 도시대학원 명예교수로 재직하면서 연구와 강의를 해오고 있다.

성공하는 AI 부동산 PF는 무엇이 다른가?
– 리스크 관리부터 자금조달까지 –

초판 인쇄 2025년 12월 5일
초판 발행 2025년 12월 10일

지은이 원제무
펴낸이 박노일

총괄기획 최준규
편 집 이상민

펴낸곳 pnc publishing and culture 피앤씨미디어
경기도 고양시 일산동구 강송로 153, 310-1501
등록 제396-2012-000203호
전 화 070)7550-3758 팩 스 02)6280-3758
홈페이지 www.pncmedia.co.kr 이메일 pnc@pncmedia.co.kr
ISBN 979-11-7401-066-7 93500

정 가 20,000원